aus Glauben leben.

Gott beim Wort nehmen
und Ihn durch Vertrauen ehren

(92 Andachten)

Die Bibelzitate sind meist der überarbeiteten Elberfelder Bibel (Edition CSV Hückeswagen) entnommen.

Die Bezugnahme auf Veröffentlichungen von Autoren, die im vorliegenden Werk erwähnt werden oder aus denen zitiert wird, muss nicht bedeuten, dass deren theologische Ansichten vom Autor und vom herausgebenden Verlag geteilt werden.

aus Glauben leben. – Gott beim Wort nehmen und Ihn durch Vertrauen ehren (92 Andachten)

4. Auflage, April 2022
©2020 by Hmaidan.Media, Zum Weidchen 1A, 35708 Haiger
Umschlaggestaltung: David Lehnhardt
Bildrechte: Photo by Mika Matin on Unsplash
Satz: DTP Medien GmbH

ISBN: 978-3-00-067329-0
Art-Nr. 367329

herausgebender Verlag
HMAIDAN.MEDIA
www.hmaidan.de/verlag

Im Gedenken an David,

der mich ermutigt hat, dieses Buch zu schreiben,

und der mir durch sein Glaubensleben ein großes Vorbild war.

Inhalthaltsverzeichnis

Vorwort

Was bedeutet es eigentlich, aus Glauben zu leben? Und was wäre in meinem Leben möglich, wenn ich Gott wirklich kindlich und rückhaltlos vertrauen würde? Hast du dir auch schon einmal diese Fragen gestellt?

Gerade in einer Gesellschaft, in der Gesundheit und Sicherheit die höchsten Güter sind und wir es gewohnt und zum Teil regelrecht dazu verpflichtet sind, uns mit Versicherungen und Renten aller Art abzusichern: Sind wir, ähnlich wie die Welt, nicht vielleicht auch an den Punkt gekommen, unserer eigenen Vorsorge mehr zu vertrauen als dem lebendigen Gott?

Gott ist dieses Thema zentral wichtig. Er möchte uns Mut machen, aus Glauben zu leben. Und wie tut Er das? Er zeigt uns in Seinem Wort viele Männer und Frauen, die uns durch ihr beeindruckendes Vorbild ermutigen und anspornen – ja, regelrecht herausfordern –, aus Glauben zu leben.

Ist es denn nicht deprimierend, wenn man den großen Glauben von Personen, die bspw. in Hebräer 11 und Jakobus 2 erwähnt werden, mit dem eigenen Kleinglauben vergleicht? Absolut nicht! Gott will uns dadurch nicht überfordern oder in eine Depression stürzen, sondern vielmehr unseren Glauben anfachen. Er sagt uns: „Den Ausgang ihres Wandels anschauend, ahmt ihren Glauben nach" (Heb 13,7). Worte belehren, Vorbilder reißen mit!

Auch in der Kirchengeschichte gab es unzählige Christen, die Gott beim Wort genommen haben und deren Leben davon geprägt war, dass sie Ihm rückhaltlos vertrauten. Sich mit ihren Biographien zu beschäftigen bewahrt einerseits vor Überheblichkeit und spornt uns andererseits an, mehr loszulassen und im Glauben vorwärts zu gehen.

Die folgenden Seiten sollen anhand einiger biblischer und kirchengeschichtlicher Glaubensvorbilder greifbar machen, was es bedeuten kann, aus Glauben zu leben, Gott wirklich zu vertrauen und Ihn beim Wort zu nehmen. Wir werden u.a. sehen, worauf der Glaubensblick gerichtet ist, was großen Glauben und was Kleinglauben kennzeichnet, wie sich Glaubensenergie zeigt und wie sich der Glaube in Prüfungen bewährt.

Das Ziel dieses Buches ist: Mut zu machen, mehr aus Glauben zu leben, Gott mehr zuzutrauen und Ihn dadurch zu ehren. Denn wenn wir Gott vertrauen, dann zeigen wir, dass Er vertrauenswürdig ist – und das verherrlicht Ihn!

Noch ein Tipp zum Lesen des Buches: Es ist nicht dazu gedacht, in einem Rutsch durchgelesen zu werden. Am besten lässt du die Andachten einzeln auf dich wirken und nimmst dir die Zeit, über die Gedankenanstöße, die jeweils am Ende kommen, in Ruhe und unter Gebet nachzudenken.

„Es fliegen heute keine Adler mehr durch den
Kirchenhimmel und deshalb mangelt es dem
kleineren Geflügel an einem Maßstab für ihre Größe."
(Friedrich Wilhelm Krummacher)

Einleitung

Glaube hat viele verschiedene Facetten: Er glaubt das Unglaubliche, er sieht das Unsichtbare und er tut das Unmögliche. Durch Glaubensvertrauen bringen wir den lebendigen Gott in die Umstände des Lebens hinein – und das verändert alles! Warum ist das so? Weil der Glaube uns hilft, die Dinge aus der richtigen Perspektive zu sehen.

Glaube ist der große Grundsatz des göttlichen Lebens in uns – vom Anfang bis zum Ende. Nachdem wir an den Sohn Gottes geglaubt haben, wurden wir aus Glauben gerechtfertigt. Jetzt leben wir aus Glauben, wir stehen durch Glauben und wir wandeln durch Glauben. Der Glaube öffnet uns den Zugang zum Himmel und lässt uns jetzt schon etwas von dem genießen, „was kein Auge gesehen und kein Ohr gehört hat und in keines Menschen Herz aufgekommen ist, was Gott bereitet hat denen, die ihn lieben" (1. Kor 2,9).

Wo wird uns in der Bibel dieser Glaube gezeigt? Zum Beispiel in Hebräer 11. Dort sehen wir eine ganze Reihe von Glaubenshelden, die alle auf irgendeine Weise Gott vertraut und Ihn durch Glauben geehrt haben. Doch bevor der Schreiber diese großartigen Vorbilder vor uns stellt, macht er wenige Verse vorher eine bemerkenswerte Aussage: „Der Gerechte aber wird aus Glauben leben" (Heb 10,38). Gott stellt also zuerst den Grundsatz für das christliche Leben vor uns – aus Glauben zu leben – und dann zeigt Er uns anhand von Beispielen, was diesen Glauben kennzeichnet und wie er sich in praktischer Weise zeigt.

Genau damit werden wir uns im Folgenden beschäftigen, indem wir uns verschiedene Aspekte des Glaubens etwas eingehender ansehen. Wie können Glaubensvertrauen, Glaubensgehorsam, Glaubensenergie, Glaubenswerke und Glaubensschritte im Leben eines

Christen sichtbar werden? Wir wollen versuchen, Antworten auf diese Frage zu finden – und diese dann auf unser Leben anwenden.

Wenn der Glaube auch viele verschiedene Facetten hat, so ist er doch immer auf eine Person gerichtet: Jesus Christus, den Sohn des lebendigen Gottes. Paulus schreibt den Galatern: „Was ich aber jetzt lebe im Fleisch, lebe ich durch Glauben, durch den an den Sohn Gottes, der mich geliebt und sich selbst für mich hingegeben hat" (Gal 2,20). Der Apostel lebte Tag für Tag, Stunde für Stunde, durch lebendigen Glauben. Er hatte die Augen des Glaubens auf den Sohn Gottes gerichtet, der sein Ein und Alles war. Aus Glauben zu leben bedeutet deshalb auch, Jesus Christus zum Mittelpunkt und Ziel unseres täglichen Lebens zu machen.

> **„... hinschauend auf Jesus, den Anfänger und Vollender des Glaubens."**
> (Heb 12,2)

Gott möchte, dass wir in lebendiger Gemeinschaft mit unserem Herrn durch den Alltag gehen, ständig in dem Bewusstsein, dass wir von Ihm abhängig sind. Wie David treffend gesagt hat: „Nur auf Gott vertraut still meine Seele, von ihm kommt meine Erwartung" (Ps 62,6). Das ist die Sprache des Glaubens, der auf Gott ausgerichtet ist und in allem mit Ihm rechnet.

Bald kommt der Augenblick, in dem wir keinen Glauben mehr brauchen. Warum nicht? Weil Jesus Christus wiederkommt, um uns für immer zu sich in den Himmel zu nehmen. Dann gehen wir vom Glauben zum Schauen über – und werden Ihn endlich sehen, wie Er ist. Wunderbare Hoffnung! Bis dahin sollen wir Ihm jeden Tag fest vertrauen und uns auf Seine Zusagen stützen: „Denn noch eine ganz kleine Zeit, und »der Kommende wird kommen und nicht ausbleiben. Der Gerechte aber wird aus Glauben leben«" (Heb 10,37.38).

> *Nimm dir ein paar Minuten Zeit und stell dir folgende Fragen: Ist mein Leben wirklich durch lebendigen Glauben gekennzeichnet? Wenn ich den gestrigen Tag nochmal Revue passieren lasse: Habe ich in bewusster Gemeinschaft mit Gott gelebt und konkret mit Ihm gerechnet?*

Notizen:

. . . .

. . . .

. . . .

. . . .

. . . .

. . . .

. . . .

. . . .

. . . .

. . . .

. . . .

. . . .

. . . .

. . . .

Kennzeichen des Glaubens

Was kennzeichnet den Glauben und was bewirkt er in unserem Leben? Hebräer 11,1 gibt uns die Antwort: „Der Glaube aber ist eine Verwirklichung dessen, was man hofft, eine Überzeugung von Dingen, die man nicht sieht." Was das konkret bedeutet, schauen wir uns jetzt etwas näher an.

Der Blick nach vorne

„Siehe, ich komme bald, und mein Lohn mit mir, um einem jeden zu vergelten, wie sein Werk ist." (Offb 22,12)

Der Glaube schaut nach vorne. Wer aus Glauben lebt, hat keinen Zweifel daran, dass das, was Gott uns über die Zukunft sagt, in Erfüllung gehen wird. Die Dinge, die man hofft, sind für den Glauben so gewiss, als wären sie jetzt schon Wirklichkeit. Der Glaube wirkt wie ein Fernglas, das uns zukünftige Dinge so nah vor Augen holt, dass wir sie jetzt schon genießen können. Der vertrauensvolle Blick auf die wunderbare Hoffnung, die im Himmel auf uns wartet, gibt Kraft und hilft uns dabei, aktuelle Schwierigkeiten zu überwinden.

Außerdem motiviert uns der Vorausblick des Glaubens, in der aktuellen Zeit Opfer zu bringen. Warum? Weil der Glaube auf die Belohnung schaut! Was motivierte Abraham dazu, im Land Kanaan wie ein Fremder in Zelten zu wohnen? „Er erwartete die Stadt, die Grundlagen hat, deren Baumeister und Schöpfer Gott ist" (Heb 11,10). Was bewegte Mose dazu, lieber mit dem Volk Gottes zu leiden als die Schätze Ägyptens zu genießen? „Er schaute auf die Belohnung" (Heb 11,26).

Doch es ist eine Sache, darüber zu reden und dem grundsätzlich zuzustimmen, und eine gänzlich andere, das auch wirklich zu praktizieren. Nehmen wir zum Beispiel das Versprechen des Herrn Jesus, dass wir, wenn wir jetzt Dinge für Ihn und das Evangelium aufgeben, großartigen Lohn dafür empfangen werden. Ist das eine Wahrheit, die wir nur allgemein bejahen oder stützen wir uns im Glauben darauf und handeln in der Praxis auch dementsprechend?

Charles Studd hat in seinem Leben eindrücklich gezeigt, was es bedeuten kann, Dinge zu opfern, um sich Schätze im Himmel zu sammeln. Der ehemalige bekannte Cricket-Spieler setzte sein Vertrauen nicht auf Geld und Besitz, sondern machte sich Freunde mit dem „ungerechten Mammon". Als er in China als Missionar tätig war, geschah Folgendes:

> **„Das Gebiet des Glaubens beginnt, wo die Wahrscheinlichkeit aufhört und wo Schauen und Vernunft versagen."**
> (Georg Müller)

„Eines Morgens befand sich in der Post überraschenderweise ein dicker Umschlag mit Dokumenten des Bankhauses Coutts and Co. und der Anwaltskanzlei der Familie Studd. Als Charles den Umschlag aufriss, bemerkte er, dass er vor zwei Wochen seinen 26. Geburtstag wieder vergessen hatte. An dem Tag war ihm das Erbe seines Vaters überschrieben worden.

Der Umschlag enthielt Kopien von Aktien und Bankauszügen. Sie betrafen Vermögenswerte, die jetzt sein Eigen waren. Schnell rechnete Charles die Summen zusammen: Er war Erbe eines beträchtlichen Vermögens geworden. »So viel Geld«, dachte Charles. »Das reicht aus, um bis an mein Lebensende ohne Arbeit herrlich und in Freuden zu leben. Aber genau das will ich nicht.«

Schon seit zwei Jahren war in ihm der Entschluss gereift, das Geld für das Werk des Herrn zu geben. Für ihn war es eine Führung Gottes, dass er gerade jetzt in Chongqing beim Konsul wohnte, um die notwendige Beglaubigung erhalten zu können. Mit der entsprechenden Unterschrift konnte sein Bruder Kinny in England alles Nötige veranlassen.

Noch am gleichen Tag suchte Charles Mr. Bourne auf. Er klopfte an die Tür des Büros des Konsuls. »Herein, mein Lieber, was kann ich für Sie tun?«, erschallte es von innen.

Charles kam gleich auf den Punkt: »Diese Dokumente waren heute Morgen in der Post. Ich weiß, es klingt komisch, aber ich hatte fast vergessen, dass ich geerbt habe. Könnten Sie bitte ein Schreiben aufsetzen und es beglaubigen, damit mein Bruder die Vollmacht erhält, das Geld in meinem Namen an christliche Organisationen zu verschenken?«

Charles sah, wie Mr. Bourne weiß im Gesicht wurde. Der Konsul rang nach Worten und stotterte schließlich: »Jetzt warten Sie mal, es handelt sich doch um riesige Geldsummen. Ihr Vater war doch ein steinreicher Mann.«

»Ja, das ist richtig«, stimmte Charles zu, »aber zwei Jahre vor seinem Tod fand er zu Jesus Christus, und was ich jetzt tun will, fände er sicher gut. Aber noch wichtiger ist, mein himmlischer Vater findet es gut. Die sicherste Bank ist immer noch bei Gott. Bei ihm vermehrt sich das Vermögen hundertfach. Kennen Sie irgendjemanden, der einen besseren Zinssatz bietet?«

»Sie ... ich ... nein!«, der Konsul wusste nicht, was er sagen sollte. »Aber auf keinen Fall bekommen Sie meine Unterschrift. Sie werden sich die ganze Sache noch einmal nüchtern bei Tageslicht besehen.«

Dann schlug er einen versöhnlicheren Ton an. »Alles schön und gut, aber denken Sie doch mal an Ihre Zukunft. Sie müssen etwas zu essen und ein Dach über dem Kopf haben. Sie wollen doch bestimmt mal heiraten und Kinder haben. Es stimmt, jetzt sind Sie Missionar, aber in zehn Jahren - wer weiß, was dann ist?«

Jetzt verstand Charles die Welt nicht mehr. Nie hatte er damit gerechnet, dass sein Gastgeber ihm solche Steine in den Weg legen würde. »Aber Sie sind verpflichtet, die Papiere zu unterzeichnen. Ich bin britischer Staatsbürger und Sie der amtierende Konsul«, beharrte Charles.

Mr. Bourne schlug verzweifelt die Hände über dem Kopf zusammen und stöhnte. »Na gut, aber nur nach zwei Wochen intensiver Bedenkzeit. Wenn Sie es dann immer noch wollen, dann unterschreibe ich, aber daran glaube ich nicht.«

Zwei Wochen warten und dann die Beglaubigung abholen, das gefiel Charles. Zufrieden ging er davon. In den nächsten Tagen überlegte er, wie er das Geld aufteilen konnte. Vier sehr große Beträge zu je 5000 Pfund und einige kleinere Spenden sollten es werden.

Die erste große Summe ging an Dwight L. Moody, durch den sich sein Vater bekehrt hatte. Moody sollte mit dem Geld in Nordindien eine Missionsarbeit beginnen. Hier hatte sein Vater auf Indigofarmen sein Vermögen gemacht. Der zweite Betrag ging an den Deutschen Georg Müller, der im englischen Bristol christliche Waisenhäuser für die Ärmsten der Armen aufgebaut hatte. Die nächste Summe sollte der feurige Prediger George Holland bekommen, der sich um Bedürftige in Whitechapel, einem der Londoner Armenviertel, kümmerte. Die vierte Summe ging an Frederick Booth-Tucker. Er hatte die Heilsarmee nach Indien gebracht und heiratete kurze Zeit später die Tochter von Heilsarmeegründer William Booth. Was dann noch übrig blieb, verteilte Charles an übrige Missionsgesellschaften und Glaubenswerke, deren Arbeit er schätzte.

Die zwei Wochen waren herum, und Charles klopfte wieder an Mr. Bournes Bürotür. Dieser wusste gleich, was Charles wollte. Zähneknirschend und äußerst widerwillig unterschrieb er. Wenn Charles auch seine Meinung nicht geändert hatte, so hatte er sich wenigstens an die zwei Wochen Bedenkzeit gehalten. Am 13. Januar 1887 schickte Charles die Dokumente nach England und war richtig froh, dass sein Geld jetzt auf der »sicheren Himmelsbank« war, wie er es nannte." (Benge / *C.T. Studd – Der Draufgänger Gottes* / CLV)

> **Beeinflusst die wunderbare Zukunft, die Gott dir verspricht, dein tägliches Leben? Was bist du bereit zu opfern, um dir Schätze im Himmel zu sammeln? Ist dir der himmlische Zinssatz mehr wert als der deiner Bank? Nimm Gott beim Wort und beziehe Ihn und die Zusagen, die Er dir gibt, in alle Entscheidungen deines Lebens mit ein!**

Notizen:

. . . .

. . . .

. . . .

. . . .

. . . .

. . . .

. . . .

. . . .

. . . .

. . . .

. . . .

. . . .

Der Blick nach oben

„Ich erhebe meine Augen zu den Bergen: Woher wird meine Hilfe kommen? Meine Hilfe kommt von dem HERRN, der Himmel und Erde gemacht hat." (Ps 121,1.2)

Der Glaube schaut auch nach oben. Er öffnet uns die Augen für die unsichtbare Welt, d.h. er ist völlig überzeugt von der Existenz unsichtbarer, geistlicher und himmlischer Dinge und gibt uns Gewissheit darüber. Nachdem Paulus den Korinthern die großartige, ewige Herrlichkeit, die auf uns wartet, den aktuellen und zeitlich begrenzten Prüfungen und Nöten gegenübergestellt hat, sagt er: „Indem wir nicht das anschauen, was man sieht, sondern das, was man nicht sieht; denn das, was man sieht, ist zeitlich, das aber, was man nicht sieht, ewig" (2. Kor 4,18). Der Glaube ist also nicht auf die sichtbare, sondern auf die unsichtbare Welt ausgerichtet: „Denn wir wandeln durch Glauben, nicht durch Schauen" (2. Kor 5,7).

Das Wichtigste ist, dass der Glaube den lebendigen Gott vor Augen hat. Der Psalmist sagt: „Ich erhebe meine Augen zu dir, der du in den Himmeln thronst!" (Ps 123,1). Das ist die Sprache des Glaubens, der die Gemeinschaft mit Gott genießt und weiß, dass Er immer bei uns ist. In diesem Bewusstsein hat auch Jesus Christus hier auf der Erde gelebt und prophetisch gesagt: „Ich habe den HERRN stets vor mich gestellt; weil er zu meiner Rechten ist, werde ich nicht wanken" (Ps 16,8).

Wenn wir Gott vor Augen haben, bekommen wir Mut, in Prüfungen weiterzumachen, ohne zu resignieren. Mose hatte die schwere Aufgabe, mehrfach vor dem Pharao zu erscheinen und diesem mächtigen Herrscher das Gericht Gottes anzukündigen. Was gab ihm die Kraft dazu? Der Schreiber des Hebräerbriefs gibt uns die Antwort: „Er hielt standhaft aus, als sähe er den Unsichtbaren" (Heb 11,27). Weil er den großen, unsichtbaren „Ich bin" vor Augen hatte, brauchte er sich vor dem sichtbaren König nicht zu fürchten.

Auch Elia hielt sich im Glauben vor Gott auf. Plötzlich erscheint er vor dem bösen König Ahab, kündigt ihm Gericht an und sagt: „So wahr der HERR lebt, der Gott Israels, vor dessen Angesicht ich stehe, wenn es in diesen Jahren Tau und Regen geben wird, es sei denn auf mein Wort!" (1. Kön 17,1).

Einen ähnlichen Mut sehen wir bei Stephanus (s. Apg 7). Als die wutentbrannten Juden mit knirschenden Zähnen vor ihm stehen, schaut er unverwandt zum Himmel, sieht die Herrlichkeit Gottes und Jesus zur Rechten Gottes stehen. Furchtlos zeugt er von seinem geliebten Herrn und wird dadurch ein großartiges Vorbild für eine große Armee von Christen, die seinen Glaubensmut über Jahrhunderte hinweg im Wort Gottes dokumentiert haben.

Ein Glaubensmann, der sein Leben bewusst in der unsichtbaren, aber erlebbaren Gegenwart Gottes gelebt hat, war Samuel Lamb. Dem Glauben dieses chinesischen Christen konnten auch mehr als 20 Jahre Straflager und Gehirnwäsche nichts anhaben. Durch sein tiefes Vertrauen hat er maßgeblich an der Untergrundkirche Chinas mitgewirkt. In seiner Biografie lesen wir folgendes beeindruckendes Zeugnis, als er gerade im Gefängnis war:

> **„Lasst uns lieber im Glauben auf den Herrn Jesus schauen, der zur Rechten Gottes sitzt, als auf den Berg von Schwierigkeiten vor unseren Augen."**
> (Robert C. Chapman)

„Der Friede in seinem Herzen aber dauerte fort. Es geschah zu dieser Zeit, dass Samuel Lamb sich so völlig der »Gegenwart« [so nannte er immer das tröstliche und ermutigende Bewusstsein der Größe des Herrn; Anm. d. A.] bewusst wurde. Er drehte sich um und wollte sich vergewissern. Fast erwartete er, jemanden sehen zu können. Er sah aber nichts.

Doch obwohl er nichts sah, wurde er sich ihrer noch mehr bewusst. Er meinte, er würde die »Gegenwart« sagen hören: »Er wird seinen Engeln über dir befehlen, dich zu bewahren auf allen deinen Wegen«.

Wenn die »Gegenwart« ihn auch erschreckt hatte, so meinte er doch, er könne sie anfassen, als wäre sie Realität. Früher schon war er sich dieser Gegenwart des Herrn bewusst gewesen, aber nie so deutlich wie jetzt.

Samuel hob leise an zu singen:

> Wenn ich nur wandle, Herr, mit dir,
> in deines Wortes hellem Schein,
> wie herrlich leuchtet dann der Weg,
> und ich bin nimmermehr allein.

Da war wirklich jemand gegenwärtig. Hallelujah! ... Dieses Bewusstsein würde Samuel während der spannungsgeladenen Zeit begleiten, die nun folgen sollte." (Ken Anderson / *Niemals allein* / CLV)

Wie kannst du in deinem Alltagsleben den Herrn stets vor dich stellen, sodass du nicht wankst, wenn Widerstand kommt? Was kann dir dabei helfen, geöffnete Augen für die unsichtbare Welt zu haben? Wann hast du deinen Herrn das letzte Mal vor Ungläubigen bekannt? Wie kannst du Menschenfurcht überwinden?

Notizen:

. . . .

. . . .

. . . .

. . . .

. . . .

. . . .

. . . .

. . . .

. . . .

. . . .

. . . .

. . . .

. . . .

. . . .

. . . .

. . . .

. . . .

. . . .

. . . . , ...

. . . .

. . . .

Gott beim Wort nehmen

Gott hält, was Er verspricht!

„Und glückselig, die geglaubt hat, denn es wird zur Erfüllung kommen, was von dem Herrn zu ihr geredet ist!" (Lk 1,45)

Paulus schreibt den Römern: „Also ist der Glaube aus der Verkündigung, die Verkündigung aber durch Gottes Wort" (Röm 10,17). Dieser Vers zeigt uns die Grundlage des Glaubens. Er beruht nicht auf Menschenweisheit, Vermutungen oder Spekulationen, sondern er gründet sich auf das lebendige und unveränderliche Wort Gottes. Wer glaubt, nimmt Gott beim Wort – und ist völlig davon überzeugt, dass Er auch hält, was Er verspricht. Der Glaube ist daher wie eine unsichtbare Hand, die die von Gott gegebenen Zusagen ergreift und sie sich zu eigen macht. Unsere Sinne können uns täuschen, doch das Wort Gottes niemals!

In 1. Mose 15,6 wird das Verb „glauben" zum ersten Mal in der Bibel erwähnt. An dieser Stelle gibt Gott Abraham, als dieser bereits über 75 Jahre alt ist (und Sara schon 65), ein Versprechen und sagt: „Blicke doch zum Himmel und zähle die Sterne, wenn du sie zählen kannst! Und er sprach zu ihm: So wird deine Nachkommenschaft sein!" (1. Mo 15,5). Menschlich gesprochen ist es eigentlich unmöglich, dass ein so altes Ehepaar noch Kinder bekommen kann. Doch was bei Menschen unmöglich ist, ist möglich bei Gott – denn bei Gott sind alle Dinge möglich (s. Mk 10,27)!

Wir sind schnell dazu geneigt, etwas zu glauben, weil wir es für wahrscheinlich halten. Doch wahrer Glaube beginnt dort, wo die Wahrscheinlichkeit aufhört, denn er rechnet mit dem lebendigen Gott und nicht mit Statistiken!

Wie reagiert Abraham, als er die Zusage Gottes bekommt? Er glaubt dem HERRN! Paulus schreibt über den Vater der Glaubenden: „Er …

zweifelte nicht an der Verheißung Gottes durch Unglauben, sondern ... war der vollen Gewissheit, dass er, was er verheißen hatte, auch zu tun vermag" (Röm 4,20.21). Weil der Patriarch Gott beim Wort nimmt, gewinnt er Hoffnung und Zuversicht.

> **„Es kennzeichnet den Glauben, dass er auf Gott rechnet, nicht nur trotz der Schwierigkeiten, sondern sogar trotz Unmöglichkeiten."**
>
> (John N. Darby)

Hat das, was Abraham erlebt hat, auch uns etwas zu sagen? Unbedingt: „Denn alles, was zuvor geschrieben worden ist, ist zu unserer Belehrung geschrieben, damit wir durch das Ausharren und durch die Ermunterung der Schriften die Hoffnung haben" (Röm 15,4). Der Gott Abrahams ist auch unser Gott. Er verändert sich nicht – und für Ihn ist keine Sache zu wunderbar (s. 1. Mo 18,14)!

Die Bibel enthält viele weitere Beispiele, in denen Gott Versprechen gegeben hat, deren Erfüllung für eine Zeit lang vollkommen unmöglich erschien. Nehmen wir beispielsweise Joseph: Gott gibt ihm die Zusage, dass alle seine Brüder sich einmal vor ihm verneigen würden. Doch kurze Zeit später entwickeln sich die Umstände scheinbar in eine ganz andere Richtung: Hasserfüllt ergreifen ihn seine Brüder, werfen ihn in eine Grube und verkaufen ihn schließlich als Sklaven nach Ägypten. Dort wird er zu Unrecht angeklagt und ins Gefängnis geworfen. Über zwei Jahre muss er in diesem Kerker verbringen. Wie oft wird er während dieser langen Zeit über die Träume nachgedacht haben, durch die Gott ihm eigentlich ein so klares Versprechen gegeben hatte! „Das Wort des HERRN läuterte ihn" (Ps 105,19). Dort im Gefängnis wird sein Vertrauen und sein Festhalten an den Zusagen Gottes in besonderer Weise auf die Probe gestellt.

Dann geschieht plötzlich etwas Wunderbares: Innerhalb weniger Stunden wendet sich das Blatt. Joseph wird aus dem Gefängnis befreit und plötzlich zum zweitmächtigsten Mann Ägyptens erhoben. Als schließlich die von Gott bestimmte Zeit gekommen ist, reisen seine Brüder nach Ägypten und verbeugen sich vor ihm – genauso wie Gott es angekündigt hatte!

Bei Mose sehen wir etwas Ähnliches: Gott verspricht ihm, dass Er das Volk Israel aus Ägypten führen würde, um sie in das Land Kanaan zu bringen. Doch zunächst wird die Not nur noch schlimmer. Die Israeliten erleben großen Widerstand und müssen durch viel Leid und tiefe Prüfungen gehen. Dann ist es endlich soweit: In einer unvergesslichen Nacht verlassen sie schließlich Ägypten.

Kurz darauf stehen sie vor dem Roten Meer – zur Rechten und zur Linken von Bergen umgeben. Hinter ihnen rückt die Armee des wütenden Pharaos immer näher. Alles scheint aussichtslos verloren zu sein. Doch Gott greift ein! Mit Seinem ausgestreckten Arm kämpft Er für das Volk und vernichtet dessen Feinde in den gewaltigen Wassermassen. Ihre Angst verwandelt sich in Freude – und sie singen das erste Lied, das wir im Wort Gottes aufgezeichnet finden.

Wenn der Herr uns eine Verheißung gegeben hat, dann sollen wir auch dann darauf vertrauen, wenn die Erfüllung vielleicht aussichtslos erscheint und es menschlich gesehen keine Hoffnung mehr gibt, denn: „Nicht ein Mensch ist Gott, dass er lüge, noch ein Menschensohn, dass er bereue. Sollte er sprechen und es nicht tun, und reden und es nicht aufrechterhalten?" (4. Mo 23,19).

Schauen wir uns dazu wieder ein Beispiel aus der Kirchengeschichte an:

„Eines frühen Morgens im Mai 1946, als der indische Missionar Bakht Singh in Coonoor in den südindischen Nilgiri-Bergen war, hörte er, während vor seinem Fenster die Vögel sangen und zwitscherten, die Worte: »Deine Augen werden den König schauen in seiner Schönheit, sehen werden sie ein weithin offenes Land« (Jesaja 33,17).

Drei Tage hintereinander hörte er dieselben Worte. Er meinte, der Herr gebe ihm eine besondere Botschaft für den kommenden

Sonntag. Aber am Montag hörte er wiederum die Vögel singen – und die Worte aus Jesaja 33,17. Deshalb betete er: »Herr, sage mir, was dieser Vers bedeutet.« Der Herr sagte ihm: »Ich will, dass du in ein weit entferntes Land gehst.« So fing er an, dafür zu beten.

Als er zu der Gemeinde »Jehovah-Shammah« in Madras zurückkehrte, teilte er dies den Brüdern mit, und sie begannen, gemeinsam dafür zu beten. Nach dem Gebet hatten auch sie Frieden und Gewissheit, dass er ins Ausland gehen solle. Der Herr erinnerte ihn ständig daran, dass er nicht zögern solle; er solle bald gehen.

Eines Morgens stieß er in seiner täglichen Bibellese auf Hesekiel 8,1: »Und es geschah im sechsten Jahre, im sechsten Monat, am Fünften des Monats.« Aufgrund dieses Verses sagte ihm der Herr, er müsse am 5. Tag des 6. Monats im Jahre 1946 in London sein. Er sagte dem Herrn, dass er, wenn er so schnell abreisen solle, innerhalb von zwei Tagen einen neuen Pass bekommen müsse. Und zweitens müsse er eine besondere Gabe für die Fahrt erhalten, weil er nicht Geld von der Gemeinde »Jehovah-Shammah« nehmen wolle.

Erstaunlicherweise erhielt er mit Hilfe eines Freundes innerhalb von zwei Tagen den Pass. Dann bekam er Besuch von Mr. und Mrs. Devasahayam, die er noch nie zuvor gesehen hatte. Mr. Devasahayam arbeitete im Büro des Polizeichefs und sagte zu Bakht Singh: »Bruder, wir haben etwas Geld für den Dienst des Herrn beiseite gelegt und wussten nicht, wem wir es geben sollten. Der Herr sagte uns dann, es sei eine besondere Gabe für dich.« Auf diese Weise versorgte ihn der Herr mit dem nötigen Geld und einem Pass, so wie er es erbeten hatte.

Er fuhr dann nach Bombay, um einen Platz auf einem Schiff nach London zu bekommen. Er erfuhr, dass ein Schiff namens »Venconia« am 5. Juni in London ankommen solle. Das Problem war nur, dass auf dem Schiff kein Platz mehr war und sein Name in die Warteliste eingetragen wurde. Er erkundigte sich wieder am nächsten und übernächsten Tag und erfuhr, dass niemand seinen Platz storniert hatte.

Nach zwei Tagen wurde ihm gesagt, dass ein anderes Schiff namens »Andes«, ein sehr schnelles Schiff, nach London ging, das aber erst am 7. Juni ankommen sollte. Er betete wiederum und bat den Herrn um Weisung. Der Herr sagte ihm, er solle die »Andes« nehmen. Es stellte sich dann heraus, dass die »Venconia« unterwegs einen Maschinenschaden hatte und zwei Tage später, am 7. Juni ankam. Die »Andes« war ein schnelles Schiff und erreichte London schon am 5. Juni. Diese Begebenheit zeigte, wie genau und wundersam der Herr seine Wege führte." (T.E. Koshy / *Bahkt Singh - Ein auserwähltes Werkzeug in Indien* / CLV)

> *Welche Umstände bringen dich manchmal an den Punkt, an den Zusagen Gottes zu zweifeln? Welche ermutigenden Bibelverse können dir helfen, unabhängig von den Umständen auf Gott und Sein Wort zu vertrauen? Klammer dich an Gottes Verheißungen, egal woher der Wind weht!*

Notizen:

. . . .

. . . .

. . . .

. . . .

. . . .

Triumphieren vor dem Sieg

„Durch Glauben fielen die Mauern Jerichos, nachdem sie sieben Tage umzogen worden waren." (Heb 11,30)

Die Eroberung Jerichos ist ein eindrückliches Beispiel dafür, wie der Glaube, der auf das Wort Gottes vertraut und daraufhin handelt, sich über scheinbar unüberwindbare Hindernisse erhebt.

Alles beginnt mit dem Wort Gottes. Er gibt Josua noch vor der Eroberung ein Versprechen und sagt: „Siehe, ich habe Jericho und seinen König und die kriegstüchtigen Männer in deine Hand gegeben" (Jos 6,2). Er sagt ihm nicht: „Ich werde Jericho in deine Hand geben", sondern: „Ich habe Jericho ... in deine Hand gegeben." Josua bekommt also die feste Zusage, dass der Sieg ihm bereits gehört. Jetzt liegt es an ihm und dem Volk, den Sieg auch praktisch zu verwirklichen, indem sie die Stadt in Besitz nehmen.

Dabei erhalten die Israeliten von Gott klare Anweisungen, wie sie vorgehen sollen: Die Stadt umziehen, in die Posaunen stoßen und laut schreien! Kein normaler Mensch würde damit rechnen, dass lautes Geschrei beziehungsweise Jauchzen [s. die Fußnote in der Elberfelder Übersetzung zu Josua 6,5] die gewaltigen Mauern dieser Stadt zum Einstürzen bringen könnten. Doch das Geheimnis ihres Sieges liegt genau in diesem Jauchzen – denn es ist der Schrei des Glaubens, der auf das Wort Gottes hin handelt!

Lebendiger Glaube nimmt Gott beim Wort und jubelt bereits über den versprochenen Sieg, obwohl er noch nicht einmal ansatzweise sichtbar ist. Was tut der HERR in dieser Situation? Er antwortet auf ihr Vertrauen, indem er Sein Versprechen erfüllt und bewirkt, dass eine Mauer – so gewaltig, dass eine Frau darin wohnen kann – plötzlich in sich zusammenfällt. Wunderbarer Glaubenssieg!

H. Forbes Witherby schreibt dazu: „Kämpfer Christi, unseres Herrn im Himmel! Lasst uns unsere Seelen im Glauben anfachen. Der Herr hat den Sieg verheißen, wie er ihn Israel verhieß. Sie glaubten ihm. »Durch Glauben fielen die Mauern Jerichos.« Der Glaube erfasst die Stärke Gottes: »Dem Glaubenden ist alles möglich.« Möge der Kämpfer Christi auf den Befehl seines Herrn für ihn in den Kampf ziehen, und möge er sich des Sieges so gewiss sein, wie Israel es war, vor denen die massiven Mauern Jerichos zusammenstürzten."

Wie beeindruckend muss der Gesang von Paulus und Silas im Gefängnis gewesen sein, als sie, obwohl ihre Rücken blutig geschlagen und die Füße im Stock angekettet waren, um Mitternacht vor den Ohren ihrer Mitgefangenen Lieder zur Ehre Gottes sangen. Gott bewirkte daraufhin ein Erdbeben, sprengte die eisernen Ketten der Gefangenen und gebrauchte Seine beiden Knechte dazu, den grausamen Kerkermeister vom Tod zum ewigen Leben zu führen.

Er gibt auch heute noch Lobgesänge in der Nacht (s. Hi 35,10), wenn wir Ihm in allen Umständen vertrauen. Die Missionarin Gladys Aylward hat auf besondere Weise erlebt, wie Gesang ein Mittel sein kann, durch das Gott Rettung schenkt. Als diese tapfere Frau mitten im Krieg mit einer großen Schar von chinesischen Kindern auf der Flucht vor den heranrückenden Japanern war, kamen sie irgendwann an einen Fluss, den sie nicht überqueren konnten. Menschlich gesprochen war es nur noch eine Frage der Zeit, bis sie dort von den Feinden gefunden und erbarmungslos umgebracht werden würden. Doch Gott ist eine Festung in der Not – und Ihm ist nichts unmöglich:

„Wieder wird es Nacht, und die Kinder schlafen am Ufer des Flusses. So vergehen drei Tage und drei Nächte, aber kein Fährboot lässt sich blicken. Am vierten Morgen kommt der alte Chinese noch einmal, um nach ihnen zu sehen. Er berichtet, die Japaner kämen jetzt schnell näher und würden vor dem Abend noch den Fluss erreichen. Sie bringen alle Frauen und Kinder um, die ihnen in den Weg kommen.

Nach dieser traurigen Botschaft zieht sich der alte Mann zurück und sagt zum Abschied noch zu Gladys: »Geh doch mit diesen Kindern in die Berge zurück, da seid ihr sicherer. Hier am Flussufer bleibt kein Kind am Leben.« Sualan stellt sich dicht neben sie. Das Mädchen sieht den wachsenden Zweifel in Gladys' Augen. »Ai-Weh-Töh« [Gladys' chinesischer Name], sagt sie tröstend, »weißt du noch, wie du uns abends von Mose erzählt hast, den Gott gerufen hatte, dass er mit dem Volk Israel durch das Rote Meer gehen sollte? Da ist er gegangen! Und sie kamen sicher an die andere Seite.«

> **„Ich habe herausgefunden, dass in jeder großen Arbeit Gottes drei verschiedene Stadien erkennbar sind: Erst ist es unmöglich, dann ist es schwierig, dann ist es passiert."**
> (Hudson Taylor)

Gladys blickt Sualan verblüfft und fragend an. »Mutter«, sagt das Mädchen, »glaubst du, dass das wirklich passiert ist?« »Aber Kind, meinst du, ich würde euch etwas erzählen, was ich selbst nicht glaube? Das ist geschehen. Es steht in Gottes Wort!«

»Ja, ich glaube das auch«, antwortet sie, »und damals hast du gesagt, Gott habe auch die Kraft, das bei dem Gelben Fluss zu tun. Warum gehen wir jetzt nicht durch das Wasser? Gott kann uns doch den Weg durch das Wasser freimachen.«

Sualans Worte erschrecken Gladys. »Kind, aber ich bin doch nicht Mose!«, sagt sie ängstlich.

»Nein, du bist nicht Mose; aber Gott ist doch derselbe Gott«, sagt Sualan in festem Vertrauen.

»Ja, das ist er. Gott ist noch immer derselbe mächtige Gott!«

Sualan ruft einige der ältesten Jungen und Mädchen zusammen. Sie knien mit Mutter Gladys am Flussufer nieder. Sualan bittet in einfältigem Glauben: »Herr, hier sind wir. Du siehst uns. Wir warten auf dich, wir vertrauen dir, dass du den Gelben Fluss öffnen wirst. Niemand kann uns helfen, nur du allein.«

Dann beugt sich Gladys, bis ihr Gesicht und die Hände auf dem Boden ruhen, und fleht: »O mein Gott, ich bin am Ende meiner Kraft. Ich kann nichts mehr für diese Kinder tun. Ich bin nicht würdig, dass du uns hilfst. Aber tu es doch um deinetwillen, Herr, ... zur Ehre deines Namens ... O Gott, hilf uns ... lass uns nicht umkommen ... Rette uns ... zeig deine Macht ... Wir sind in deiner Hand!«

> **„Mag es finster sein — wie der Morgen wird es werden. Und du wirst Vertrauen fassen, weil es Hoffnung gibt."**
> (Hi 11,17.18)

Und weiter fleht sie: »Herr, rette uns doch! Dann werden die Kinder wissen, dass du allein der allmächtige Gott bist, größer als alle chinesischen Götter. Herr, rette uns ... auf dich allein hoffen wir ...«

Wie ein wunderschöner Gesang kommt der Text des Psalms 68 ihr in den Sinn: »Ihr Königreiche singt dem Herrn; lobsinget unserm Gott.« Ist dies die Antwort auf ihr Gebet? Mächtig erklingt es in ihrer Seele: »Lobsinget unserm Gott!«

Sie ruft die Kinder zusammen und fängt an zu singen. Einen Psalmvers nach dem anderen. Die Kleinen sind schon sehr müde, aber Gladys fordert sie auf: »Wir müssen singen, wenn wir singen, werden wir gerettet.«

Jedes Mal fängt sie an, den nächsten Vers zu singen. Sie erfasst im Glauben, dass dies ihre Rettung ist. Am Flussufer sitzt im Schilf verborgen ein chinesischer Soldat; der letzte, der an der Nordseite des Gelben Flusses Wache hält. Er muss dort aushalten, bis die ersten japanischen Soldaten kommen, dann erst darf er nach Süden übersetzen.

Der Soldat späht unablässig über das Land und in die Luft, ob der Feind kommt, und er lauscht auf das Rauschen des Flusses ... dann hört er etwas ... weit weg ... ein wundersames Geräusch ... Es ist, als sängen dort Kinder. Voller Heimweh denkt er an seine Jugendzeit, als er noch fröhlich in seiner kleinen Christengemeinde im Süden Chinas gesungen hatte. Aber hier am Gelben Fluss ... singende Kinder am Gelben Fluss? Nein, das kann es nicht geben.

Weiter läuft er am Schilfrand hin und her, durchsucht den Himmel nach Flugzeugen und späht durch das Fernglas über das Land, ob der Feind schon kommt. Es ist wieder still am Fluss, ganz still! Klar, er hat sich geirrt. Und er setzt sich wieder hinter das Schilf, nahe bei seinem Boot, mit dem er flüchten will. Er denkt an seine Jugendzeit, und dann ist der Klang wieder zu hören. Er lauscht gespannt.

Kommt dieser Ton von den raschelnden Riedstängeln? Können die so wundersam singen? Deutlich hört er jetzt, dass da ein Psalm gesungen wird, und es sind Kinderstimmen. »Träume ich ...? Singende Kinder am Gelben Fluss ...? Das ist doch unmöglich!«

Der Soldat rennt am Ufer entlang, dem Klang entgegen, der immer deutlicher wird. Einige Sekunden ist es still, dann ertönt er wieder. Nach einer kurzen Strecke bleibt er plötzlich stehen. Träumt er? Bei einer Bucht des Flusses sieht er eine Gruppe von Kindern auf der Erde sitzen, und eine Frau sitzt dazwischen.

Er läuft auf die Gruppe zu und hört die Kinder alle auf einmal schreien: »Ein Soldat ... Mutter, ein Soldat!« Mitten in der Gruppe sitzt Gladys. Sofort erkennt sie, dass es ein chinesischer Soldat und kein Feind ist.

»Ich hörte die Kinder singen«, sagt er, »was tut ihr hier?«

»Wir sind auf der Flucht und müssen über den Fluss«, antwortet Gladys, »aber es sind keine Boote mehr da.«

»Wie lange seid ihr schon hier?«

»Beinahe vier Tage«, sagt sie. Sprachlos sieht der Soldat sie an.

»Vier Tage bist du mit hundert Kindern hier am Ufer und wartest auf Rettung?«

»Wir kommen aus Yangcheng und flüchten vor dem Feind.«

»Wer hat euch hierhergebracht?«

»Mehr als zwei Wochen sind wir durch das Gebirge gezogen, um hier an den Fluss zu kommen, und als wir ankamen ... war es zu spät.«

»Hast du allein mit den Kindern die lange Reise gemacht?«

»Nein, ich war nicht allein, mein Gott war mit uns ... Bei dem Herrn sind Auswege aus dem Tod ... Er ist mächtig, uns auch jetzt zu retten.«

Der Soldat blickt Gladys ernst und bewundernd an. »Du bist eine Christin und gar keine Chinesin? Wie kommst du zu all diesen Kindern?«

»Ich bin Missionarin und habe die Verantwortung für all diese Kinder, dass sie sicher über den Fluss kommen«, antwortet sie.

»Das Singen hat euch gerettet«, sagt der Soldat. »Heute Vormittag bin ich zum letzten Mal hierhergekommen. Ich bin der einzig verbliebene Wachtposten am Fluss. Weil die Kinder gesungen haben, fand ich euch hier. Gott hat euch gerettet.«

Er nimmt gleich einige Kinder in seinem Boot mit an das Südufer. Der Fluss ist hier eineinhalb Kilometer breit; aber schon bald kommen zwei Soldaten mit einem Fährboot zurück. Die Kinder klettern froh an Bord. Sie sind ganz aufgeregt bei diesem neuen Abenteuer.

Während sie in dem Boot hinüberfahren, sagt einer der kleinen Jungen: »Ich glaube, der Herr Jesus hat gesehen, wie viele Blasen ich an den Füßen habe. Darum brauchen wir nicht wie Mose durch den Fluss zu laufen.«

»Ja … Er hat gesehen, dass wir nicht mehr laufen können, darum hat er uns ein Boot geschickt. Nun können wir sitzen und uns ausruhen«, sagt ein anderes Kind. Dreimal fährt das Boot über den Fluss, und Mutter Gladys ist die Letzte, die zur Überfahrt einsteigt. Gladys kann vor Erschöpfung nichts mehr sagen; aber in ihrem Herzen ist ein stilles Dankgebet zu Gott, der sein Versprechen erfüllte: »Beim HERRN sind Auswege aus dem Tod.«

Am Südufer steigt Gladys beruhigt aus. Sie sind nun in Sicherheit. Timotheus kommt zu ihr und fragt: »Mutter … sollten wir jetzt nicht dem Herrn danken?«

»Ja, … tu du es jetzt, Timotheus.« Etwas zaghaft bittet er die Kinder, sich hinzuknien und dem Herrn für diese große Errettung zu danken. Timotheus steht mitten zwischen den Kindern. Auch Gladys hat sich hingekniet. Die Soldaten entblößen das Haupt und lauschen tief berührt dem Gebet, das Timotheus jetzt spricht. Er hat auf diesem schrecklichen Treck gelernt, dass der Gott der Bibel der Einzige ist, der behüten und erretten kann." (Mijnders-van Woerden / *Gladys Aylward – Die Frau mit dem Buch* / CLV)

„Das Licht leuchtet am hellsten in dunkler Nacht.
So sollte es mit unserem Glauben sein,
wenn alles ringsum dunkel ist."

(Unbekannt)

> *Was kannst du von der Geschichte der Eroberung Jerichos für dein persönliches Glaubensleben lernen? Was bedeutet Davids folgender Ausspruch für dein Leben: „Denn mit dir werde ich gegen eine Schar anrennen, und mit meinem Gott werde ich eine Mauer überspringen" (Ps 18,29). Was kann dir dabei helfen, Gott in scheinbar ausweglosen Situationen zu vertrauen? Gründet sich dein Glaubensleben auf das Berechnen von Wahrscheinlichkeiten?*

Notizen:

. . . .

. . . .

. . . .

. . . .

. . . .

. . . .

. . . .

. . . .

. . . .

. . . .

. . . .

Geben und Empfangen

Glaube ist nicht nur ein Für-Wahr-Halten allgemeiner Glaubenswahrheiten, die wir in der Bibel finden, wie z.B. der christlichen Stellung oder zukünftiger prophetischer Ereignisse. Glaubensvertrauen zeigt sich auch darin, dass wir uns auf die Zusagen des Wortes Gottes und des Sohnes Gottes stützen, die uns vor konkrete Entscheidungen stellen.

Es gibt kein Thema, über das der Herr Jesus so oft gesprochen hat, wie über Geld und Besitz. Das zeigt uns, wie wichtig der richtige Umgang mit diesen Dingen ist. Wir werden noch sehen, dass dieses Thema auch eng mit unserem geistlichen Wachstum verbunden ist. Doch dazu später mehr.

„Geben ist seliger als Nehmen" (Apg 20,35) hat unser Herr und Meister selbst gesagt. Das sollte das Lebensmotto jedes Christen sein! Außerdem ist es bemerkenswert, welche Zusagen der Herr Seinen Jüngern in Verbindung mit dem Thema „Geben und Empfangen" gegeben hat, auf die auch wir uns heute noch im Glauben stützen dürfen.

Eine dieser Verheißungen, die unseren Glauben herausfordert, lautet: „Gebt, und euch wird gegeben werden: Ein gutes, gedrücktes, gerütteltes und überlaufendes Maß wird man in euren Schoß geben; denn mit demselben Maß, mit dem ihr messt, wird euch wieder zugemessen werden" (Lk 6,38).

Georg Müller konnte am Ende seines Lebens im Blick auf diese Stelle bezeugen: „Ich habe 50 Jahre durch die Gnade Gottes nach diesen Prinzipien gehandelt, und ich kann nicht sagen, wie groß die Fülle des geistlichen Segens war, die ich dadurch erhielt, dass ich suchte, freudig zu geben, und Gott ließ es mir gelingen. Die geliebten Heiligen berauben sich selbst eines wunderbaren Segens, wenn sie handeln, als wären sie Eigentümer und nicht Verwalter."

Alles, was wir besitzen, haben wir nur aus Gnade. Gott hat uns Geld und Besitz anvertraut, damit wir sie für Ihn verwalten sowie zur Förderung des Reiches Gottes benutzen – und natürlich auch selbst genießen dürfen. Die grundsätzliche Frage, die wir uns stellen sollten, ist nicht: „Wieviel soll ich geben?", sondern: „Wieviel soll ich für mich zurückbehalten?"

In 1. Könige 17 wird uns eine Witwe vorgestellt, die nur noch eine Hand voll Mehl und ein wenig Öl besitzt. Wie aus heiterem Himmel taucht auf einmal der Prophet Elia auf und verlangt von ihr, ihm von dem Wenigen, was sie noch hat, etwas zu Essen zu machen. Gleichzeitig versichert er ihr aber auch, dass Gott anschließend für sie sorgen würde, wenn sie seinen Worten gehorcht. Eine gewaltige Glaubensprüfung! Was tut sie in dieser Situation? Sie benutzt tatsächlich ihr ganzes Hab und Gut dazu, um den Mann Gottes zu versorgen.

Wie reagiert Gott nun auf diese selbstlose Hingabe? Er öffnet die Fenster des Himmels, sodass es anschließend heißt: „Das Mehl im Topf ging nicht aus, und das Öl im Krug nahm nicht ab" (1. Kön 17,16). Weil diese Frau im Glauben handelt und dem Wort des Propheten vertraut, erlebt sie, wie Gott auf wunderbare Weise für sie sorgt. Diese Geschichte soll auch uns Mut machen, Gott mehr zu vertrauen und Ihm in allem den ersten Platz zu geben!

> **„Du kannst geben, ohne zu lieben, aber du kannst niemals lieben, ohne zu geben."**
> (Amy Carmichael)

Gerade auf dem Gebiet des Gebens und Empfangens gibt es zahllose Beispiele in der Kirchengeschichte, bei denen Gott die Erfüllung Seiner Zusagen in beeindruckender Weise unter Beweis gestellt hat. Da das Thema „Geld und Besitz" für den Herrn Jesus so zentral und wichtig war, wollen wir uns dazu im Verlauf dieses Buches einige herausfordernde Glaubenserfahrungen ansehen, die uns Mut machen sollen, den Herrn auch in diesem Bereich ganz konkret beim Wort zu nehmen und dementsprechend zu handeln.

Die folgende Begebenheit ereignete sich vor vielen Jahren in Essen: Der Evangelist Albert Winterhoff lief durch die Straßen der Stadt, als der Herr plötzlich zu ihm sagte: „Geh in dieses Haus und gib dein Geld dieser Familie."

Albert war gehorsam und klingelte an der Haustür. Eine alte Frau öffnete die Tür. „Was möchten Sie?" fragte sie.

„Mein Herr sagt mir, dass ich Ihnen mein Geld geben soll." Und dann verkündigte er in der Wohnung das Evangelium.

Es stellte sich heraus, dass diese Frau einen Kranken pflegte, der dringend Arznei benötigte. Als Albert das Haus wieder verließ und gerade die Straße überqueren wollte, kam ein Mann auf ihn zu, gab ihm Geld und ging wieder weg. Solche Erfahrungen waren keine Seltenheit. Gott belohnt Freigebigkeit immer! (A. Steinmeister / *Das Leben Albert Winterhoffs* / CSV)

> **Siehst du dich als Eigentümer oder Verwalter dessen, was Gott dir anvertraut hat? Was könntest du von „deinem" Besitz anderen zur Verfügung stellen? Würdest du beispielsweise jemandem dein Auto oder deine Wohnung bereitwillig geben, wenn „Not am Mann" ist? Suchst du nach solchen „Gelegenheiten" oder meidest du sie eher?**

Notizen:

. . . .

. . . .

. . . .

. . . .

. . . .

. . . .

. . . .

. . . .

. . . .

. . . .

. . . .

. . . .

. . . .

. . . .

. . . .

. . . .

. . . .

. . . .

. . . .

. . . .

. . . .

Mit Glauben beten

Mary Slessor, die in Afrika für den Herrn gearbeitet hat, wurde einmal gefragt, was für sie das Gebet bedeute. Ihre Antwort war: „Mein Leben ist ein einziger langer, täglicher und stündlicher Bericht von erhörten Gebeten um Kraft bei geistiger Überanstrengung und körperlicher Schwäche, um wunderbar erfahrene Leitung, abgewendete Irrtümer und Gefahren, überwundene Feindschaft wider das Evangelium, um Nahrung, die genau zur rechten Zeit geschenkt wurde, ja um alles, was mein Leben und meinen schlichten Dienst ausmachte. Aus wunderbarem Erleben und mit ganzer Ehrfurcht kann ich bezeugen, dass ich glaube, Gott erhört Gebet. Ich weiß, Gott erhört Gebet!" (*Der kniende Christ* / Herold Verlag)

Der Herr möchte nicht nur, dass wir beten, sondern auch, dass wir es mit Glauben tun! Wir sollen in der Erwartungshaltung bitten, dass Gott unser Gebet erhören wird beziehungsweise bereits erhört hat. Deshalb sagte Jesus zu Seinen Jüngern: „Alles, um was ihr betet und bittet – glaubt, dass ihr es empfangt, und es wird euch werden" (Mk 11,24).

Unser Herr und Meister hat es uns vorgelebt: Er hatte hier auf der Erde die Gewissheit, dass Seine Gebete immer erhört wurden. Deshalb sagte Er am Grab von Lazarus öffentlich zu Seinem Vater: „Ich danke dir, dass du mich erhört hast. *Ich* aber wusste, dass du mich allezeit erhörst" (Joh 11,41.42). Außerdem wird uns in Psalm 16 prophetisch gezeigt, mit welchem Vertrauen Er betete.

L.B. Cowman hat treffend gesagt: „Wir rechnen im Allgemeinen viel zu wenig damit, dass unsere Bitten erhört werden. Daraus geht hervor, wie wenig ernst es uns mit unserem Gebet ist. Ein Bauer ist nicht zufrieden, wenn er keine Ernte bekommt; ein Schütze wird genau prüfen, ob die Kugel ins Schwarze getroffen hat; ein Arzt beobachtet die Wirkung der Medizin, die er verschrieben hat. Sollte allein der Christ im Blick auf die Frucht seiner Gebete gleichgültig sein?

Jedes Gebet eines Christen, das im Glauben und in Übereinstimmung mit dem Willen Gottes und unter der Wirkung des Heiligen Geistes gesprochen wird – ganz gleich, ob es dabei um zeitliche oder geistliche Segnungen handelt –, ist beantwortet oder wird beantwortet werden."

Manchmal schenkt Gott uns bereits auf den Knien die Gewissheit, dass Er ein Gebet oder lange anhaltendes Flehen erhört hat. Das ist eine wunderbare Erfahrung, die auch James Fraser machen durfte:

Über mehrere Jahre hinweg betete er dafür, dass sich Hunderte von Lisu-Familien (Bergvölker im heutigen China) bekehren würden. Irgendwann bekam er den Eindruck, dass der Herr ihm sagte: „Du hast lange genug gebetet. Wann willst du glauben, dass dein Gebet erhört ist?"

> **„Konzentriere dich beim Gebet nicht auf den Berg, der versetzt werden soll, sondern auf Gott, der ihn versetzen kann."**
> (Unbekannt)

Daraufhin betete er mit Glauben und war sich der Erhörung gewiss. Später schrieb er darüber: „Im vollen Bewusstsein dessen, was ich tat und was es mich kosten würde, betete ich, gewiss der buchstäblichen Erhörung. Ich bat Gott um Hunderte von Lisu-Familien. In der friedvollen, ruhigen Gewissheit des Erhörtseins erhob ich mich."

Und Gott hat das Gebet tatsächlich erhört. Am Ende des Jahres 1923 waren 129 Familien, das sind wahrscheinlich etwa 600 Menschen, Christen geworden. Fraser schrieb seinen Freuden dazu: „Vielleicht sagt mancher: Dein Gebet ist endlich erhört worden. Nein! Es war damals, am 12. Januar 1915, erhört worden. Ich war schon damals der Erhörung gewiss. Nur die sichtbare Erfüllung kommt jetzt." (E. Crossman / *James O. Fraser – Der Bergsteiger Gottes* / CLV)

> **Wie kann man sicher sein, dass ein Gebet erhört worden ist, obwohl man die Erhörung in diesem Augenblick noch nicht sieht? Was kann dir dabei helfen, mehr in Übereinstimmung mit dem Willen Gottes zu beten? Was kann dein Vertrauen darauf behindern, dass Gott dein Gebet für eine bestimmte Sache tatsächlich erhören wird?**

Notizen:

. . . .

. . . .

. . . .

. . . .

. . . .

. . . .

. . . .

. . . .

. . . .

. . . .

. . . .

. . . .

. . . .

Gott sorgt für Seine Kinder

„Seid um nichts besorgt." (Phil 4,6)

Immer wieder fordert Gott uns in Seinem Wort dazu auf, dass wir uns keine Sorgen machen sollen. Warum eigentlich nicht? Weil Gott versprochen hat, dass Er für uns sorgen wird!

Das Volk Israel hat die Fürsorge Gottes während der langen Wüstenreise ganz konkret erlebt. Deshalb konnte Nehemia rückblickend im Gebet sagen: „Vierzig Jahre lang versorgtest du sie in der Wüste, sie hatten keinen Mangel; ihre Kleider zerfielen nicht, und ihre Füße schwollen nicht" (Neh 9,21). Und wie ist das mit uns? Wir dürfen uns auf die Treue Gottes verlassen, der versprochen hat: „Ich will dich nicht versäumen und dich nicht verlassen" (Heb 13,5).

Als Petrus und die anderen Jünger mit ihrem Boot einmal in einen heftigen Sturm kamen, während der Herr im hinteren Teil schlief, schrien sie: „Lehrer, liegt dir nichts daran, dass wir umkommen?" (Mk 4,38). Jahre später schreibt Petrus – der damals auch mit im Boot gewesen ist – den Gläubigen: „Indem ihr all eure Sorge auf ihn werft; denn ihm liegt an euch" (1.Pet 5,7; [s. die Fußnote in der Elberfelder Übersetzung])! Er hatte die Fürsorge seines Herrn kennengelernt und das gab ihm Hoffnung und Zuversicht.

Gott ist ein Erhalter aller Menschen – besonders der Gläubigen (s. 1. Tim 4,10). Wir sind Kinder und Söhne Gottes, versiegelt mit dem Heiligen Geist, Glieder am Leib Christi und alle mit dem Blut des Lammes erlöst. Wie viel Grund haben wir daher, darauf zu vertrauen, dass unser Vater für uns sorgen wird!

Der unveränderliche Vater der Lichter, von dem jede gute Gabe kommt, kennt jedes Detail unseres Lebens. Er, der sogar seinen einzigartigen Sohn nicht geschont, sondern für uns hingegeben hat, wird uns ganz sicher alles geben, was wir nötig haben, „sodass wir kühn sagen können: »Der Herr ist mein Helfer, und ich will mich nicht fürchten«" (Heb 13,6).

Wie wunderbar Gott für Seine Kinder sorgt, hat Charles Studd in besonderer Weise erlebt, als er in Afrika dem Herrn gedient hat:

„Man schrieb das Jahr 1921, und Charles hatte zu dem ganzen Geschehen in Europa den Draht verloren. Fünf Jahre hatte er ohne Unterbrechung im Kongo gearbeitet, wobei er partout keinen Heimaturlaub nehmen wollte.

»Gott hat mich hierhin geschickt, und ich gehe nicht, bevor er es mir nicht sagt«, war seine Antwort jedem gegenüber, der ihm einen Heimataufenthalt empfahl. Er ging gekrümmt, und alle seine Zähne waren entweder abgebrochen oder ganz ausgefallen.

»Willst du nicht zu Hause einen Zahnarzt aufsuchen und dir Zahnersatz machen lassen?«, wurde er immer wieder gefragt. »Wenn Gott mir neue Zähne geben will, kann er genauso gut jemanden hierhin schicken, der sie mir einsetzt«, war dann seine Antwort. Seine Kollegen lachten und fanden ihn insgeheim unmöglich, doch das störte Charles nicht.

> **„Manche Menschen vertrauen dem Herrn, dass Er ihre Seele rettet, nicht aber, dass Er für ihr tägliches Leben sorgt.“**
>
> (Corrie ten Boom)

Im Laufe der Regenzeit 1921 kamen zwei sehr unterschiedliche Menschengruppen nach Ibambi. Die erste bestand aus einem Engländer und seinen drei Trägern.

An einem Nachmittag spazierte er in Charles' Hütte und begrüßte ihn wie einen alten Freund. »John Buck mein Name. Ich hatte einen langen Weg, um Sie hier zu finden«, sagte er. »Hier ist eine Tasse Tee, lassen Sie hören.« Charles war neugierig.

Der Fremde ließ sich auf einem von Charles' Klappstühlen nieder und begann: »Ich bin Zahnarzt, und vor eineinhalb Jahren hat Gott mir klar gezeigt, dass ich Ihnen im Kongo die Zähne sanieren sollte.

Ich habe mich daraufhin beim WEC (Weltweiter Einsatz für Christus) als Zahnarzt beworben, wurde aber abgelehnt. Man sagte, dass ich zu alt sei.«

Charles sah sich Johns Gesicht an und schätzte ihn etwa halb so alt wie sich selbst. Er musste unweigerlich lachen. »Wie gesagt, ich hatte Anweisungen von ganz oben, Ihre Zähne zu reparieren, darum habe ich meine Praxis in London aufgegeben und ein Schiff nach Afrika bestiegen. Ich wäre schon viel früher gekommen, wenn mir nicht unterwegs das Geld ausgegangen wäre. Also musste ich erst einmal sechs Monate in Afrika arbeiten, um das Restgeld für die Reise zusammen zubekommen. So, und jetzt bin ich hier.«

Zum ersten Mal in seinem Leben fehlten Charles die Worte. Gott hatte doch tatsächlich einen Zahnarzt um den halben Erdball geschickt, um ihm künstliche Zähne zu schenken!

Im Laufe der nächsten Woche zog John das, was von Charles' Zähnen noch übrig war, heraus und fertigte ihm ein Gebiss an. Charles war hellauf begeistert. Jetzt konnte er viel besser singen und auch den einen oder anderen Scherz machen, denn künstliche Gebisse waren den Afrikanern gänzlich unbekannt." (Benge / *C.T. Studd – Der Draufgänger Gottes* / CLV)

Ist das nicht großartig? Dieser Zahnarzt wird ganz sicher großen Lohn für sein selbstloses Opfer bekommen. Weil er im Glaubensgehorsam gehandelt hat, ist ein wunderbares Zeugnis der Fürsorge Gottes entstanden.

„Schmeckt und seht, dass der HERR gütig ist!
Glückselig der Mann, der zu ihm Zuflucht nimmt!"

(Ps 34,9)

> **Inwiefern prägt das Bewusstsein, dass Gott
> besorgt für dich ist und dass Ihm an dir liegt,
> dein Glaubensleben? Was kann dir dabei
> helfen, die Aufforderung: „Seid um nichts
> besorgt" besser umzusetzen? Welche Bibel-
> stellen fallen dir ein, in denen du die Fürsorge
> Gottes für dich erkennen kannst?**

Notizen:

. . . .

. . . .

. . . .

. . . .

. . . .

. . . .

. . . .

. . . .

. . . .

. . . .

. . . .

. . . .

. . . .

Der Segen des Gebens

Alles, was wir besitzen, haben wir aus Gnade empfangen. Das vergessen wir leider manchmal und bilden uns ein, wir hätten es uns verdient. Paulus schreibt: „Was aber hast du, das du nicht empfangen hast?" (1. Kor 4,7). Nachdem das Volk freiwillig für den Bau des Tempels gegeben hatte, drückt David im Gebet einen ähnlichen Gedanken aus: „Denn wer bin ich, und was ist mein Volk, dass wir vermögen, auf solche Weise freigebig zu sein? Denn von dir kommt alles, und aus deiner Hand haben wir dir gegeben" (1. Chr 29,14).

Es ist immer wieder erfrischend und herausfordernd, sich das Leben der ersten Christen anzusehen: Sie verkauften ihre Habe und benutzten den Erlös zum Segen anderer. Wie hat Gott darauf geantwortet? Er hat den Stempel Seines Segens auf die Hingabe dieser Jünger gedrückt, sodass es sofort anschließend heißt: „Und mit großer Kraft legten die Apostel das Zeugnis von der Auferstehung des Herrn Jesus ab; und große Gnade war auf ihnen allen" (Apg 4,33). Was für eine wunderbare Zeit!

Einige Jahre später bricht in Jerusalem eine Verfolgung gegen die Christen aus. Gleichzeitig kommt es zu einer großen Hungersnot, die die Gläubigen dort in noch größere Bedrängnis bringt. Hatten sie einen Fehler gemacht, weil sie ihr Hab und Gut verkauft und finanzielle Sicherheiten aufgegeben hatten? Nein, absolut nicht! Sie hatten aus Hingabe zum Herrn diese Opfer gebracht – und Er ließ sie jetzt nicht im Stich. Er sorgte dafür, dass die Gläubigen aus den Nationen durch den Dienst des Apostel Paulus Gaben nach Jerusalem sandten, um die Bedürfnisse der Heiligen dort zu stillen (s. Röm 15,25.26) – und dazu gebrauchte Er sogar arme Glaubensgeschwister aus Mazedonien, die aus Liebe sozusagen ihr letztes Hemd gaben (s. 2. Kor 8,1-5)! Tatsächlich: „Deine Treue ist groß" (Klgl 3,23).

So sollte es im Volk Gottes eigentlich immer sein: Diejenigen, die Überfluss haben, sollen die unterstützen, die finanzielle Hilfe benötigen. Dadurch wird den Bedürfnissen begegnet und ein gewisser „Ausgleich" geschaffen. Doch der Unterstützungsfluss muss nicht immer nur in eine Richtung gehen. Vielleicht kommen die ehemals Wohlhabenden irgendwann in eine Situation, in der sie selbst finanzielle Hilfe benötigen. Dann kann es sein, dass der Herr jetzt plötzlich diejenigen, die vorher Empfänger waren, dazu befähigt, die nötige Unterstützung zu geben. Wie der Apostel den Korinthern schreibt: „In der jetzigen Zeit diene euer Überfluss für deren Mangel, damit auch deren Überfluss für euren Mangel diene, damit Gleichheit werde" (2. Kor 8,14).

Auch diese Situation hat es öfter in der Kirchengeschichte gegeben. Rosalind Goforth, die als Missionarin selbst kein geregeltes Einkommen hatte und auf Spenden angewiesen war, hat diese Erfahrung gemacht, weil sie bereit war, ihre Hand für andere zu öffnen. Die folgende Begebenheit ermutigt dazu, uns mehr vom Herrn leiten zu lassen, wenn Er uns etwas aufs Herz legt:

> **„Auch was wir von Gott bekommen, sollen wir Ihm zur Verfügung stellen."**
> (Oswald Chambers)

Als die Goforths sich gerade während eines Heimataufenthalts in Kanada aufhielten, musste Rosalind öfter an zwei Freunde von der „China Inlandsmission" denken. Weil diese Gedanken immer wieder aufkamen, stellte sie sich die Frage, ob sie ihnen nicht Geld senden sollte. Als sie in ihr Portemonnaie sah, fand sie dort nur fünf Cent. Damit hatte sich die Sache für sie erst einmal erledigt. Sie dachte sich: Wenn der Herr wirklich wollte, dass sie ihren Freunden eine Gabe senden soll, dann würde Er dazu auch einen Weg ebnen.

Am Nachmittag des gleichen Tages kam ein Brief aus Ontario, genau ein Jahr, nachdem sie stellvertretend für einen Freund einen Bericht über die Arbeit in China gegeben hatte. Der Brief enthielt fünf Dollar und die Bemerkung, dass sie das Geld eigentlich schon vor einem Jahr hätte bekommen sollen, jedoch leider übersehen worden war.

Sie beschloss, ihren Freunden dieses Geld zu schicken. Als ihr Ehemann am nächsten Morgen nach Hause kam, gab er ihr weitere fünf Dollar, die sie zusammen mit den anderen fünf in einen Umschlag steckte und zur Post brachte.

Nach einiger Zeit erhielt sie eine Nachricht von ihren Freunden. Genau an dem Tag, an dem der Brief ankam, hatten sie vom Herrn die Gewissheit bekommen, dass eine gewisse Summe eingehen würde, für die sie gebetet hatten. Neben den zehn Dollar von Rosalind bekamen sie am gleichen Nachmittag noch eine zweite Gabe, sodass insgesamt genau der Betrag zusammenkam, der im Gebet erfleht worden war. (Rosalind Goforth / *How I know God answers prayer* / Harper & Brothers Publishers)

> *Wie oft stellst du dir die Frage, inwiefern du andere Christen, die materielle Bedürfnisse haben, finanziell unterstützen kannst? Gibst du manchmal auch Gaben an Personen weiter, weil der Herr dich dazu leitet, ohne dass du die konkreten Bedürfnisse der Person kennst?*

Notizen:

. . . .

. . . .

. . . .

Das intensive Flehen einer Mutter

„Geliebte, wenn unser Herz uns nicht verurteilt, so haben wir Freimütigkeit zu Gott, und was irgend wir erbitten, empfangen wir von ihm, weil wir seine Gebote halten und das vor ihm Wohlgefällige tun." (1. Joh 3,21.22)

Es ist Gottes Absicht, ganze Familien beziehungsweise Häuser zu erretten (s. Apg 16,31). Die Beispiele von Noah, Rahab, dem Kerkermeister in Philippi und vielen anderen machen das sehr deutlich. Dieses Wissen sollte uns besondere Freimütigkeit geben, mehr für Familienangehörige zu beten, die noch nicht errettet sind!

Wir können das einerseits mit Ausharren und andererseits auch mit Dringlichkeit tun. Wichtig ist, dass es mit Glauben geschieht! Manchmal bekommt man bereits während eines Gebets die Gewissheit, dass es erhört worden ist. Ein anderes Mal schenkt Gott die Gewissheit der Erhörung erst nach längerem Ringen im Gebet. Für beides gibt es viele Beispiele aus der Kirchengeschichte, die uns ermutigen, mehr mit Glauben zu beten.

Als die Mutter von Hudson Taylor einmal für eine Zeit lang zu einem Besuch außer Haus war, bekam sie eines Tages nach dem Mittagessen einen starken inneren Drang, für die Errettung ihres 15-jährigen Sohnes zu beten. Da sie ausnahmsweise etwas mehr Zeit hatte, nutzte sie die Gelegenheit, ging in ein Zimmer und schloss die Tür hinter sich zu. Dann fasste sie den Herzensentschluss, solange für ihren Sohn zu beten, bis sie die Gewissheit hätte, dass ihr Gebet beantwortet worden ist.

Zur gleichen Zeit ging der junge Hudson in das Zimmer seines Vaters und stöberte dort in dessen Bibliothek. Da ihn nichts wirklich anzog, schnappte er sich einen Korb mit Heften und nahm ein Traktat heraus, das interessant aussah. Er dachte: „Es gibt bestimmt eine Geschichte am Anfang und eine Predigt am Ende. Ich werde die

Geschichte lesen und die Predigt beiseitelassen." So nahm er das Traktat und begann, darin zu lesen.

Währenddessen verbrachte seine Mutter Stunde um Stunde im Gebet und flehte für ihren Sohn. Sie tat es so lange, bis sie nicht mehr anders konnte, als Gott dafür zu preisen, dass Hudson sich bekehrt hatte. Der Geist Gottes hatte in ihr diese Überzeugung auf den Knien gewirkt.

80 Meilen entfernt las Hudson Taylor in dem Traktat, als ihm plötzlich ein Satz ins Auge sprang. „Das vollbrachte Werk Christi." Er fragte sich, warum der Autor diesen Ausdruck benutzt. Warum sagte er nicht: „Das sühnende Werk Christi"? Augenblicklich schossen ihm die Worte: „Es ist vollbracht" durch den Kopf. Was war vollbracht? Vollkommene Sühnung für Sünde: Die Schuld war durch den Stellvertreter bezahlt worden. Christus starb für unsere Sünden, und nicht nur für die unseren, sondern auch für die ganze Welt. Dann dachte er: „Wenn das ganze Werk vollbracht und die Schuld bezahlt ist, was bleibt mir dann noch zu tun übrig?"

> **„Der Unglaube, der sich nicht an Gott wenden will und sich weigert, eine Segnung von Ihm zu erbitten, ist es, der Gott ermüdet; nicht aber unverschämtes Anhalten und Drängen."**
> (John G. Bellett)

In diesem Moment dämmerte in ihm die freudige Überzeugung, dass es für ihn in der Welt nichts mehr zu tun gab, als auf die Knie zu fallen und den Retter und Seine Rettung anzunehmen und ihn dafür zu preisen. So kam es, dass, während seine Mutter den Herrn auf den Knien in ihrer Kammer lobte, auch der junge Hudson Ihm von Herzen für seine Errettung dankte. Anschließend erzählte er seiner Schwester von seiner Bekehrung, aber mit der Bitte, es noch niemandem weiterzusagen.

Als seine Mutter 14 Tage später nach Hause zurückkehrte, war Hudson der erste, der ihr an der Haustür begegnete. Er erzählte ihr, dass er sehr schöne Neuigkeiten für sie hätte. Sie umarmte ihn, drückte ihn an sich und sagte: „Ich weiß, mein Sohn. Ich freue mich seit 14 Tagen über die gute Nachricht, die du mir sagen musst." Hudson wunderte sich und fragte, ob seine Schwester ihr bereits davon erzählt habe. Doch seine Mutter versicherte ihm, dass sie diese Nachricht von keiner menschlichen Quelle mitgeteilt bekommen habe. Dann erzählte sie ihm von den Stunden, die sie an jenem Tag auf den Knien verbracht, und über die Gewissheit, die Gott ihr schließlich geschenkt hatte.

Das ist noch nicht alles: Kurze Zeit später nahm Hudson sich ein kleines Taschenbuch, das genauso wie sein eigenes aussah. Er öffnete es und stellte fest, dass es das Tagebuch seiner Schwester war. Sein Blick fiel auf einen Eintrag, in dem sie schrieb, dass sie so lange jeden Tag für ihren Bruder beten wollte, bis er sich bekehren würde. Genau einen Monat später hatte Gott Hudson Taylor von der Finsternis zum Licht geführt. (Hudson Taylor / *A Retrospect* / Moody Press)

> *Was kannst du aus der Erfahrung von Hudson Taylors Mutter und Schwester für dein Gebetsleben lernen? Was muss geschehen, damit du wieder länger und intensiver für eine Sache betest? Was bedeutet es, im Gebet für die Errettung von Seelen zu kämpfen?*

Notizen:

. . . .

. . . .

. . . .

Der Segen der Gastfreundschaft

Gott fordert uns im Neuen Testament öfter dazu auf, gastfreundlich zu sein. Der Schreiber des Hebräerbriefs sagt: „Die Gastfreundschaft vergesst nicht, denn durch diese haben einige ohne ihr Wissen Engel beherbergt" (Heb 13,2). Wie viel Segen ist schon dadurch entstanden, dass Gläubige ihre Wohnung oder ihr Haus für andere geöffnet haben!

Das biblische Gebot ist eindeutig: „Nach Gastfreundschaft trachtet" (Röm 12,13). Im Alten Testament sehen wir ein Ehepaar, das genau das verwirklicht hat. Jahr für Jahr sehen sie einen Propheten, der auf seiner Reise durch ihr Dorf zieht. In ihren Herzen wuchs der Wunsch, diesen Mann zu unterstützen. Schließlich bauen sie ihm ein Zimmer auf dem Dach ihres Hauses, damit er sich dort zwischendurch auf der Reise ausruhen kann. Gott hat ihre Hingabe wunderbar gesegnet: Die Frau wird zum ersten Mal schwanger und ein Jahr später hält das Ehepaar durch Gottes Gnade einen kleinen Jungen in ihren Armen (s. 2. Kön 4).

Natürlich belohnt der Herr Gastfreundschaft nicht immer auf diese Weise; aber der göttliche Grundsatz bleibt bestehen: „Die segnende Seele wird reichlich gesättigt, und der Tränkende wird auch selbst getränkt" (Spr 11,25)! Aquila und Priscilla, die möglicherweise ebenfalls keine Kinder hatten, haben Paulus bei sich wohnen lassen und durch diesen Gast mit Sicherheit nicht wenig Segen empfangen! Sie öffneten ihr Haus auch für Apollos, für den die Zeit unter ihrem Dach sehr nützlich war, und der anschließend zu einem Segenskanal für viele wurde. Außerdem stellt dieses Ehepaar ihre Räumlichkeiten auch Christen zur Verfügung, die sich dort regelmäßig versammeln konnten.

Aquila und Priscilla sind durch ihren Glauben und ihre Hingabe für viele zu Vorbildern geworden. Dafür werden sie zweifellos Lohn empfangen – denn Gott hat es versprochen. Das gilt auch für uns: Der Herr wird jede Gastfreundschaft belohnen und sich an jeden Becher Wasser erinnern, den wir um Seines Namens willen zum Segen anderer weitergeben (s. Mk 9,41)!

Das Vorbild Robert Chapmans in Sachen Gastfreundschaft und Nächstenliebe ist ein wunderbares Zeugnis von jemandem, der Christus nicht nur predigte, sondern auch wirklich lebte:

> **„Das Evangelium macht Christen, aber man sieht's ihnen nicht an den Kleidern an, sondern an den Werken der Liebe."**
> (Martin Luther)

„Chapman zog irgendwann in einen Slum in Barnstaple (England), um dort die Ausgestoßenen zu erreichen. Es war eine Szene der Trunksucht, Unflätigkeit, Krankheit und Armut mit Ratten in den Gassen und verfallenen Bruchbuden. Und doch diente er beständig diesen Menschen, und sie waren immer willkommen, wenn sie ihn zu Hause besuchten.

Gastfreundschaft wurde ein wichtiger Teil seines Dienstes. Chapman kaufte ein Haus, das dem seinen gegenüber lag, und bat den Herrn, Gäste nach Seiner Wahl zu schicken. Er verlangte nichts, und niemand wurde gefragt, wann er abreisen wolle.

Die Gäste wurden gebeten, jeden Abend ihre Schuhe und Stiefel vor die Tür zu stellen. Am nächsten Morgen waren sie aufpoliert. Das war die Art und Weise, wie Herr Chapman seinen Gästen die Füße wusch. Diese Gastfreundschaft eines Junggesellen belehrte die Gäste über ein Leben im Glauben und im Dienst für die Geschwister." (R.L. Peterson / *Robert C. Chapman – Der Mann, der Christus lebte* / CLV)

> **Warum ist gerade der Dienst der Gastfreundschaft unter Christen so enorm wichtig? Inwiefern machst du von den Möglichkeiten, die du hast, Gebrauch, um durch Gastfreundschaft für andere zum Segen zu sein? Was bedeutet 1. Joh 3,17 in diesem Zusammenhang? Wie wichtig ist das Bewusstsein, dass du auch nur Verwalter und nicht Eigentümer deines Hauses beziehungsweise deiner Wohnung bist?**

Notizen:

. . . .

. . . .

. . . .

. . . .

. . . .

. . . .

. . . .

. . . .

. . . .

. . . .

. . . .

. . . .

Da bin ich in ihrer Mitte

„Wo zwei oder drei versammelt sind in *meinem* Namen, da bin ich in ihrer Mitte." (Mt 18,20)

Was für ein wunderbares Versprechen! Der Sieger von Golgatha, der jetzt verherrlicht zur Rechten Gottes sitzt, versichert Seinen Jüngern – und damit auch uns –, dass Er in der Mitte derer ist, die sich hier auf der Erde schlicht und einfach in Seinem Namen versammeln. Jedes Mal, wenn wir das tun, dürfen wir von Ihm erwarten, dass Er Sein Versprechen wahrmachen wird.

Zu Beginn des 19. Jahrhunderts sind an vielen Orten Christen aus den großen Staatskirchen ausgetreten, weil ihnen beim Lesen des Neuen Testaments bewusst wurde, dass alle Gläubigen ein geistliches Priestertum sind, die Gott in Geist und Wahrheit anbeten können, und dass nicht nur eine kleine ordinierte Personengruppe dieses Vorrecht hat (s. 1. Pet 2,5). Außerdem fing man damals an, bewusst auf menschliche Organisation und Liturgie im Ablauf der Zusammenkünfte zu verzichten und stattdessen darauf zu vertrauen, dass der Herr durch den Heiligen Geist die Leitung übernehmen würde – und Gott hat dieses Vertrauen gesegnet.

Das können wir auch heute noch tun. Wenn wir auf die wunderbare Zusage Jesu: „Wo zwei oder drei versammelt sind in *meinem* Namen, da bin ich in ihrer Mitte" (Mt 18,20) vertrauen, dann hat das Auswirkungen auf unser persönliches Verhalten sowie den Ablauf der Gemeindestunden. Es ist leicht, nach außen hin zu bekennen, dass man sich im Namen Jesu versammelt, aber die Frage ist: Rechnen wir auch wirklich mit Seiner Gegenwart und damit, dass Er alles lenkt und leitet? Lassen sich die Brüder in wahrer Abhängigkeit von Ihm in der Beteiligung gebrauchen, wenn wir um Ihn versammelt sind? Wird bewusst so lange gewartet, bis der Heilige Geist jemanden leitet, etwas zu sagen – auch wenn das bedeutet, dass man zwischendurch mal für ein paar Minuten still ist? Beten alle in der Stille für Geistesleitung und genießen die Gegenwart des Herrn? Wird das Wirken des Geistes behindert, wenn sich der Uhrzeiger der 1-Stunde-Marke nähert?

William Trotter beschreibt aus eigener Erfahrung, wie wunderbar es sein kann, wenn Christen sich nur im Namen Jesu versammeln und auf die Leitung des Heiligen Geistes vertrauen: „Wie gesegnet waren solche Stunden! Gab es stille Pausen, so wurden sie in ernstem Warten auf Gott zugebracht – nicht in unruhiger Erwägung, welcher Bruder wohl nun beten oder reden würde, nicht mit dem Blättern in der Bibel oder im Liederbuch, um etwas zum Vorlesen oder Singen Passendes zu finden; ebenso wenig mit ängstlichen Überlegungen, was wohl die Anwesenden von dem längeren Schweigen denken könnten. Gott war da, und die Herzen waren mit Ihm beschäftigt. Hätte jemand in einem solchen Augenblick den Mund geöffnet, nur um das Schweigen zu brechen, so würde man es als eine wirkliche Störung empfunden haben."

> **„Irdische Weisheit tut das Natürliche. Göttliche Weisheit tut das, wozu der Heilige Geist uns drängt."**
> (Charles Stanley)

Es ist relativ leicht, Zusammenkünfte zu organisieren, in denen der Ablauf, die Beiträge und die Sprecher festgelegt werden. Sich dagegen im Glauben auf die Zusage Jesu zu stützen, loszulassen und Ihm bewusst die Leitung zu überlassen, fällt uns oft nicht so leicht. Doch genau dazu möchte Gott uns ermutigen!

Als der Evangelist Charles Stanley das erste Mal an solchen Zusammenkünften teilgenommen hat, hat ihn die Gegenwart des Herrn und die Leitung des Heiligen Geistes tief beeindruckt. Er schreibt dazu:

„Ich komme jetzt zu einem Ereignis, das zu einem Wendepunkt für mein ganzes Leben bis heute wurde.

Man hatte mir gesagt, dass Kapitän W. und ein paar andere Christen am ersten Tag der Woche zusammenkamen, um das Brot zu brechen, wie wir das in Apostelgeschichte 20 von den ersten Christen lesen. An einem Sonntagmorgen ging ich dann einmal hin, um mir das anzusehen.

Ich setzte mich hinten hin und suchte nach der Kanzel. Aber da war keine. Ich sah nur einen Tisch mit einer weißen Tischdecke, und darauf standen Brot und Wein zum Gedächtnis an den Tod des Herrn Jesus. Ich hielt Ausschau nach einem Prediger oder Vorsitzenden, aber nichts dergleichen war zu finden.

Die Gläubigen, die hier versammelt waren, saßen um den Tisch herum. Ein tiefes, feierliches Gefühl kam über mich: »Diese sind gekommen, um dem Herrn Selbst zu begegnen.« Es war ohne Zweifel der Geist Gottes, der so zu mir sprach.

Es ist mir unmöglich, die Gedanken zu beschreiben, die mich beschäftigten. Aber ich fühlte mich in der unmittelbaren Gegenwart des Herrn Jesus, nach Seinem Wort: »Wo zwei oder drei versammelt sind zu meinem Namen hin, da bin ich in ihrer Mitte« (Mt 18,20). Dieses Gefühl war so stark, dass ich wenig merkte von dem, was um mich herum geschah, es sei denn, dass mir der Unterschied gegenüber allem, was ich bis dahin gesehen und erlebt hatte, überwältigend erschien.

Was mich vor allem in Erstaunen setzte, war die Tatsache, dass dieses Zusammenkommen von Christen zum Brotbrechen (Abendmahl) genau mit dem übereinzustimmen schien, was wir darüber in der Schrift finden. Anstatt eines Predigers fand ich an dem Tisch des Herrn die Freiheit, wie sie in 1. Korinther 14,29-37 beschrieben wird.

Einige Wochen später nahm ich durch die Gnade als ein Erlöster meinen Platz am Tisch des Herrn ein. Kurz danach erfuhr ich, während wir in stiller Anbetung dasaßen, etwas, was ich nie zuvor selbst erlebt hatte: die Leitung des Geistes Gottes. Es war mir, als hörte ich eine leise Stimme: »Lies 2. Korinther 1«, und sehr köstliche Gedanken über die Verse 3-5 kamen in mir auf. Es ergriff mich eine Rührung, die so stark wurde, dass mir der Schweiß an Gesicht und Körper ausbrach.

Schweigend saßen wir einige Zeit. Endlich stand Kapitän W., der an der anderen Seite des Zimmers saß, auf, und sagte: »Lasst uns 2. Korinther 1 lesen!« und dann sprach er genau die Gedanken aus, die der Geist mir ins Herz gegeben hatte. So lernte ich zum ersten Mal die Leitung des Geistes kennen, in der Mitte von Christen, die sich um Christus allein versammeln. In den folgenden Jahren hat sich diese Erfahrung oft wiederholt." (Charles Stanley / *Wie der Herr mich führte* / EPV)

> **Wie erklärst du, was es bedeutet, sich im Namen Jesu zu versammeln? Welche Erwartungshaltung hast du in den Stunden, in denen du mit anderen Christen zusammenkommst? Was bedeutet es konkret, sich in den Zusammenkünften durch den Geist Gottes leiten zu lassen? Wie funktioniert das?**

Notizen:

. . . .

. . . .

. . . .

. . . .

Die Kraft des gemeinsamen Gebets

„Wahrlich, wiederum sage ich euch: Wenn zwei von euch auf der Erde übereinkommen werden über irgendeine Sache, welche sie auch erbitten mögen, so wird sie ihnen zuteil werden von meinem Vater, der in den Himmeln ist." (Mt 18,19)

Das ist eine gewaltige Zusage für das gemeinsame Gebet. Doch sie ist an eine Bedingung geknüpft: Es muss Einmütigkeit herrschen, wenn Christen zusammen beten. Zum einen müssen wir in Frieden und Liebe zusammen sein und zum anderen müssen wir uns einig werden, wofür wir konkret beten wollen. Wie können wir zu dieser Einmütigkeit gelangen? Indem wir beispielsweise vor dem Beten über konkrete Gebetsanliegen sprechen und übereinkommen, sie gemeinsam vor den Thron der Gnade zu bringen.

Die ersten Christen haben einmütig zusammen gebetet. Zum einen waren sie ein Herz und eine Seele und zum anderen waren sie sich einig, wofür sie konkret beten wollten. Sie erhoben einmütig ihre Stimme zu Gott und erlebten, wie der Herr auf ihr Gebet antwortete. Damals kam die Antwort Gottes, indem die Erde erbebte, die Jünger mit dem Heiligen Geist erfüllt wurden und mit großer Kraft Zeugnis von der Auferstehung Jesu ablegten.

Aber wie ist das heute? Sind wir heute einmütig, wenn wir zusammen beten? Haben wir Frieden und ungeheuchelte Bruderliebe untereinander? Tauschen wir uns über Gebetsanliegen aus und kommen überein, konkret dafür zu beten? Oder erinnern unsere gemeinsamen Gebete nur an eine liturgische Zusammenkunft?

Dass die Zusage des Herrn auch für unsere Zeit noch volle Gültigkeit hat, macht die folgende Begebenheit deutlich, die ein Christ vor einigen Jahren in einem Zusammenkommen von Gläubigen gemacht hat:

„Wir hatten jeden Sonntag vor dem 8-Uhr-Gottesdienst eine Gebetsgemeinschaft. Als wir uns eines Sonntags von den Knien erhoben, sagte ein Nebenmann: »Herr Pastor, ich möchte Sie bitten, für meinen Jungen zu beten. Er ist nun zweiundzwanzig Jahre alt und war seit Jahren nicht mehr in der Kirche.« Der Pastor erwiderte: »Wir könnten jetzt noch einige Minuten dafür erübrigen.« So knieten wir nochmals nieder und brachten ernste Fürbitte für diesen jungen Mann vor Gott.

Obwohl diesem jungen Mann nichts davon bekannt wurde, kam er am gleichen Abend zur Kirche. Etwas in der Predigt überführte ihn von seiner Sünde. Mit zerbrochenem Herzen kam er in die Sakristei und nahm Jesus Christus als seinen Heiland an.«

Eines Montagmorgens war mein Freund, der in der Gemeindearbeit stand, beim wöchentlichen Vorstandstreffen zugegen. Er sagte zum Pastor: »Diese Bekehrung gestern Abend ist für uns doch ein Aufruf zum Gebet — ein Ruf Gottes. Sollten wir ihm nicht Folge leisten?« »Was meinen Sie damit?« fragte der Pastor. Mein Freund meinte: »Sollten wir nicht einmal den Schlimmsten in unserer Gemeinde auswählen und für ihn beten?« Durch einmütigen Beschluss wählten sie K. als den Schlimmsten aus, den sie kannten. Dann »wurden sie eins« im Gebet für seine Bekehrung.

> **„Unser Gebet braucht nicht Länge, sondern Kraft. Die Dringlichkeit unserer Not ist ein exzellenter Lehrer zur Kürze."**
> (Charles H. Mackintosh)

Am Ende jener Woche, als sie an einer Wochenend-Gebetsversammlung im Gemeindesaal teilnahmen und der Name jenes Mannes gerade auf ihren Lippen war, öffnete sich die Tür, und herein schwankte K. Er war ziemlich betrunken. Noch nie hatte er diesen Versammlungsraum betreten. Ohne daran zu denken, seine Mütze abzunehmen, sank er auf einen Stuhl nahe am Eingang und vergrub sein Gesicht in den Händen.

Die Gebetsversammlung wurde auf einmal zu einem Ort der Seelsorge. So wie er war — betrunken —, suchte er den Herrn, der ihn suchte. Er ging niemals mehr zurück. Heute ist er einer der gesegnetsten Hafenmissionare des Landes." (*Der kniende Christ* / Herold Verlag)

> **Wie kann man bei einem Gebetstreffen am besten über eine Sache übereinkommen, um für sie zu beten? Warum ist es ein besonderer Segen, dass wir uns als Christen treffen und zusammen beten können? Motivierst du andere dazu, gemeinsam konkret für bestimmte Anliegen zu beten, und zwar mit dem Vertrauen auf die Zusage des Herrn?**

Notizen:

. . . .

. . . .

. . . .

. . . .

. . . .

. . . .

. . . .

. . . .

. . . .

. . . .

Prophetischer Dienst

„Eifert danach, zu weissagen." (1. Kor 14,39)

Wenn wir erwarten, dass der Herr in den Zusammenkommen als Christen anwesend ist, dann sollten wir auch mit der Erwartungshaltung dort sein, dass Er zu uns redet und uns beispielsweise Antworten auf Fragen gibt oder den Finger in eine wunde Stelle in unserem Leben legt. Genau das macht prophetischen Dienst beziehungsweise Weissagung aus: Gott benutzt Gläubige dazu, unter der Leitung des Heiligen Geistes etwas zu sagen, was von Ihm selbst kommt und genau in die Lebensumstände von anderen Christen hineinspricht.

1. Korinther 14 macht deutlich, dass prophetischer Dienst die Zusammenkünfte kennzeichnen sollte, in denen das Wort Gottes gepredigt wird. In diesem Zusammenhang schreibt Paulus: „Wenn aber alle weissagen, und irgendein Ungläubiger oder Unkundiger kommt herein, so wird er von allen überführt, von allen beurteilt; das Verborgene seines Herzens wird offenbar, und so, auf sein Angesicht fallend, wird er Gott anbeten und verkündigen, dass Gott wirklich unter euch ist" (1. Kor 14,24.25). Das folgende Beispiel zeigt, wie so etwas in der Praxis aussehen kann:

„Vor einigen Jahren war ein junger Mann, Sohn gläubiger Eltern, das erste Mal seit langer Zeit wieder dabei, als Christen sich versammelten, um das Wort Gottes zu hören. Obwohl er in einem christlichen Elternhaus aufgewachsen war, ging er seit längerem nicht mehr zu den Gemeindestunden, in denen das Wort Gottes gepredigt wurde. Eines Tages, als er in einer anderen Stadt unterwegs war, kam ihm der Gedanke, dort einmal zu den Zusammenkünften der Gläubigen zu gehen. Er ging in dem Raum, setzte sich ganz hinten auf einen Stuhl und schaute sich die Gesichter an. Keiner der Christen dort kannte ihn.

Weiter vorne saßen einige Männer, denen man es anmerkte, dass sie beteten. Nach einer kurzen Pause stand ein Bruder auf und las einige Verse aus Hesekiel 14,6-8. Die folgenden Worte trafen den jungen Mann mitten ins Herz:

»Ich... werde ihm in meiner Weise antworten. Und ... ich werde ihn ausrotten.«

Der Bruder, der predigte, legte die Verse aus und machte einige ernste Anwendungen auf das Leben der Zuhörer. Dadurch wurde der junge Mann zur Buße geführt. Er kehrte um von seinen verkehrten Wegen und bekannte seine Schuld vor Gott und Menschen." (A. Steinmeister / *Wenn ihr zusammenkommt* / Daniel Verlag)

> **„Gewöhne dir an zu sagen: »Rede, Herr.« Dann wird das Leben ein Abenteuer."**
> (Oswald Chambers)

Meistens richtet sich der prophetische Dienst in den Zusammenkünften aber an die Gläubigen, die versammelt sind. Der Herr möchte gerne durch die Predigt des Wortes Gottes Antworten auf Fragen, Wegweisung oder auch – wenn nötig – Korrektur geben.

Im Folgenden möchte ich gerne ein persönliches Erlebnis weitergeben, das zeigt, wie konkret der Herr durch Sein lebendiges Wort in unsere Umstände hineinsprechen kann, wenn wir uns in Seinem Namen versammeln:

Vor einiger Zeit hatten wir als Familie fast kein Geld mehr auf dem Konto. Da wir als Missionare arbeiten, haben wir kein geregeltes Einkommen und keine menschliche Sicherheit, dass zu einem bestimmen Zeitpunkt wieder Geld reinkommt. Damals wusste zudem niemand von unserer finanziellen Situation.

An einem Mittwochabend, kurz bevor wir mit Glaubensgeschwistern der örtlichen Versammlung/Gemeinde zum Gebet zusammenkamen, erhielt ich eine Email mit einer Kreditkartenrechnung, die eine Woche später fällig war. Der Betrag: 276 Euro.

Ich starrte auf die Zahl am Bildschirm und dachte: Wie sollen wir diese Rechnung bezahlen, da wir doch sowieso schon fast nichts mehr haben? Dann bat ich den Herrn darum, uns zu helfen und außerdem in der Zusammenkunft durch Sein Wort in unsere Umstände hineinzusprechen. Anschließend ging ich zur Gebetsstunde.

Dort wurde zuerst ein Lied gesungen. Nach einer kurzen Pause stand ein Bruder auf und las von dem Schiffbruch der Galeere, auf der Paulus Gefangener war, aus Apostelgeschichte 27,27-28,15 vor, was für eine Gebetsstunde eher ungewöhnlich ist. Ich hörte sehr aufmerksam zu, in der Erwartung, dass der Herr durch Sein lebendiges Wort zu mir redet. Irgendwann kam der Bruder beim Vorlesen an folgende Stelle: „Alle aber, guten Mutes geworden, nahmen auch selbst Speise zu sich. Wir waren aber in dem Schiff, alle Seelen, zweihundertsechsundsiebzig" (Apg 27,36-37).

Ich konnte es kaum fassen. Auf genau die gleiche Zahl hatte ich nur wenige Minuten vorher kleingläubig am Bildschirm gestarrt. Das war kein Zufall, dachte ich, während der Bruder weiterlas. Der Abschnitt endet mit den Worten: „Und so geschah es, dass alle an das Land gerettet wurden" (Apg 27,43). Zweifellos wollte der Herr mir dadurch zu verstehen geben, dass ich mir um die 276 Euro keine Sorgen zu machen brauchte. Mit tiefem Frieden im Herzen ging ich später wieder nach Hause. Gott kann manchmal sehr konkret in unsere Umstände hineinsprechen!

Der Herr hat dann auch tatsächlich Großes getan. In den folgenden Tagen erhielten wir, durch die Führung des Herrn, nach längerer Zeit wieder Gaben, für die wir intensiv gebetet hatten. Die Rechnung konnte rechtzeitig bezahlt werden und wieder einmal konnten wir darüber staunen, wie Gott seine Zusagen zur richtigen Zeit erfüllt!

> **Woran liegt es, dass wir die Erfahrung, die in
> 1. Kor 14,24.25 geschildert wird, leider so sel-
> ten machen? Wie kann man die Aufforderung:
> „Eifert aber ... dass ihr weissagt" (1. Kor 14,1)
> praktisch umsetzen? Wann hast du das letzte
> Mal auf eine Predigt hin eine wirkliche Verän-
> derung in deinem Leben vorgenommen? Mit
> welcher Erwartung gehst du in deine
> örtlichen Zusammenkünfte?**

Notizen:

. . . .

. . . .

. . . .

. . . .

. . . .

. . . .

. . . .

. . . .

. . . .

. . . .

. . . .

. . . .

Segensreich säen und segensreich ernten

**„Da ist einer, der ausstreut, und er bekommt noch mehr."
(Spr 11,24)**

Wie viel von unserem Geld und Besitz sollen wir an andere weitergeben? Darauf gibt Gott uns keine konkrete Antwort. Er überlässt es unserem Glauben und unserer Hingabe. Doch Paulus macht mit den folgenden Worten deutlich, dass unser Lohn davon abhängt, ob wir in diesem Bereich minimalistisch oder großzügig handeln: „Wer sparsam sät, wird auch sparsam ernten, und wer segensreich sät, wird auch segensreich ernten. Ein jeder, wie er es sich im Herzen vorgenommen hat: nicht mit Verdruss oder aus Zwang, denn einen fröhlichen Geber liebt Gott" (2. Kor 9,6.7).

Dieses Prinzip gilt übrigens auch oft hinsichtlich der Glaubenserfahrungen, die wir machen können. Je mehr wir bereit sind, loszulassen, weiterzugeben und auf Gottes Fürsorge zu vertrauen, umso mehr werden wir auch erleben, dass Gott treu zu Seinen Zusagen steht – und sie in unserem Leben Wirklichkeit werden lässt.

Selbst Kinder können in diesem Bereich schon Erfahrungen machen, wie folgende Geschichte deutlich macht: Ein kleiner Junge kommt nach Bethsaida, wo der Sohn Gottes vor 5000 Männern plus Frauen und Kindern predigt. Plötzlich hört er, dass Essen für die Zuhörer benötigt wird. Der Junge hat fünf Brote und zwei Fische bei sich – aber was ist das schon für so viele Menschen? Fragen steigen in seinem Herzen auf: Soll er das Essen einfach für sich behalten, um wenigstens selber satt zu werden, oder wäre es besser, es mit anderen zu teilen? Er entscheidet sich dazu, alles, was er hat, Jesus zur Verfügung zu stellen.

Der Herr lässt die Hingabe des Jungen nicht unbelohnt: In Seinen Händen wird das persönliche Opfer eines Kindes zu einer Segensquelle für viele. Tausende werden mit Nahrung versorgt – und auch der Junge selbst geht mit vollem Magen wieder nach Hause! Gott steht zu Seinem Wort: „Die segnende Seele wird reichlich gesättigt, und der Tränkende wird auch selbst getränkt" (Spr 11,25).

Diese Geschichte zeigt uns ein wichtiges Prinzip, das sich durch die ganze Bibel zieht und auch für uns heute noch voll gültig ist: Wenn wir das Wenige, das wir haben, Gott zur Verfügung stellen, dann vervielfältigt Er es und benutzt es zum Segen für andere. Die Frage ist, ob wir das tatsächlich glauben und dann auch praktisch umsetzen! Manchmal wartet der Herr beispielsweise einfach nur darauf, dass wir bereit sind, materielle Dinge loszulassen und zum Nutzen anderer zu opfern, damit Er sich anschließend mächtig erweisen und die Hingabe segnen kann. In Seiner Hand ist es, alles groß und stark zu machen (s. 1. Chr 29,12).

In Lukas 5 bittet der Herr Jesus Petrus darum, sein Boot zu benutzen, um von dort aus das Wort Gottes zu predigen. Petrus stellt seinen Besitz in den Dienst des Meisters und macht kurz darauf den größten Fang seines Lebens. Auf der Tiefe des Sees schenkt Gott ihm einen tiefen Eindruck von der Herrlichkeit und Größe des Sohnes Gottes – eine Glaubenserfahrung, die er sicherlich sein Leben lang nicht vergessen hat! Er ist davon so beeindruckt, dass er, anstatt sich sofort an den materiellen Segen zu klammern, alles zurücklässt, um seinem Herrn und Meister zu folgen.

Der weiseste Mann seiner Zeit, Salomo, schreibt: „Wer sich des Geringen erbarmt, leiht dem HERRN; und er wird ihm seine Wohltat vergelten" (Spr 19,17). Diese Verheißung gilt auch für unsere Zeit. Viele Gläubige, die sich tatsächlich um arme Menschen gekümmert haben, können das bezeugen.

Hudson Taylor erzählt, wie er einmal abends um 10 Uhr von einem armen Mann gebeten wurde, zu dessen Haus zu kommen, um dort für dessen Frau zu beten, die im Sterben lag. Zu diesem Zeitpunkt besaß Taylor nur noch ein einziges Geldstück im Wert von 30 Pence und nur wenige Lebensmittel, die gerade noch für das Frühstück am nächsten Tag reichen würden.

Er ging mit dem armen Mann mit und sah das Elend und die Verzweiflung der Familie. In seinem Herzen kam folgende Überlegung auf: „Wenn ich statt dem einen Geldstück ein paar Münzen Kleingeld hätte, dann könnte ich davon jetzt etwas abgeben, um diesen armen Menschen zu helfen." Es kam ihm jedoch nicht in den Sinn, das eine Geldstück zu opfern. Plötzlich merkte er, dass die Freude in seinem Herzen verschwunden war. Bis jetzt hatte er darauf vertraut, dass Gott ihn mit wenig Geld versorgen würde. Aber irgendwie zweifelte er daran, dass der Herr auch für ihn sorgen würde, wenn er gar kein Geld mehr besäße.

> **„Die entscheidende Frage ist nicht, wie viel wir geben, sondern wie viel wir behalten!"**
> (Peter Maiden)

Das Elend im Haus dieser Menschen war unbeschreiblich groß. Sie hatten nichts mehr zu essen und die Mutter lag mit einem neugeborenen Kind in einem erbärmlichen Zustand auf dem Bett. Taylor versuchte, ihnen zu vermitteln, dass sie nicht niedergeschlagen zu sein brauchten, da es einen gütigen und liebenden Vater im Himmel gibt. Doch etwas in ihm schien ihm zu sagen: „Du Heuchler. Du erzählst diesen unbekehrten Menschen von einem gütigen und liebenden Vater im Himmel und bist selbst nicht bereit, Ihm ohne dein Geldstück zu vertrauen."

Schließlich versuchte er, mit der Familie zu beten, doch er brachte kaum ein Wort über seine Lippen. Während er betete, wurde der innerliche Kampf immer stärker. Plötzlich sagte der Vater zu ihm: „Sie sehen, in was für einer schrecklichen Situation wir uns befinden.

Wenn sie uns helfen können, dann tun Sie es, um Gottes Willen." In diesem Augenblick schossen Taylor die Worte durch den Kopf: „Gib dem, der dich bittet" (Mt 5,42). Er steckte seine Hand in seine Tasche, zog langsam das Geldstück heraus und gab es dem Mann. Dann erklärte er ihm, dass dieses Geld alles war, was er momentan besaß, doch dass Gott wirklich ein Vater ist, dem man vertrauen kann.

Durch diese Gabe konnte das Leben der armen Frau gerettet werden. Aber nicht nur das: Augenblicklich hatte Hudson Taylor auch wieder Freude im Herzen. Als er sich abends neben sein Bett kniete, erinnerte er den Herrn an Sein Versprechen: „Wer sich des Geringen erbarmt, leiht dem HERRN" (Spr 19,17). Er bat Ihn darum, dass Er ihm das „Geliehene" bald zurückerstatten würde, da er für den nächsten Tag nicht mehr genug zu essen hatte. Dann schlief er mit tiefem Frieden im Herzen ein.

Am nächsten Morgen war Taylor gerade dabei, sein letztes Essen zu verzehren, als plötzlich der Postbote mit einem Brief an der Tür klingelte. Der Missionar konnte nicht erkennen, wer den Brief geschrieben hatte und woher er kam. Als er den Briefumschlag öffnete, fand er darin keinen Zettel, sondern nur Geld im Wert von 120 Pence. Er pries den Herrn und dachte bei sich: „400% für 12 Stunden Investition. Das ist guter Zins. Wie dankbar wären die Händler dieser Stadt, wenn sie ihr Geld zu solch einem Zinssatz investieren könnten!" Als er später wieder durch finanzielle Engpässe ging, hat er sich oft an diese Begebenheit erinnert und dadurch Mut geschöpft. (Hudson Taylor / *A Retrospect* / Moody Press)

Die Geschichte Hudson Taylors ist sicherlich etwas Besonderes. Doch wenn man sich nur ein wenig mit Biographien von Männern und Frauen Gottes aus der Kirchengeschichte auseinandersetzt, wird man feststellen, dass Gott oft in ähnlicher Weise gehandelt hat – und das auch heute noch tut! Wer bereit ist, etwas für den Herrn zu geben und zum Segen anderer persönliche Opfer einzugehen, der wird selbst gesegnet werden und Lohn empfangen!

> *Was kannst du aus der Geschichte Hudson Taylors für dich lernen? Warum hat der Herr Jesus besonders über das Thema Geld und Besitz so oft gesprochen? Welcher Zusammenhang besteht zwischen unserem Umgang mit materiellen Dingen und der geistlichen Verantwortung, die Gott uns übertragen möchte (s. Lk 16,11)? Was bedeutet dir 1. Chronika 29,14, wo deutlich wird, dass das, was wir Gott zurückgeben können, sowieso schon Ihm gehört?*

Notizen:

. . . .

. . . .

. . . .

. . . .

. . . .

. . . .

. . . .

. . . .

. . . .

Das Gebet eines Kindes

„... werdet wie die Kinder ..." (Mt 18,3)

Um mit Glauben zu beten, muss man nicht erwachsen sein. Im Gegenteil: Oft stehen Erwachsene sich durch ihr zu rationales Denken selbst im Weg und haben deshalb Mühe, Gott mit kindlichem Vertrauen um etwas zu bitten. Er antwortet auf den Glauben kleiner Kinder, die Ihm einfach vertrauen und erwarten, dass Er Gebet erhört. Abigail Townsend hat das erlebt, als sie in ihren Mädchenjahren Zeit mit Georg Müller verbrachte:

»Ich wünschte, Gott würde meine Gebete so erhören wie Ihre, Georg Müller.« – »Er wird es, Schätzchen.« Indem er Abigail auf seine Knie nahm, wiederholte er das Versprechen des Herrn Jesus: »Alles, um was ihr auch betet und bittet, glaubt, dass ihr es empfangen habt, und es wird euch werden« (Mk 11,24).

»Nun Abbie«, fragte er, »was ist dein Wunsch, um den du Gott bitten möchtest?«

»Etwas Wolle.«

Ihre Hände zusammenlegend sagte Müller: »Wiederhole jetzt, was ich sage: ›Bitte, Gott, schicke Abbie etwas Wolle.‹«

»Bitte, Gott, schicke Abbie etwas Wolle.« Sie hüpfte herunter und rannte in den Garten, um zu spielen, ganz sicher, dass die Wolle kommen würde.

Dann erinnerte sie sich daran, dass Gott nicht wusste, was für Wolle sie wollte. So rannte sie zurück zu Müller.

»Ich möchte noch einmal beten.«

»Nicht jetzt, meine Liebe, ich bin beschäftigt.«

»Aber ich vergaß, Gott zu erzählen, welche Farbe ich haben möchte.«

Sie wieder auf seine Knie nehmend, sagte Müller: »Das ist richtig, sei immer sehr bestimmt, mein Kind, erzähle Gott jetzt, was du haben möchtest. «

»Bitte, Gott, sende es vielfarbig«, sagte Abigail, die für ihr Alter schon ein umfangreiches Vokabular besaß.

Am nächsten Morgen kam ein Päckchen für Abigail an, das eine Menge vielfarbiger Wolle enthielt. Ihre Sonntagsschullehrerin hatte sich erinnert, dass Abigail bald Geburtstag hatte, nur wusste sie das genaue Datum nicht. Weil das Kind gern strickte, schickte sie ihr die Wolle. Es war nicht ihr Geburtstag – aber es war der richtige Tag, um ihr zu ihrer Freude zu demonstrieren, dass Gott Gebete hört und erhört." (Roger Steer / *Georg Müller – Vertraut mit Gott* / CLV)

> *Was kannst Du aus dieser Geschichte für dein eigenes Glaubensleben lernen? Was bedeutet es, wie die Kinder zu werden (s. Mt 18,3)? Warum hängen wir die Vernunft oft so hoch, wenn der Herr die Kindlichkeit hervorhebt? Wie kannst du Kindern Mut machen, Gott beim Wort zu nehmen?*

Notizen:

. . . .

. . . .

Der Sieg des Glaubens

„Glaubt an den HERRN, euren Gott, und ihr werdet befestigt werden; glaubt seinen Propheten, und es wird euch gelingen!" (2. Chr 20,20)

In der Geschichte Josaphats wird uns ein ähnlicher Glauben vorgestellt, wie wir ihn schon beim Volk Israel bei der Eroberung Jerichos gesehen haben (s. 2. Chr 20). Der Stamm Juda steht dort einer mächtigen feindlichen Armee gegenüber, die ihm bei weitem überlegen ist. Was tut der König in dieser Situation? Er ruft ein Fasten aus. Daraufhin versammelt sich das Volk zum Gebet, um Gott angesichts dieser großen Not intensiv zu suchen.

Es ist hochinteressant, wie der HERR darauf reagiert: Er antwortet durch prophetischen Dienst – indem Er einen Mann benutzt, um eine Botschaft an das Volk weiterzugeben – und gibt ihnen die feste Zusage, dass sie nicht gegen die Feinde zu kämpfen brauchen, weil Er selbst ihnen den Sieg schenken wird. Gleichzeitig fordert Er sie dazu auf, dieser großen Armee ohne Furcht entgegenzuziehen. Wie reagieren die Israeliten auf diese Ankündigung? Sie nehmen Gott beim Wort, fallen vor Ihm nieder und beten an!

Am nächsten Tag macht Josaphat dem Volk Mut und sagt: „Glaubt an den HERRN, euren Gott, und ihr werdet befestigt werden; glaubt seinen Propheten, und es wird euch gelingen!" (2. Chr 20,20). Salomo schreibt: „Ein Wort zu seiner Zeit, wie gut!" (Spr 15,23). Äußerlich gesehen sind die Umstände immer noch die gleichen. Die Stärke des Feindes hat sich nicht geändert. Doch inzwischen ist eine ganz entscheidende Sache geschehen: Gott hat ihnen ein Versprechen gegeben. Josaphat und das Volk haben jetzt das Wort Gottes auf ihrer Seite – und genau das verändert alles für sie!

Weil sie fest auf die Zusage Gottes vertrauen, ziehen sie dem Feind furchtlos und mutig entgegen. Gleichzeitig fangen sie an, Gott zu loben und laut zu jubeln. Das ist Glaube, der Gott ehrt – und Gott wiederum ehrt diesen Glauben: „Und zur Zeit, als sie mit Jubel und Lobgesang begannen, stellte der HERR einen Hinterhalt gegen die Kinder Ammon, Moab und die vom Gebirge Seir, die gegen Juda gekommen waren" (2. Chr 20,22). Gott greift ein, schlägt die Feinde in die Flucht und führt Sein Volk zum Sieg!

Viele Männer und Frauen haben im Laufe der Kirchengeschichte erlebt, wie Gott ihnen in besonderen Situationen durch Sein lebendiges Wort prophetische Zusagen gegeben hat. Wenn Gläubige sich auf solche Zusagen stützen und deren Erfüllung mit Glaubensvertrauen im Gebet einfordern, dann antwortet der Allmächtige darauf!

Charles E. Cowman hat das in Japan in beeindruckender Weise erlebt. Nachdem er einige Zeit unter den Japanern evangelisiert hatte und einige zum Glauben gekommen waren, bekam er unter Gebet die Überzeugung, dass er ein großes Gebäude bauen sollte, in dem neubekehrte Seelen das Wort Gottes studieren und so im Glauben wachsen konnten. Nicht ein Dollar war in Sicht, als er begann, nach einem geeigneten Ort zu suchen.

Es gab kleine Landstriche, die zum Verkauf standen; doch jedes Mal, wenn ein Versuch unternommen wurde, etwas zu kaufen, geschah irgendetwas, was den Weg blockierte. Unter Gebet wurde weitergesucht, bis Charles eines Tages zusammen mit Bruder Kilbourne und einigen anderen einen Ausflug in einen der Vororte Tokyos machte, wo sie ein Getreidefeld fanden.

Der Ort war ideal für das Projekt und es dauerte auch nicht lange, bis sie zu der Entscheidung kamen, dass dies der Platz sei, nach dem sie gesucht hatten. Mit der Zeit gingen zunehmend Gaben zum Kauf des Feldes ein – keine großen, sondern viele kleine von nah und fern –, was eine Antwort auf viel Gebet war. Die beiden Brüder wussten nicht, wie die enormen Kosten für dieses große Werk bestritten werden sollten, doch beide waren zuversichtlich, weil sie dem vertrauten, der gesagt hat: „Sollte *ich* zum Durchbruch bringen und nicht gebären lassen?" (Jes 66,9).

So machten sie sich daran, Pläne für passende Gebäude zu entwerfen. Doch als es dann darum ging, diese zu bauen, wurde ihr Glaube getestet, denn der Bau erforderte einige tausend Dollar und darüber hinaus benötigten sie Geld für die Verpflegung der Bibelstudenten und der lokalen Mitarbeiter.

Viele Gebetserhörungen, die sie während dieser Zeit erlebten, stärkten ihren Glauben und führten sie dahin, sich auf neue Glaubensschritte einzulassen. Dann kam der Moment, in dem sie lernen sollten, dass Gottes besondere Hilfe oft in der Stunde der größten Not eintrifft:

Der Tag rückte näher, an dem ein Betrag von 2000 Dollar fällig wurde. Innerhalb von drei Tagen war er zu bezahlen, doch die Missionskasse enthielt damals nur 72 Dollar. Das war gerade so ausreichend, um genug Essen für die Familie, die Studenten und die Arbeiter zu kaufen. Einen Tag bevor die Rechnung bezahlt werden musste, traf ein Schiff aus Amerika ein. Die ausländische Post brachte gewöhnlich einige Briefe, die auch Gaben enthielten. Doch dieses Mal kam nur ein einziger Brief an, der lediglich fünf Dollar enthielt.

Während die Arbeiter damit beschäftigt waren, das Gebäude zu errichten, schlossen sich die Missionare und örtlichen Brüder ein, um Gott im Gebet zu suchen. Cowman schreibt später darüber:

„Wir waren mit unserem Latein am Ende, doch, Gott sei Dank, nicht mit unserem Glauben. Denn gewöhnlich beginnt der Glaube gerade in solchen Engpasssituationen.

Unsere letzte Hoffnung, Hilfe aus Amerika zu bekommen, schien verflogen zu sein. Doch während wir weiter im Gebet verharrten, verschwand die Last, die auf unseren Herzen lag, durch Gottes Verheißungen, die in besonderer Weise vor uns standen. Das ging so weit, dass unser Mund mit Lachen erfüllt wurde. Es schien, als ob Gott uns dazu befähigt hatte, Seine Zusagen im Gebet wirklich in Anspruch zu nehmen."

Ein Bruder erinnerte den Herrn an die Begebenheit, in der Er das Bedürfnis der Seinen durch eine Münze erfüllte, die im Mund eines Fisches war. Sie beteten weiter und sagten: „Herr Jesus, du hast immer noch Fische zur Verfügung. Du kannst unserem Bedürfnis in genau dieser Weise begegnen, denn Du bist immer noch derselbe."

> **„Wenn Gottes Werk auf Gottes Weise getan wird, dann wird es nie an Gottes Versorgung mangeln."**
> (Hudson Taylor)

Jemand anders zitierte Markus 11,24: „... glaubt, dass ihr es empfangt, und es wird euch werden." So geschah es, dass sie für längere Zeit, einer nach dem anderen, im Glauben ihr Anliegen vor Gott brachten. Nach zwei Stunden waren sie der festen Überzeugung, dass die Antwort sicher kommen würde, weshalb sie die Gebetszeit damit beendeten, Gott zu loben.

Alle warteten nun darauf, wie Gott ihnen bis zum Mittag des nächsten Tages 2000 Dollar zukommen lassen würde. Der Glaube strahlte hell aus ihren Herzen hervor. Was war das Ergebnis? Der Glaube ehrt Gott und Gott ehrt den Glauben. Die ausgestreckte Hand Seines Kindes macht eine Situation, die menschlich gesehen zum Verzweifeln ist, für Ihn zur Freude.

Der nächste Morgen dämmerte hell und klar und die einheimischen Arbeiter waren früh zur Stelle. Sie sangen während der Arbeit, denn an diesem Tag sollten sie ihren Lohn bekommen. Neun Uhr verstrich, dann zehn, und immer noch keine Antwort. Die Mittagszeit brach an und es wurde ein einfaches Mittagessen serviert. Jemand zitierte 2. Mose 6,1: „Nun sollst du sehen, was ich ... tun werde." Jeder der Anwesenden zitierte eine ermutigende Zusage Gottes, um den Glauben zu stärken.

Um fünf Uhr, gerade zu der Zeit, in der die Arbeiter nach Hause gehen, kam ein Botenjunge den Weg hinaufgelaufen und rief: „Dempo, Dempo" – „Telegramm, Telegramm." Was tat die kleine Gruppe von Missionaren? Sie unterbrachen ihre Arbeit, um folgende Nachricht zu hören: „2000 Dollar im Telegramm-Büro." Der Geber war allen unbekannt.

Tränen vermischten sich mit Siegesrufen. Gott hatte nicht vergessen, gnädig zu sein. Die kleine Gruppe fiel auf ihre Knie und lobte Gott von Herzen dafür, dass Er es nicht zugelassen hatte, dass sie zur Beschämung unter den Heiden geworden waren.

Wer hat die Ankunft dieser Gabe zeitlich so genau abgestimmt? Zufall? Gott! „Wie unergründlich sind seine Wege!" (Röm 11,33). Das Bewusstsein Seiner Hand über uns gab uns große Ruhe und Frieden. Solche Erfahrungen waren wahrhaftig die Kosten wert!

Unser Herr geht vor uns her. Alles ist von Ihm vorhergesehen und bestimmt. Ihn überrascht nichts, und Er hat reichlich Vorsorge getroffen für den Tag der Prüfung." (Lettie B. Cowman / *Charles E. Cowman – Missionary Warrior* / The Oriental Missionary Society)

„Siege, die durch Glauben errungen wurden,
verherrlichen Gott, weil niemand erklären kann,
wie sie zustande kamen."
(Warren Wiersbe)

> *Warum führt Gott es oft so, dass Seine Hilfe erst in letzter Minute kommt? Was bedeutet rechtzeitige Hilfe in Hebräer 4,16? Hast du auch schon mal erlebt, dass du Gott mitten in einer Prüfung preisen konntest, weil du im Glauben die Gewissheit hattest, dass Er eingreifen wird? Inwiefern erwartest du, dass Gott durch Sein Wort und durch prophetischen Dienst konkret zu dir spricht?*

Notizen:

. . . .

. . . .

. . . .

. . . .

. . . .

. . . .

. . . .

. . . .

. . . .

. . . .

. . . .

. . . .

Kein Mangel

„Wer dem Armen gibt, wird keinen Mangel haben." (Spr 28,27)

Nachdem der Herr Seine Jünger vor den heuchlerischen Schriftgelehrten gewarnt hat, die durch äußeres Prahlen gut vor den Menschen dastehen wollten, setzt Er sich dem Schatzkasten des Tempels gegenüber und sieht zu, wie die Menschen dort Gaben einlegen (s. Mk 12,41-44). Die Reichen geben hohe Beträge, die für sie jedoch – gemessen an ihrem Vermögen – kein großes Opfer darstellen.

Plötzlich erscheint eine arme Witwe, die die Aufmerksamkeit Jesu auf sich zieht. Obwohl sie nur noch zwei Scherflein hat, ist sie bereit, beide für Gott zu opfern – theoretisch hätte sie ja eine für sich behalten können. Der Sohn Gottes ist von dem Vertrauen und der Hingabe dieser Frau offensichtlich innerlich berührt, denn Er ruft sofort Seine Jünger und berichtet ihnen, was sie getan hat. Er sagt ihnen nicht, dass sie es genauso machen müssen – denn Hingabe kann man nicht erzwingen – und doch weist Er sie auf das vorbildhafte Verhalten dieser Witwe hin. Im Gegensatz zu den Reichen hat sie nichts zurückgehalten, sondern sich rückhaltlos in die Arme Gottes geworfen.

Unser Herr und Meister sitzt auch heute noch als Beobachter am „Schatzkasten". Er sieht nicht nur, wie viel wir geben, sondern auch – und das ist noch entscheidender –, wie viel wir für uns zurückbehalten! Gott beurteilt den Zustand und die Beweggründe unserer Herzen. Es ist relativ leicht, viel zu geben, wenn man viel hat. Ein wahres Opfer zeigt sich darin, dass es den Geber wirklich etwas kostet!

Was jetzt folgt, ist nichts für schwache Nerven – und fordert unseren Glauben heraus! Es geht nicht darum, dass wir es genauso machen müssen. Aber ähnlich wie bei der Situation am Schatzkasten dürfen wir einfach mal „zuschauen" und den Glauben anderer bewundern.

Der indische Evangelist Bakht Singh hat in seinem Leben öfters die Erfahrung gemacht, dass Gott sich dazu bekennt, wenn wir – auf Sein Wort hin – bereit sind, alles für Ihn zu geben:

> **„Wenn du Gott alles gibst, was du besitzt, wird Er dir alles geben, was du brauchst."**
> (Unbekannt)

„Bei einer Gelegenheit kam 1936 in Karachi ein Mann zu Bakht Singh und berichtete ihm, dass er kein Geld für die Miete habe. Bakht Singh sagte, er solle sich setzen und er würde für ihn beten. Er ging auf sein Zimmer und betete: »Herr, dieser Mann hat kein Geld. Was soll ich tun?« Der Herr sprach zu ihm: »Du hast 12 Rupien in deinem Koffer. Gib ihm das Geld!«

Bakht Singh wusste, dass er 12 Rupien hatte, die für die Fahrkarte nach Ajmer bestimmt waren. Er war dort zu einer Konferenz eingeladen. Da er in zwei Tagen dorthin fahren musste, sagte er dem Herrn: »Ich muss nach Ajmer fahren; wie kann ich das Geld dann diesem Mann geben?« Der Herr sagte: »Das ist mein Geld und nicht dein Geld.« So nahm Bakht Singh die 12 Rupien und gab sie dem Mann, der genau diese Summe benötigte. Dieser war natürlich sehr glücklich.

Dann kam der Tag, als Bakht Singh nach Ajmer fahren musste. Er war sich nicht sicher, was er tun oder wohin er gehen sollte. Zuerst dachte er, er könnte zu seiner Schwester gehen und eine traurige Miene aufsetzen, sodass sie ihn fragen würde, was ihm fehle. Er dachte, er würde ihr dann sagen, dass er nach Ajmer fahren müsse. Sie würde ihm dann das Geld geben. Aber der Herr erlaubte ihm nicht, das zu tun.

Als Zweites kam ihm der Gedanke, er könnte ein Telegramm nach Ajmer schicken und ihnen sein Bedauern mitteilen, dass er nicht kommen könne. Der Herr erinnerte ihn daran, dass er versprochen hatte, zu kommen, und deshalb auch hingehen müsse. So erlaubte der Herr ihm nicht, dass er zu einem Menschen ging oder seinen Plan aufgab.

Im Glauben packte Bakht Singh seinen Koffer und ging zum Bahnhof, ohne Geld zu haben. Er stellte sich in der Schlange vor dem Schalter an. Da kam ein Mann auf ihn zu und fragte ihn: »Sind Sie Bakht Singh?« Als Bakht Singh es bejahte, gab ihm der Mann einen Umschlag, sagte, der sei für ihn, und ging weg. In diesem Umschlag waren genau 12 Rupien. Bakht Singh kannte diesen Mann nicht. Er war verschwunden, ehe er ihm danken konnte." (T.E. Koshy / B*ahkt Singh - Ein auserwähltes Werkzeug in Indien* / CLV)

Solche Erfahrungen sind sicherlich außergewöhnlich und erfordern einen besonderen Glauben. Und doch zeigen sie uns, was möglich ist, wenn wir Gott rückhaltlos vertrauen, denn: „Dem Glaubenden ist alles möglich" (Mk 9,23). Übrigens ist die Geschichte von Bakht Singh kein Einzelfall. Der Evangelist Albert Winterhoff hat in Deutschland Ähnliches erlebt:

> **„Jesus Christus ist derselbe gestern und heute und in Ewigkeit."**
> (Heb 13,8)

„Nach einer Evangelisation erhielt er einmal 50 Reichsmark und machte sich damit auf den Heimweg. In Stuttgart auf dem Bahnhof angekommen, sah er eine ältere weinende Frau sitzen. Der Krieg hatte ihr Hab und Gut genommen, und sie hatte weder genügend anzuziehen noch etwas zu essen.

Albert ging zu ihr hin und erzählte ihr von dem Herrn Jesus, der für Seele und Leib sorgt. So gab er ihr die 50,- Reichsmark und seinen Mantel und betete: »Herr, wie soll ich jetzt nach Hause kommen?«

Im Glauben stellte er sich in die Menschenmenge am Schalter und betete zum Herrn: »Jetzt musst du, o Herr, geben, damit ich bestellen kann.«

Kaum hatte er ausgebetet, als ein Mann plötzlich mit einem Sprung auf ihn zueilte und sagte: »Bruder Winterhoff, dass ich Sie hier treffe!

Ich kenne Sie von den Vorträgen her, die Sie in ... gehalten haben.«
Und zum Schalter gewandt, bestellte dieser eine Fahrkarte 3. Klasse
nach Hagen.

Und so erhielt Albert seine Fahrkarte. Überglücklich dankte er dem
großen Gott, dem Silber und Gold gehören, setzte sich in den Zug
und fuhr zurück nach Hagen und dann nach Vogelsang." (A. Steinmeister / *Das Leben Albert Winterhoffs* / CSV)

> *Wahrscheinlich sind die meisten von uns*
> *davon überzeugt, dass Gott für die Witwe aus*
> *Markus 12 gesorgt hat, nachdem sie alles, was*
> *sie besaß, für Ihn opferte. Doch wie kommt es,*
> *dass scheinbar nur sehr wenige ihrem*
> *Verhalten folgen, das der Herr so vorbild-*
> *haft vor uns stellt? Hingabe kann man nicht*
> *erzwingen, aber wir dürfen uns gegenseitig*
> *dazu ermutigen.*

Notizen:

. . . .

. . . .

. . . .

. . . .

. . . .

. . . .

Mit Glauben anklopfen

„Bittet, und es wird euch gegeben werden; sucht, und ihr werdet finden; klopft an, und es wird euch aufgetan werden." (Mt 7,7)

Es gibt Situationen im Leben, in denen wir mit mehr Dringlichkeit beten als gewöhnlich. Der Herr Jesus spricht in einem Gleichnis (s. Lk 11,5-10) von einem Mann, der plötzlich Besuch bekommt, aber nichts zu essen Zuhause hat. Um seinen Gast bewirten zu können, ist er gezwungen, sich mit einem gewissen Nachdruck an seinen Freund zu wenden – und das zu einer denkbar ungelegenen Uhrzeit. In seiner Not klopft er um Mitternacht an die Tür seines Freundes, holt ihn aus dem Bett und bittet ihn, ihm sofort drei Brote zu geben.

> **„Wahres Flehen ist das Kind von tiefer Herzenssehnsucht und kann ohne sie nicht siegen. Es ist eine Sehnsucht, die nicht von dieser Erde oder von sündigen Herzen kommt, sondern von Gott selbst in uns geformt wird."**
>
> (James O. Fraser)

Durch dieses Gleichnis ermutigt der Herr Jesus dazu, mit einer gewissen Dringlichkeit und Nachdruck zu beten. Im übertragenen Sinn können wir das auch als „Anklopfen" bezeichnen. Wenn wir in Gemeinschaft mit dem Herrn leben, dürfen wir im Gebet mit einer gewissen Kühnheit so lange anklopfen, bis uns aufgetan wird!

Martin Luther hat oft mit Glauben gebetet und mutig bei Gott angeklopft. Als sein vertrauter Mitarbeiter Melanchthon mit schwerem Fieber zusammenbrach und sich sein Zustand immer weiter verschlechterte, eilte Luther nach Weimar, um seinen todkranken, bis zur Unkenntlichkeit veränderten Freund zu sehen. Luther war über den Anblick, der sich ihm bot, bestürzt und verbrachte einige Zeit in intensivem Gebet am Krankenbett. Später schreibt er über diese Augenblicke:

„»Allda musste mir unser Herrgott herhalten, denn ich warf ihm den Sack vor die Tür und rieb ihm die Ohren mit allen Verheißungen von der Erhörung des Gebets, die ich in der Heiligen Schrift erzählen wusste, dass er mich musste erhören, wo ich anders seinen Verheißungen trauen sollte.«

Danach nahm er Melanchthon bei der Hand und sprach ihm Mut zu.

»Du wirst nicht sterben.«

Der Kranke begann daraufhin ruhig zu atmen. Nach einiger Zeit sah er Luther an und bat mit schwacher Stimme, ihn nicht aufzuhalten, er sei auf guter Fahrt.

»Mitnichten«, fuhr ihn Luther an. »Du musst unserem Herrn Gott noch weiter dienen.«

Er ließ Essen zubereiten, und als Melanchthon es nicht annehmen wollte, drohte er: »Hörst du, Philippe, du musst mir essen - oder ich tu dich in Bann.«

So musste Melanchthon gehorchen. Er aß ein paar Bissen und wurde langsam wieder gesund. Luther war fest überzeugt, seinen Freund vom nahen Tod wieder ins Leben zurückgebetet zu haben." (Rolf Sons / *Martin Luther als Seelsorger* / SCM – Hänssler)

Luther klammerte sich, so gut er konnte, an Gottes Verheißungen und erinnerte Ihn an das, was Er in Seinem Wort versprochen hat. Der Herr freut sich, wenn Er sieht, dass wir Ihn ernst nehmen und uns im Glauben auf Sein Wort stützen.

„Meine Seele schmachtet nach deiner Rettung,
ich harre auf dein Wort."

(Ps 119,81)

> **Erinnerst du Gott an Seine Verheißungen und bittest du Ihn darum, sie Wirklichkeit werden zu lassen, wenn du betest? Warum hebt der Herr in Jakobus 5 gerade die Inbrunst als Bedingung für wirksames Gebet hervor? Wofür willst du wieder neu mit Dringlichkeit und Nachdruck beten? „Ihr, die ihr den HERRN erinnert, gönnt euch keine Ruhe und lasst ihm keine Ruhe" (Jes 62,6.7).**

Notizen:

. . . .

. . . .

. . . .

. . . .

. . . .

. . . .

. . . .

. . . .

. . . .

. . . .

. . . .

. . . .

Sich vom Heiligen Geist leiten lassen

„Wenn wir durch den Geist leben, so lasst uns auch durch den Geist wandeln." (Gal 5,25)

In der Apostelgeschichte lesen wir mehrmals davon, dass der Heilige Geist Christen deutlich gemacht hat, was sie tun sollten. Der Geist forderte Philippus dazu auf, auf den äthiopischen Kämmerer zuzugehen, um diesem das Evangelium zu verkündigen (s. Apg 8). Zu Petrus sagte der Geist, dass er mit den drei Männern gehen sollte, die unten auf ihn warteten (s. Apg 10). Als Paulus in Antiochien war, sandte der Heilige Geist ihn und Barnabas zu einer Missionsreise aus (Apg 13). Zweimal wurde der Apostel vom Heiligen Geist daran gehindert, einen bestimmten Weg zu gehen (s. Apg 16). Später benutzte der Geist gläubige Männer dazu, um Paulus zu sagen, er solle nicht nach Jerusalem gehen (s. Apg 21).

Diese und andere Stellen machen deutlich, dass der Geist einen konkreten Willen hat und uns leiten möchte. Trotzdem wird die Leitung des Heiligen Geistes manchmal als etwas Mystisches oder Schwärmerisches angesehen – vielleicht auch deshalb, weil in der Christenheit vieles als Geistesleitung deklariert wird, was in Wirklichkeit nur Einbildung oder Gefühlsduselei ist. Doch das sollte uns nicht davon abhalten, Gott beim Wort zu nehmen und auf die Leitung des Geistes zu vertrauen.

Wie konkret der Geist uns leiten kann, macht auch die folgende Begebenheit deutlich, die Charles Stanley erlebt hat:

„Der Unglaube mag schnell sagen, dass viele dieser offenbaren Leitungen des Geistes nur zufällige Ereignisse gewesen seien. In vielen Fällen ist das ganz unmöglich. Betrachte folgenden Fall:

Einmal fühlte ich den bestimmten Ruf, an einen Ort zu gehen, um dort zu predigen, den ich nur einmal in meinem Leben gesehen hatte, eine Stadt in der Nähe von Derby. Den Namen der Stadt wusste ich nicht, aber der Ort stand mir lebendig vor der Seele, und ich war überzeugt, dass ich hingehen und Christus verkündigen sollte. Ich beschrieb den Ort einem Bekannten aus Staffordshire, und er sagte mir sogleich, dass es Uttoxeter sei.

„Viele, viele haben noch nie bei Römer 8,14 Halt gemacht, um zu fragen: »Wenn also diejenigen Söhne Gottes sind, die durch den Geist Gottes geleitet werden – und ich bin doch Kind und Erbe, ... – warum werde ich nicht vom Geist Gottes geleitet? Warum weiß ich nichts davon, was dieses Wort umschließt?«"
(Georg von Viebahn)

Während der Woche hielt ich an im Gebet, und am Freitag erhielt ich einen Brief von einer Dame aus Tenby, Süd-Wales, dem der Brief einer Frau H. aus Uttoxeter beilag. Sie hatte, da sie meine Anschrift nicht kannte, die Dame in Tenby gebeten, den Brief an mich weiterzusenden. Dieser Brief enthielt eine dringende Bitte an mich, nach Uttoxeter zu kommen, um das Evangelium zu verkündigen.

Ich fuhr sofort hin. Das Wort wurde angenommen und eine Anzahl zu Christus gesammelt. War es ein bloßer Zufall, dass ich mich gedrungen fühlte, an einem bestimmten Tag an einem mir unbekannten Ort zu predigen? Und dass eine Christin geleitet wurde, mir einen Brief zu schreiben, und mich einzuladen zu kommen? Warum sollten wir heute Zweifel hegen an der Gegenwart und Leitung des Heiligen Geistes, da Er doch im Anfang des Evangeliums offenbar gegenwärtig war, wie wir in Apostelgeschichte 2 sehen?

Der Herr Jesus sagte, als Er noch hier auf der Erde wandelte: »Und ich werde den Vater bitten und er wird euch einen anderen Sachwalter geben, dass er bei euch sei in Ewigkeit« (Joh 14,16). Ja, Er bleibt bei uns. Und wenn wir kindlicher wären, wüssten wir weit

mehr von Seiner göttlichen Leitung auf unserem Weg des Dienstes."
(Charles Stanley / *Wie der Herr mich führte* / EPV)

> *Ist die Leitung des Heiligen Geistes für dich*
> *eher etwas Mystisches oder etwas Reales?*
> *Kennst du Situationen in deinem Leben, wo*
> *du gemerkt hast, wie der Geist dich leitet?*
> *Was kann Dir dabei helfen, besser zu erken-*
> *nen, wie der Geist dich leiten möchte? Der*
> *Sohn Gottes sagte über den Heiligen Geist: „Er*
> *wird mich verherrlichen" (Joh 16,14).*

Notizen:

. . . .

. . . .

. . . .

. . . .

. . . .

. . . .

. . . .

. . . .

. . . .

. . . .

. . . .

Trachtet zuerst nach dem Reich Gottes

„Trachtet aber zuerst nach dem Reich Gottes und nach seiner Gerechtigkeit, und dies alles wird euch hinzugefügt werden." (Mt 6,33)

In der Bergpredigt ermutigt der Herr Jesus Seine Jünger dazu, dem Reich Gottes die höchste Priorität zu geben. Das bedeutet, dass Gott und Seine Interessen in unserem Leben den zentralen Platz bekommen sollen. Wir sollen Ihn durch praktische Gerechtigkeit ehren, d.h. wir sollen das tun, was in Übereinstimmung mit Seinem Willen ist.

In 2. Korinther 9,9 macht Paulus deutlich, dass Gott das Geben von materiellen Dingen als Gerechtigkeit bezeichnet, für die es einmal Lohn geben wird. Außerdem hat der Herr Jesus versprochen, dass wir, wenn wir zuerst nach dem Reich Gottes und seiner Gerechtigkeit trachten, alles von Ihm bekommen, was wir zum Leben brauchen.

Dadurch fordert der Sohn Gottes Seine Jünger in Matthäus 6 dazu auf, Ihm mit ganzem Herzen zu dienen und hinsichtlich der gegenwärtigen und zukünftigen finanziellen Bedürfnisse auf die Fürsorge ihres himmlischen Vaters zu vertrauen. Durch diese herausfordernden Worte des Herrn werden Seine Jünger – und auch wir – vor eine wichtige Entscheidung gestellt: Nehmen wir Ihn beim Wort – und handeln dann auch entsprechend? Interessant ist auch der Punkt, dass diese Belehrung direkt anschließt an die Warnung, zwei Herren dienen zu wollen. Kann es sein, dass unsere Sorge für das Finanzielle zu einem Götzen werden kann?

Die Geschichte der Witwe, die den Auftrag hatte, Elia, den Mann Gottes, zu versorgen, illustriert das sehr gut. Sie bereitet zuerst dem Mann Gottes etwas zu essen zu – obwohl dadurch nach menschlicher Logik für sie und ihren Sohn nichts mehr übrigbleibt. Doch Gottes Zusage, die Er durch Elia gegeben hat, steht felsenfest: „Das Mehl im Topf soll nicht ausgehen, und das Öl im Krug nicht abnehmen bis auf den Tag, da der HERR Regen geben wird auf den Erdboden" (1. Kön 17,14). Weil die Witwe Gott beim Wort nimmt, ihre Priorität richtig setzt und im Glaubensgehorsam handelt, erlebt sie Gottes wunderbares Wirken, das sie mit Sicherheit nie wieder vergessen hat: „Und sie aß, er und sie und ihr Haus, viele Tage. Das Mehl im Topf ging nicht aus, und das Öl im Krug nahm nicht ab, nach dem Wort des HERRN, das er durch Elia geredet hatte" (1. Kön 17,15.16).

Jetzt wird sich der Eine oder Andere sicher fragen: Verlangt der Herr auch von mir, dass ich wirklich meine letzten Reserven opfern muss? Das kann in einzelnen Fällen so sein, ist aber sicherlich nicht immer so. Doch vielleicht kannst du dir ja mal die Frage stellen, ob du grundsätzlich dazu bereit wärst, falls der Herr es von dir verlangt. Eins ist allerdings sicher: Der Herr möchte, dass wir die Besitzansprüche über die Dinge, die uns zur Verfügung stehen, bewusst an Ihn abgeben. Sie gehören Ihm und Er kann darüber verfügen, wie Er will. Nur wenn wir in dieser Hinsicht allem entsagen, was wir haben, können wir wahre Jünger sein (s. Lk 14,33). Wir sind also „nur" Verwalter der Dinge, die uns zur Verfügung stehen, und dürfen sie in Abhängigkeit vom Herrn zum Segen anderer benutzen – und auch selbst genießen (s. 1. Tim 6,17).

Wenn wir bereit sind, um des Herrn willen für andere Menschen Dinge zu opfern, dann werden wir auch erleben, wie Gott für uns sorgt und uns das gibt, was wir brauchen. Während der drei Jahre, in denen die Jünger ihrem Meister in seinem öffentlichen Dienst folgten, erlebten sie jeden Tag die treue Fürsorge Gottes. Sie wurden von Gläubigen beherbergt (s. Lk 10) und empfingen Gaben von Frauen, die dem Sohn Gottes mit ihrer Habe dienten (s. Lk 8,1-3). Selbst als Er sie zu zweit ohne Geld aussandte, um das Evangelium des Reiches zu predigen und die Kranken zu heilen, konnten sie rückblickend sagen, dass es ihnen an nichts gemangelt hat (s. Lk 22,35).

Heute ist der Herr Jesus nicht mehr auf der Erde. Haben sich Seine Zusagen oder Seine Fürsorge für uns deshalb verändert? Keineswegs. Im Gegenteil: Er sitzt jetzt zur Rechten Gottes, wo Ihm Engel, Gewalten und Mächte unterworfen sind (s. Heb 1,3; 1. Pet 3,22). Ihm gehört die Erde und ihre Fülle, das Silber und das Gold – und das Vieh auf tausend Bergen (s. Ps 24,1; Hag 2,8; Ps 50,10;). Wie viel mehr sollten wir uns daher auf Seine Zusagen stützen und Ihm mit ganzem Herzen vertrauen, dass Er für uns sorgen wird!

John Nelson Darby hat einmal gesagt: „Ich habe nie gesehen, dass der Herr diejenigen verlässt, die sich Seinem Werk hingeben, indem sie sich Ihm anvertrauen. Ich habe hingegen festgestellt, dass die Diener des Herrn, welche eine Nebenbeschäftigung gesucht haben wegen ihres eigenen Herzenszustandes und wegen ihrer Frauen, um ihren Familien zu Hilfe zu kommen, in Unruhe gekommen sind und ihre Nützlichkeit im Zeugnis dadurch sehr gehemmt wurde."

Das Trachten nach dem Reich Gottes ist oft mit persönlichen Opfern verbunden. Denn wenn es die höchste Priorität für uns hat, dann werden wir persönliche Wünsche und Interessen zurückstellen. Das kann beispielsweise bedeuten, dass wir materielle Dinge oder ein luxuriöses Leben aufgeben, damit Sein Reich sich ausbreitet und wächst. Doch nicht nur das: Wir müssen außerdem mit Widerstand und Verfolgung rechnen, wenn wir konsequent für die Interessen Gottes eintreten, denn:

> **„Gehorche Gott – und überlasse Ihm dann die Konsequenzen!"**
> (Charles Stanley)

„Alle aber auch, die gottselig leben wollen in Christus Jesus, werden verfolgt werden" (2. Tim 3,12).

Carl Brockhaus hat genau das erlebt. 1850 gab er seinen Lehrerberuf auf und widmete sich ganz der Arbeit für einen christlichen Verein, der in Deutschland evangelistisch tätig war. Während dieser Zeit lernte er das Wort Gottes immer besser kennen und setzte das, was er verstanden hatte, konsequent in seinem Leben um.

Er begann, das Evangelium der Gnade ohne gesetzliche Beimischungen zu predigen, sowie die vollkommene Stellung der Gläubigen in Christus. Die Gläubigen aus dem christlichen Verein waren damit nicht einverstanden und so wurde er dazu gezwungen, auszutreten. Das bedeutete für ihn und seine Familie – er hatte 13 Kinder – Armut und Entbehrung.

Als es eines Tages finanziell wieder einmal sehr knapp wurde, kam ihm der Gedanke, ob er nicht doch wieder, wenigstens für die halbe Zeit, eine andere Beschäftigung suchen sollte, um etwas für den Lebensunterhalt zu verdienen. Sein Schwager bot ihm in seinem Geschäft Arbeit an. Er kam jedoch zu keinem Entschluss und bat den Herrn um Weisheit und Leitung.

Da kam eines Morgens ein Brief an, der fünf Taler enthielt sowie einen Zettel, auf dem nur die Worte standen: „Niemand, der Kriegsdienste tut, verwickelt sich in die Beschäftigungen des Lebens" (2. Tim 2,4). An der Handschrift und dem Poststempel des nicht unterschriebenen Briefes erkannte er, dass der Brief von einem Mitglied des Vereins stammte, den er vor kurzem verlassen hatte. Seit seinem Austritt hatte Brockhaus von diesem Bruder kein freundliches Wort mehr gehört.

Einige Tage später begegnete er genau diesem Mann auf der Straße und sagte: „Ich danke Ihnen für den großen Dienst, den Sie mir durch Ihren Brief erwiesen haben. Sie haben mich von meiner Unschlüssigkeit, ob ich eine andere Beschäftigung suchen oder nur im Werke des Herrn arbeiten soll, befreit."

Der Bruder war sehr überrascht und erzählte ihm, dass er eines Abends sehr oft an ihn habe denken müssen. Die Sorge darüber, wie es Carl und seiner Familie wohl ginge, habe ihn nicht einschlafen lassen. Da sei ihm der Gedanke gekommen: Du musst ihm etwas schicken! Anfangs habe er nicht gewollt, aber der Herr habe ihm keine Ruhe gelassen, bis er aufgestanden sei und den Brief für ihn fertiggemacht habe. Er habe ein kurzes Wort dazu schreiben wollen, und dabei sei ihm gerade jener Bibelvers eingefallen. (A. Remmers / *Gedenket euer Führer* / CSV)

Wie wunderbar sorgt der Herr für uns, wenn wir in Abhängigkeit von Ihm die Prioritäten richtig setzen und fest auf Ihn und Seine treuen Zusagen vertrauen!

> *Welche Bibelverse verbindest du mit dem, was Carl Brockhaus erlebt hat? Was bedeutet es praktisch für dein Leben, zuerst nach dem Reich Gottes zu trachten? Vertraue darauf, dass der Herr dir geben wird, was du brauchst, wenn du Seinen Interessen den ersten Platz gibst! Glaubst du, dass Gott dir nichts schuldig bleiben wird?*

Notizen:

. . . .

. . . .

. . . .

Gebet und Fasten

„Und er sprach zu ihnen: Diese Art kann durch nichts ausfahren als nur durch Gebet und Fasten." (Mk 9,29)

Die Worte des Herrn Jesus machen deutlich, dass es manchmal besondere Situationen und Probleme gibt, in denen es neben dem Beten auch gut ist, zu fasten, d.h. bewusst auf Nahrung zu verzichten. Unser Herr und Meister hat es uns selbst vorgelebt: Nachdem Er Seinen Dienst mit Gebet begonnen und anschließend 40 Tage in der Wüste gefastet hatte, lesen wir kurz darauf, dass Er in der Synagoge die Kraft Gottes offenbarte, indem Er einen Dämon austrieb.

Auch Paulus hat oft gefastet – besonders vor wichtigen Entscheidungen (s. 2. Kor 11,27; Apg 14,23). Viele Gläubige haben im Laufe der Jahrhunderte immer wieder erlebt, dass Gott Gebet und Fasten in besonderer Weise segnet, wenn es im Glauben geschieht. Darunter sind beispielsweise die Waldenser, die Hugenotten, Männer wie David Brainerd, Jonathan Edwards, George Whitefield und viele andere. Die Frage, die wir uns stellen müssen, lautet: Glauben wir, dass Gott sich in besonderer Weise dazu bekennt, oder nicht?

Schauen wir uns dazu eine Glaubenserfahrung von Amy Carmichael an, die sie in Verbindung mit der Austreibung eines Dämons gemacht hat:

„Eines frühen Morgens erzählte man ihr, dass ein Mann aus der Nachbarschaft von einem »Fuchs-Geist« besessen sei. Dieser Geist wurde in Japan angebetet, Heiligengräber wurden ihm geweiht und häufig wurden steinerne Füchse Seite an Seite mit Buddha-Figuren platziert.

Was dieser Dämon mit dem armen Mann machte, schien neutestamentlichen Berichten sehr zu ähneln – »wo immer er ihn ergreift, reißt er ihn, und er schäumt und knirscht mit seinen Zähnen« (Markus 9,18).

Amy ging direkt in ihr Zimmer und fragte Gott, warum sie ihn nicht austreiben konnte. »Wegen deines Unglaubens«, war Seine Antwort. Sie verbrachte Stunden auf ihren Knien, bevor sie Misaki San (eine japanische Christin) fragte, ob sie den Glauben hatte, dass der Herr Jesus willig war, den Teufel aus diesem Mann auszutreiben. Misaki San erschrak zunächst, aber nach einigem Nachdenken und Gebet verkündete sie, dass sie es glaubte.

Amy hatte den Impuls, sofort zu gehen, doch sie erinnerte sich daran, dass den Jüngern gesagt wurde, ein solcher Dämon könne nur durch Gebet und Fasten ausgetrieben werden. Gemeinsam mit ihrer Freundin tat sie beides, während sie in der Zwischenzeit eine Nachricht sandte, in der sie um die Erlaubnis bat, den Mann zu sehen. In der Antwort wurde dies bejaht, obwohl er sehr wild sei. Er habe sechs Füchse und sei gefesselt.

> **„Wir würden viel mehr von Gottes Wirken sehen, wenn wir mehr beten und fasten würden."**
> (Walter T.P. Wolston)

Nach einigen Stunden, von denen Amy nur berichtete, dass sie ernst gewesen waren, gingen die beiden zu dem Haus. Der Mann lag ausgestreckt auf dem Boden, befestigt an zwei überkreuzten Balken, gebunden an Händen und Füßen. Sein Körper war übersät mit Verbrennungen und Wunden.

Kleine Kolben mit gemahlenen Medikamenten waren auf seine Haut gesetzt und angezündet worden. Sie brannten langsam und glimmten dabei rötlich.

Nichts hatte die Fuchsgeister bisher vertreiben können. Doch Amy rief sich in Erinnerung, dass die Macht Gottes sogar einen Dämon, dessen Name Legion war, austreiben konnte. Sie verkündete der Menschenmenge in dem Raum, dass ihr mächtiger Herr Jesus die sechs Geister austreiben könne.

Bei dem Namen Christus ergriff den Mann ein schrecklicher Krampf, höllische Macht wurde freigesetzt und Gotteslästerungen, die selbst sie als solche erkennen konnte, ertönten aus seiner Kehle. Er kämpfte und wurde gewaltsam am Boden gehalten. Die Frau kniete nieder und betete. Der Kampf wurde stärker. Satan schien sie zu verspotten.

»Könnt ihr euch vorstellen, wie ich mich in diesem Moment fühlte?«, schrieb Amy. »Der Name des Herrn wurde unter den Heiden verunehrt, und ich war Schuld daran! Es wäre, weit, weit besser gewesen, wenn ich nie gekommen wäre!«

Doch sie hörte die Antwort des Hirten: »Meine Schafe hören meine Stimme, und ich kenne sie, und sie folgen mir. Mir ist alle Gewalt gegeben. Diese Zeichen werden denen folgen, die glauben: In meinem Namen werden sie Dämonen austreiben. Fürchte dich nicht, denn ich bin mit dir.«

Amy versicherte der Ehefrau, dass Gott sie erhören würde, und die beiden gingen nach Hause. Eine Stunde später erreichte sie eine Nachricht – die Füchse seien fort, die Stricke gelöst und der Mann sei wieder er selbst.

Am nächsten Morgen bat er darum, Amy und Misaki Sin zu sehen. Bis auf die Verbrennungen war er nicht wiederzuerkennen. Er schenkte ihnen einen Zweig mit scharlachroten Granatapfelblüten und gezuckertes Eiswasser. Er und seine Frau knieten freudig mit den betenden Frauen nieder, während sie mit »Hai! Hai!« (Ja! Ja!) in das Gebet einstimmten." (F. Houghton / *Amy Carmichael von Dohnavur* / Brockhaus Verlag)

> *Was war das Kernproblem der Jünger, die nicht in der Lage waren, den Dämon auszutreiben, obwohl der Herr ihnen die Gewalt dazu gegeben hatte (s. Mk 6,7)? Warum wird im Neuen Testament ausdrücklich erwähnt, dass gewisse Dämonen nur durch Gebet und Fasten ausgetrieben werden können? Welche Begebenheiten aus der Bibel fallen dir ein, in denen Menschen sowohl gebetet als auch gefastet haben und in denen Gott darauf geantwortet hat? Warum wird heute so wenig über das Fasten gepredigt, obwohl es von vielen biblischen und kirchengeschichtlichen Glaubensvorbildern praktiziert wurde?*

Notizen:

....

....

....

....

....

....

....

....

Im Schatten des Allmächtigen

„Wer im Schutz des Höchsten sitzt, wird bleiben im Schatten des Allmächtigen. Ich sage von dem HERRN: Meine Zuflucht und meine Burg; mein Gott, auf ihn will ich vertrauen." (Ps 91,1.2)

Die Gegenwart Gottes ist der sicherste Ort, den es gibt. Viele Gläubige des Alten Testaments und in der Kirchengeschichte können die Erfahrung des Psalmisten bestätigen, der schreibt: „Gott ist uns Zuflucht und Stärke, eine Hilfe, reichlich gefunden in Drangsalen ... ich will Zuflucht nehmen zum Schatten deiner Flügel, bis das Verderben vorübergezogen ist" (Ps 46,2; 57,1). Das gilt zuerst für innere Krisen und Versuchungen, die uns begegnen, kann aber durchaus auch bei äußerer Gefahren der Fall sein.

Sadrach, Mesach und Abednego erlebten Gottes wunderbare Rettung im feurigen Ofen, als der Sohn Gottes sie durch Seine Gegenwart beschützte. Daniel wurde von Gott vor dem Rachen der Löwen gerettet – „und keine Verletzung wurde an ihm gefunden, weil er auf seinen Gott vertraut hatte" (Dan 6,23). Viele Jahre später hat David Livingston in Afrika erlebt, wie Gott Ihn bei dem Angriff eines Löwen bewahrte – wobei er die Spuren dieses Angriffs sein ganzes Leben lang mit sich herumgetragen hat.

Wie oft peitschte der Teufel die Menschen auf, um den Sohn Gottes zu attackieren. Doch Gott hielt Seine Hand über Ihn und bewahrte Ihn. Einmal führten die Einwohner Nazareths Ihn an den Rand eines Berges, um Ihn von dort hinabzustürzen – „Er aber ging durch ihre Mitte hindurch und ging weg" (Lk 4,30). Ein anderes Mal versuchten die Juden Ihn im Tempel zu greifen. Doch was geschah? „Niemand legte die Hand an ihn, weil seine Stunde noch nicht gekommen war" (Joh 7,30). Gott antwortete auf das Gebet Seines Knechtes, der gesagt hatte: „Bewahre mich, Gott, denn ich suche Zuflucht bei dir!" (Ps 16,1).

Die Rettung des Herrn kann sehr unterschiedlich aussehen. Manchmal erscheint sie spektakulär, ein anderes Mal nimmt man sie vielleicht kaum war. Der Evangelist D.L. Moody hat auf eine sehr besondere Weise erlebt, wie Gott auf Gebet geantwortet und Rettung geschenkt hat.

Als er wieder einmal unterwegs war, um das Evangelium in die Häuser der Menschen zu bringen, fand er in einer Wohnung eine Flasche Whiskey, die dort für ein Gelage, das am nächsten Tag stattfinden sollte, aufbewahrt war. Nachdem er mit der Frau des Hauses über das Problem des Alkohols sprach, überzeugte er sie, ihm die Erlaubnis zu geben, die Flasche auf der Straße auszugießen. Das tat er dann auch, bevor er sich auf den Heimweg machte.

Am nächsten Morgen kam er wieder zu diesem Ort, um die Kinder zur Sonntagschule abzuholen. Einige Männer lagen auf der Lauer, um sich ihn vorzuknüpfen. Es war für ihn unmöglich wegzulaufen, da er von allen Seiten von Männern umgeben war. Doch bevor sie ihn berühren konnten, sagte Moody: „Hört zu: Bevor ihr mich verprügelt, gebt mir bitte kurz Zeit, um zu beten."

Diese Bitte war eher ungewöhnlich; vielleicht war das der Grund, warum sie ihm gewährt wurde. Moody fiel auf seine Knie und betete ein so außergewöhnliches Gebet, wie es niemand dieser rauen Männer jemals zuvor gehört hatte.

Während sie interessiert zuhörten, verflog ihr Zorn immer mehr. Als Moody geendet hatte, gaben sie ihm die Hand – ohne ihm etwas anzutun. So verließ er schließlich unbeschadet das Haus mit den Kindern, die er zur Sonntagschule abgeholt hatte. (J.W. Chapman / *The life and work of D.L. Moody* / Moody Press)

Beeindruckend ist auch die Geschichte David Brainerds, der seinen Dienst darin sah, unerreichten Indianerstämmen in Nordamerika das Evangelium zu bringen. Er war ein Mann des Gebets, der oft viele Stunden auf seinen Knien verbrachte. Bis heute ist er durch seine rückhaltlose Hingabe ein Vorbild für viele Christen:

> **„Der Schatten des Allmächtigen nimmt dem Schatten der Nacht alles Grauen. Wenn wir von den Fittichen Gottes beschützt werden, fürchten wir uns nicht mehr vor den geflügelten Schrecken, die die Erde bevölkern."**
> (Charles H. Spurgeon)

„Von Brainerd wird auch erzählt, dass er sich eines Tages entschloss, einen Indianerstamm aufzusuchen, der als äußerst fremdenfeindlich und mörderisch bekannt war. Einige Freunde von ihm rieten ihm dringend ab, sein Leben aufs Spiel zu setzen. Aber Brainerd wusste sich von Gott gerufen und verabschiedete sich von seinen Freunden, die damit rechneten, ihn zum letzten Mal gesehen zu haben.

Mit einem kleinen Wanderzelt und seinen wenigen Habseligkeiten beladen, erreichte er bald sein Ziel und schlug kurz vor dem Hauptdorf dieses Stammes sein Zelt auf, um sich im Gebet auf die erste Begegnung vorzubereiten.

Er ahnte allerdings nicht, dass ihn schon längst ein feindlicher Indianer beobachtet hatte und zum Häuptling geeilt war, um ihm und seinen Kriegern seine Entdeckung mitzuteilen. Sofort wurde ein Kriegsrat abgehalten und ein Trupp der mutigsten Krieger losgeschickt, um den weißen Mann, der es gewagt hatte, ihr Gebiet zu betreten, zu töten und zu skalpieren.

Dieser Stamm hatte die Gewohnheit, nicht offen, sondern aus dem Hinterhalt seine Feinde anzugreifen, und so schlichen sie zum Zelt Brainerds und warteten darauf, dass er heraustreten würde, damit sie ihn mit ihren Pfeilen töten könnten. Aber sie mussten lange warten und als einige Stunden vergangen waren, schickten sie drei oder vier Männer los, um zu erspähen, was der weiße Mann im Zelt tat.

Sie sahen durch eine Öffnung, dass er auf den Knien lag und mit irgendjemandem sprach. Sie waren darüber so erstaunt, dass sie es nicht wagten, ihm etwas anzutun. Zu ihrem Entsetzen sahen sie, wie plötzlich eine Klapperschlange in das Zelt hineinkroch und sich auf den knienden weißen Mann zubewegte. Sie richtete sich vor ihm auf und wollte ihre giftigen Zähne in seinen Nacken schlagen, wandte sich aber plötzlich von ihrem Opfer ab und glitt auf der entgegengesetzten Seite aus dem Zelt.

> **„Du hast dich genaht an dem Tag, als ich dich anrief; du sprachst: Fürchte dich nicht!"**
> (Klgl 3,57)

Die erstaunten Indianer schlichen lautlos davon, um dem Häuptling diese außergewöhnliche Geschichte zu erzählen. Brainerd aber, der von allem nichts ahnte, stand von seinen Knien auf, griff zu seiner Bibel und machte sich auf den Weg, um diesen gefürchteten Indianern das Evangelium zu sagen.

Zu seinem großen Erstaunen kam ihm der Häuptling mit seinen Kriegern bereits entgegen, aber nicht, um ihn zu töten, sondern um ihn wie einen lang ersehnten Freund zu empfangen – wie einen, der unter dem Schutz eines großen Gottes lebte. Mit großer Freude predigte Brainerd diesen Männern das Evangelium und durfte in den folgenden Tagen erleben, wie der ganze Stamm durch das Evangelium von der rettenden Gnade des Herrn wie umgewandelt wurde und im einfältigen Glauben dem Evangelium gehorchte." (W. Bühne / *Das Gebetsleben Jesu* / CLV)

> *„Ein Gläubiger, wenn er auf seinen Knien liegt,*
> *ist unbesiegbar."*
> (Charles H. Spurgeon)

> *Wie würde sich dein Leben verändern, wenn du mehr loslassen und im Vertrauen auf den lebendigen Gott leben würdest? Was spornt dich dazu an? Der Thron der Gnade ist der sicherste Ort, wenn der Feind angreift!*

Notizen:

. . . .

. . . .

. . . .

. . . .

. . . .

. . . .

. . . .

. . . .

. . . .

. . . .

. . . .

. . . .

. . . .

. . . .

Wenn der Herr ruft

„Wahrlich, ich sage euch: Es ist niemand, der Haus oder Brüder oder Schwestern oder Mutter oder Vater oder Kinder oder Äcker verlassen hat um meinet- und um des Evangeliums willen, der nicht hundertfach empfängt, jetzt in dieser Zeit Häuser und Brüder und Schwestern und Mütter und Kinder und Äcker unter Verfolgungen, und in dem kommenden Zeitalter ewiges Leben." (Mk 10,29.30)

Jeder Christ hat die Aufgabe, in seiner Umgebung das Evangelium zu verkündigen – wobei es verschiede Möglichkeiten gibt, das zu tun. Wir sind alle dazu aufgefordert, das Werk eines Evangelisten tun. Und wo fängt dieser Dienst an? Vor der eigenen Haustür!

Doch dort muss er nicht enden. Wir sollten nicht vergessen, dass es in vielen Teilen der Erde noch Milliarden von Menschen gibt, die noch nie das wahre Evangelium gehört haben. Außerdem sehnen sich viele Glaubensgeschwister in entfernten Ländern danach, Dinge aus Gottes Wort zu lernen, die wir vielleicht schon als Kinder in der Sonntagschule gehört haben.

Zum einen sagte der Herr zu dem Mann, der von der Legion Dämonen befreit worden war: „Kehre in dein Haus zurück und erzähle, wie viel Gott an dir getan hat" (Lk 8,39). Zum anderen sagte Er seinen Jüngern aber auch: „Geht hin in die ganze Welt und predigt der ganzen Schöpfung das Evangelium" (Mk 16,15). Wir sollen das Eine nicht gegen das Andere ausspielen, sondern beidem zustimmen – und das tun, was der Herr jedem persönlich zeigt.

Der Sohn Gottes hat zu Seinen Jüngern gesagt: „Wenn jemand zu mir kommt und hasst nicht seinen Vater und seine Mutter und seine Frau und seine Kinder und seine Brüder und Schwestern, dazu aber auch sein eigenes Leben, so kann er nicht mein Jünger sein" (Lk 14,26). Die Liebe, die wir zu Ihm haben sollen, sollte jede andere Beziehung in den Schatten stellen. Wenn der Herr nun jemanden dazu beruft, Ihm in einem fernen Land zu dienen, dann bedeutet das oft, dass man nahestehende Menschen sowie den Luxus, an den man sich gewöhnt hat, zurücklassen muss. Doch wenn Gott ruft, gilt nur eins: Ihm den ersten Platz zu geben und gehorsam zu sein.

Es ist übrigens interessant, dass der Herr selbst die geistliche Familie über die natürliche Familie gestellt hat, indem Er dem Willen Gottes in allem den ersten Platz gab. Deshalb heißt es einmal, als seine Angehörigen Ihn suchten: „Und er antwortete ihnen und spricht: Wer ist meine Mutter und meine Brüder? Und er blickte umher auf die im Kreis um ihn her Sitzenden und spricht: Siehe da, meine Mutter und meine Brüder; denn wer irgend den Willen Gottes tut, der ist mein Bruder und meine Schwester und meine Mutter" (Mk 3,33-35).

Wenn der Herr zu einer Aufgabe beruft und irgendwann der Zeitpunkt gekommen ist, den eigenen Eltern oder Freunden davon zu berichten, dann ist der Gedanke, dass man bald über längere Zeit voneinander getrennt sein wird, oft nicht leicht. Doch das Bewusstsein, im Willen Gottes zu stehen und den Herrn an unserer Seite zu haben, hilft uns, diese Spannungen zu überwinden. Er wartet schon auf uns, an dem Ort, an den Er uns berufen hat (s. Apg 7,3).

Als der Herr Amy Carmichael dazu berief, als Missionarin in ein fernes Land zu gehen, war es für sie nicht leicht, von ihrer Familie Abschied zu nehmen. Doch sie hat auch den Beistand des Herrn erfahren und erlebt, wie Er seine Zusagen in ihrem Leben wahr gemacht hat:

„Amy hatte schon lange der Gedanke stark beschäftigt, dass jeden Tag fünfzigtausend Menschen in der Finsternis des Heidentums starben. Immer wieder hatte sie durch alles den Ruf hindurchklingen hören: »Komm herüber und hilf uns!« Sie hatte sich gegen den Ruf aus dem Heidenland gewehrt und um Ruhe gebetet. Ihre Bitte war nur halb erhört worden, und das gab ihr zu denken.

Eines Abends aber, es war am 13. Januar 1892, hörte sie in ihrer stillen Stunde immer wieder das Wort: »Geh!« Es war ein Ruf, dem sie sich nicht entziehen konnte. Sie schrieb darüber an ihre Mutter am 14. Januar:

> **„Der ist kein Narr, der hingibt, was er nicht behalten kann, auf dass er gewinne, was er nicht verlieren kann."**
>
> (Jim Elliot)

»Meine innig geliebte Mutter, hast Du Dein Kind vorbehaltlos dem Herrn hingegeben, was auch immer Sein Wille sein mag? Oh, möge Er Dir die Kraft schenken, ja zu sagen, wenn Er etwas fordert, das Dir sehr teuer ist!

Mein Mütterlein, Du weißt, dass mich schon lange der Gedanke umtreibt, dass jeden Tag fünfzigtausend Menschen in der Finsternis sterben, während wir hier in hellem Licht leben.

Das Verlangen, zu ihnen zu gehen und ihnen von Jesus zu sagen, ist sehr stark geworden in mir. Alles, alles schien zu rufen: Immer wieder hörte ich den Ruf: »Komm herüber und hilf uns!« Deutlicher als irgendein liebliches Bild haben mir beständig die Millionen vor Augen gestanden, die keine Gelegenheit haben, nie gehabt haben, von der Liebe zu hören, die unser Leben so froh macht. [...]

Ich kann es nicht erklären; aber seit kurzem ist mir die Not der Christusfernen wie näher gerückt. Ich fragte den Herrn, was Sein Wille für mich sei, und, Mutter, Er sagte mir ebenso deutlich wie ich Dich jemals habe sprechen hören: und deshalb kann ich nicht hier bleiben. Mutter, es ist mir, als ob ich jemanden, den ich sehr lieb habe, einen Stoß versetzte.

Es ist nun Freitag; ich konnte diesen Brief gestern nicht beenden; und trotz all dem bitteren Weh, das seit Mittwoch über mich gekommen ist, hat die Gewissheit, dass ich Seine Stimme gehört habe, mich doch nicht verlassen, obwohl mein Herz zurückschreckt vor dem, was das in sich schließt. Es ist mir, als würde ich entzweigerissen; es schmerzt mich tief, und doch habe ich die Gewissheit, dass Er zu mir sagte: Ohne dieses klare Wort, Sein Wort, wäre es mir unmöglich, es zu tun; denn bis Er sprach und ich Ihm antwortete: »Ja, Herr«, wusste ich nicht, was es kosten würde.

Er gab mir folgende Worte, als Er zu mir sprach: »Wer mir nachfolgen will, der verleugne sich selbst und nehme sein Kreuz auf sich und folge mir nach. Denn wer sein Leben behalten will, der wird es verlieren, und wer sein Leben verliert um meinetwillen, der wird es finden. --- Wer Vater oder Mutter mehr liebt denn mich, ist mein nicht wert.«

Die vielen Schwierigkeiten, die mir vorschweben, sind sehr groß. Die dunklen Wege scheinen sehr dunkel; aber ich glaube, Er will nur, dass wir den einen Schritt tun, den Er uns zeigt, und in schlichtem und vollem Vertrauen Ihm alle Folgen überlassen.

Mutter, ich weiß, dass ganz wenige unserer Freunde das, was ich tue, verstehen werden. Diejenigen, die des Hirten Stimme nicht kennen, werden sicherlich denken, ich sei im Begriff, etwas ganz Falsches, Verkehrtes zu tun ... Er wird es nicht zulassen, dass ich Ihm Schande mache dadurch, dass ich einen falschen Weg einschlage und nur meiner eigenen Eingebung folge anstatt Ihm selber. Wenn es so wäre, würde Er es mir zeigen. Wenn es aber Sein Wille ist, muss ich gehorchen. Behüte Dich Gott, Mütterlein! Möge Er Dir nahe sein, Dich stärken und trösten! Deine Dich innig liebende Amy.«

Die beiden Menschen, die Amys Entscheidung am tiefsten traf, waren ihre Mutter und der »liebe alte Mann« (Amys väterlicher Freund). Beide waren der Größe des Augenblicks gewachsen. In ihrer Antwort auf Amys Brief schrieb die Mutter:

»Mein innig geliebtes Kind, ja, liebste Amy, Er hat Dich mir all diese Jahre geliehen. Er allein weiß welche Kraft, Trost und Freude Du mir gewesen bist. Im Leid warst Du mir Stab und Trost; in der Einsamkeit warst Du mein Kamerad, und in der Freude hast Du Dich frohen Herzens mit mir gefreut. Wenn Er Dich nun fort ruft von mir, Liebling, kann ich da nein sagen? Nein, nein Amy! Er ist Dein — Du bist Sein — Er kann Dich führen, wohin es Ihm gefällt ...

So gebe ich Dich, mein geliebtes Kind, zurück in Seine liebenden Arme und spreche aus tiefstem Herzen: Nimm sie, lieber Herr! Du wirst liebevoll für sie sorgen. Brauche sie in Deinem Dienst und zu Deiner Ehre jetzt und wo immer es Dir gefällt. Amen.« (F. Houghton / *Amy Carmichael von Dohnavur* / Brockhaus Verlag)

Der Herr hat Amy dann in den nächsten Jahren wunderbar geführt. Als sie Ihm später in Süd-Indien diente, hat Er ihr Brüder und Schwestern zur Seite gestellt und sie zu einer geistlichen Mutter für viele Gläubige werden lassen. Den Stempel des Segens Gottes, der auf dieser Arbeit ruhte, kann man bis heute noch sehen, wenn man den Ort Dhonavur im Bundesstaat Tamilnadu besucht.

Gott ruft nicht nur; Er gibt auch wunderbare Zusagen, die uns ermutigen, uns aufzumachen und Ihm fest zu vertrauen. Er verspricht uns 100fachen Lohn (10.000% Zinsen) und versichert uns, dass Er uns nicht versäumen und nicht verlassen wird (s. Heb 13,5).

„Habe ich dir nicht geboten: Sei stark und mutig?
Erschrick nicht und fürchte dich nicht!
Denn der HERR, dein Gott, ist mit dir überall,
wohin du gehst."

(Jos 1,9)

> *Bist du bereit, zu gehen, wenn der Herr dich zum Dienst in ein fernes Land ruft? Worin zeigt sich, dass jemand den Herrn Jesus mehr liebt als seine eigenen Eltern? Bist du bereit, deine Kinder, Enkel oder gute Freunde ziehen zu lassen, wenn es Gottes Wille ist?*

Notizen:

. . . .
. . . .
. . . .
. . . .
. . . .
. . . .
. . . .
. . . .
. . . .
. . . .
. . . .
. . . .
. . . .
. . . .
. . . .

Die Macht des Gebets

„Das inbrünstige Gebet eines Gerechten vermag viel." (Jak 5,16)

Diese Aussage hat schon vielen Gläubigen Mut gemacht, mehr und intensiver zu beten. Doch in welchem Zusammenhang schreibt Jakobus diesen Vers eigentlich? Er schreibt ihn in Verbindung mit Gottes großartiger Antwort auf das Gebet Elias. Elia verlangte danach, Erweckung im Volk Gottes zu sehen. Dieser tiefe Wunsch trieb ihn ins Gebet. Er flehte Gott an, den Himmel zu verschließen, damit das Volk endlich aufwacht und mit ganzem Herzen zu dem HERRN umkehrt.

Gott hatte bereits durch Mose angekündigt, dass Er den Himmel wie Eisen machen würde, wenn sich das Volk von Ihm abwendet (s. 3. Mo 26,19; 5. Mo 11,17). Salomo gegenüber hatte Er diese Aussage bestätigt (s. 1. Kön 8,35). Jetzt fordert Elia den HERRN sozusagen dazu auf, Sein Wort Wirklichkeit werden zu lassen. Das Gebet des Propheten wird erhört – und der Himmel bleibt für drei Jahre und sechs Monate verschlossen. Gott antwortet auf das Flehen für die Erweckung und Wiederherstellung Seines Volkes!

Nachdem das Volk zu Gott umgekehrt ist, finden wir Elia wieder in ernsthaftem Gebet. Sieben Mal beugt er sich zur Erde nieder, steckt seinen Kopf zwischen seine Knie und bittet Gott darum, dass Er wieder Regen geben möge – so wie Er es, falls Sein Volk Buße tun würde, angekündigt hat: „Wenn ich den Himmel verschließe und kein Regen sein wird, und wenn ich der Heuschrecke gebiete, das Land abzufressen, und wenn ich eine Pest unter mein Volk sende, und mein Volk, das nach meinem Namen genannt wird, demütigt sich, und sie beten und suchen mein Angesicht und kehren um von ihren bösen Wegen, so werde ich vom Himmel her hören und ihre Sünden vergeben und ihr Land heilen" (2. Chr 7,13.14). Wie reagiert Gott darauf? Er bekennt sich zu dem Gebet des Glaubens, macht Seine Zusage wahr und entriegelt die Fenster des Himmels!

Das Wort Gottes macht uns Mut, für Erweckung im Volk Gottes zu beten. Wir können sicher sein, dass Gott auch heute noch auf aufrichtige Demütigung antworten und wieder Belebung schenken wird, wenn wir mit Glauben intensiv und anhaltend dafür beten. In der Kirchengeschichte gibt es zahlreiche Beispiele dafür:

> **„Männer des Gebets sind es gewesen, die zu aller Zeit den Arm der Allmacht Gottes zum Eingreifen bewegten."**
> (John N. Darby)

Die große Erweckungsbewegung, die im 18. Jahrhundert in Amerika geschah, begann mit intensivem und anhaltendem Gebet. George Whitefield und John Wesley waren beide Männer, die viel gebetet haben. Whitefield begann das Jahr 1739 mit anderen Gläubigen mit einem Liebesfest, wo er die ganze Nacht im Gebet, mit Danksagung und Singen verbrachte. Das war kein einmaliges Ereignis, denn nur wenige Tage später schreibt er in seinem Tagebuch: „Wir verharrten im Fasten und Gebet bis drei Uhr und gingen dann mit der festen Überzeugung auseinander, dass Gott unter uns Großes tun werde." Der Herr hatte ihnen diese Überzeugung auf den Knien geschenkt und genau das ist auch geschehen: Tausende kamen in den folgenden Jahren zum Glauben, während sich viele dem Gebet hingaben. (Benedict Peters / *George Whitefield - Der Erwecker Englands und Amerikas* / CLV)

In der Biographie über Charles Cowman wird davon berichtet, wie viele Gläubige im Jahr 1917 in Japan das wunderbare Wirken Gottes erlebt haben. Bevor eine Reihe an Zusammenkünften begann, trafen sich viele Christen in einem abgeschiedenen Farmhaus, um dort drei Tage im Gebet vor Gott zu sein und Seinen Segen für die Veranstaltung zu erflehen. Sie beteten so lange, bis sie die Gewissheit gewannen, dass Gott sie erhört hatte. Dann kehrten sie wieder zurück - mit Gesichtern, die etwas von der Gegenwart Gottes widerspiegelten.

Gott hat wunderbar darauf geantwortet: Er wirkte in besonderer Weise durch die Predigt Seines Wortes. Alle waren in tiefer Liebe miteinander verbunden. Es gab keine Spaltungen oder Ähnliches. Sie waren überwältigt von dem Segen, den der Herr ihnen in diesen Tagen schenkte. Viel Lob und Anbetung stieg während dieser Tage auf zum Thron Gottes. 600 Gläubige nahmen an der Gemeinschaft teil – der überwiegende Teil von ihnen hatte sich erst vor kurzem bekehrt. Es war wie ein Vorgeschmack auf den Himmel.

Später schrieb Cowman über diese Zeit: „Wir wollen nichts Neues in Erweckungen. Wir wollen die alten Faktoren: Der lebendige Geist Gottes, das lebendige Wort Gottes und das alte Evangelium." (Lettie B. Cowman / *Charles E. Cowman – Missionary Warrior* / The Oriental Missionary Society)

Von den vielen anderen wunderbaren Erweckungen, die Gott im Laufe der Kirchengeschichte bewirkt hat, sei hier nur noch die in Kilsyth (Schottland) erwähnt. Sie geschah unter dem Dienst von William Burns, der später mit Hudson Taylor zusammenarbeitete. Schon im Vorfeld hatten betende Menschen in Kilsyth sich unter die mächtige Hand Gottes gedemütigt und mit großem Verlangen und Inbrunst für Sein mächtiges Wirken gefleht. Die Erweckung begann am Dienstagmorgen des 23. Juli 1839.

In der Nacht, bevor das Wort Gottes verkündigt wurde, versammelten sich viele zum Gebet, um über mehrere Stunden hinweg für die Errettung von Seelen zu kämpfen. Sie bekamen die feste Glaubensüberzeugung, dass ihre Gebete erhört wurden, und kamen am nächsten Morgen mit der Erwartung, das herrliche Wirken Gottes zu erleben.

Als ein junger Prediger sprach, wirkte Gott mit besonderer Kraft. Die ganze Zuhörerschaft begann zu weinen. Viele fanden Frieden mit Gott. Es entstanden viele „Erweckungs-Zusammenkünfte", die Nacht für Nacht über Monate hinweg in der Kirche und auf dem Marktplatz stattfanden.

Zeitweise kamen 3000 oder 4000 Menschen zusammen, um das Wort Gottes zu hören. Die ganze Stadt wurde von Unmoral gereinigt, das Trinken alkoholischer Getränke kam zum Erliegen. Viele Häuser und Geschäfte wurden zu Orten des Gebets. (Brian H. Edwards / *Erweckung – Ein Land von Gott erfasst* / 3L-Verlag)

> **„Der Mutterboden einer Erweckung sind Gebetskreise."**
> (Charles H. Spurgeon)

Wir können sicher sein, dass Gott auch heute noch an manchen Orten ein Aufleben schenken wird, wenn wir uns vor Ihm demütigen und Ihn inständig und anhaltend darum bitten.

> *Rechnest du heute noch damit, dass Gott örtlich Erweckung bewirken kann? Traust du Ihm das zu? Womit hast du dich im Laufe der Zeit abgefunden und wonach streckst du dich im Gebet aus? Was bedeutet es, sich vor Gott zu demütigen? „Prüft mich doch ... ob ich euch nicht die Fenster des Himmels öffnen und euch Segen bis zum Übermaß ausgießen werde" (Mal 3,10). Ist der Gott früherer Erweckungen noch derselbe Gott heute?*

Notizen:

. . . .

. . . .

. . . .

. . . .

. . . .

. . . .

. . . .

. . . .

. . . .

. . . .

. . . .

. . . .

. . . .

. . . .

. . . .

. . . .

. . . .

. . . .

. . . .

. . . .

. . . .

Gottes Werkzeuge zur Erweckung

„Fürchte dich nicht, Daniel! Denn vom ersten Tag an, als du dein Herz darauf gerichtet hast, Verständnis zu erlangen und dich vor deinem Gott zu demütigen, sind deine Worte erhört worden; und um deiner Worte willen bin ich gekommen." (Dan 10,12)

Während der babylonischen Gefangenschaft finden wir einen weiteren Beter, der Gott beim Wort nahm und sich im Glauben auf Seine Verheißungen stützte. Daniel, der Vielgeliebte, demütigte sich unter den sündigen Zustand des Volkes, bekannte ihre Sünden und flehte Gott um Erbarmen an. Genau darauf hatte Gott gewartet. Er erhörte das Flehen Seines Knechtes und antwortete auf seine Demütigung, indem Er eine wunderbare Erweckung bewirkte, die im Buch Esra beschrieben wird.

„Gott widersteht den Hochmütigen, den Demütigen aber gibt er Gnade" (Jak 4,6). Die Erfüllung dieser göttlichen Verheißung wird bei Nehemia sehr deutlich. Als dieser treue Mann sich unter das Versagen des Volkes demütigte und ihre Sünden bekannte, wurde er daraufhin das von Gott auserwählte Werkzeug, um die Mauern Jerusalems wiederaufzubauen.

Viele Christen wissen gar nicht, wie oft Gott im Laufe der Kirchengeschichte an verschiedenen Orten Erweckungen bewirkt hat. Die Erweckungen in Herrenhut (1727), in Neuengland (1730), in Wales (1904), in Assam (1905) in Hinghwa (1909) und an vielen anderen Orten haben alle durchweg mit intensivem Gebet begonnen, auf das Gott durch ein mächtiges Wirken Seines Geistes geantwortet hat. Zerbrochenheit, Demütigung, bren-

> **„Jede große Bewegung, die Gott schenkte, lässt sich auf einen Beter auf den Knien zurückverfolgen."**
> (Dwight L. Moody)

nende Herzen und Heilung kaputter Beziehungen waren oft die wunderbaren Ergebnisse.

T.E. Koshy schreibt in seiner Biographie über das Leben von Bakht Singh, der ein Diener Gottes in Indien war: „Von 1936 an schenkte der Herr eine mächtige Erweckung in vielen Dörfern und Städten. Von Punjab in Nordindien (jetzt zu Pakistan gehörend) bis nach Kerala in Südindien brach das Feuer der Erweckung aus und verbreitete sich innerhalb von 10 Jahren über mehr als 70 Orte. Zehntausende bekehrten sich zu dem lebendigen Gott. Indien hatte davor und auch danach bis heute noch nie eine solch große Erweckung erfahren.

Der Herr erhörte die Gebete vieler seiner Diener, die Indien liebten und für das Land beteten. So z.B. der »betende Hyde« in Nordindien, Lady Ogle aus England, Amy Carmichael, Pandita Ramabai und viele andere in Indien und anderswo. Zu Beginn des 20. Jahrhunderts traf sich eine Gruppe von Missionaren in den Bergen Südindiens, in Kodaikanal, und erkannte, dass die Zeit gekommen war, mit Bestimmtheit für ein Erwachen in der indischen Christenheit zu beten.

Sie sandten einen Gebetsbrief nach England, Amerika und Australien, um Beter zur Fürbitte zu mobilisieren. Es begann daraufhin eine wachsende Gebetsbewegung. John Hyde widmete sich seit seiner Ankunft in Indien 1892 in verstärktem Maße der Fürbitte. Der »betende Hyde«, wie er genannt wurde, betete mit einer Gruppe von Freunden viele Tage und Nächte lang für ein geistliches Erwachen in Indien." (T.E. Koshy / *Bahkt Singh - Ein auserwähltes Werkzeug in Indien* / CLV)

Dass Gott anhaltendes Gebet für Erweckung in besonderer Weise segnet, zeigt auch folgende Begebenheit:

„Ehe Bakht Singh im Mai 1938 zu einem 3-monatigen Evangelisationsfeldzug nach Madras und Kerala aufbrach, legte der Herr ihm und seinen Mitarbeitern eine Last aufs Herz, von Poona aus zur Mukti-Mission von Pandita Ramabei in Kedgaon zu gehen, um dort einige Gebetsnächte zu verbringen.

Die Mitarbeiter dieser Mission waren zusammen mit ihren Familien ungefähr 300 an der Zahl und beteten 19 Nächte mit einer Unterbrechung von 2 Tagen. Bakht Singh teilte die Beter in Gruppen ein, und jede Gruppe betete ernstlich für Erweckung in verschiedenen Teilen Indiens und anderen Teilen der Welt. Sie alle verharrten im Gebet und beteten um ein mächtiges Wirken Gottes.

Als Ergebnis dieser Gebetsnächste wirkte der Herr in vielen Teilen Südindiens, besonders in Madras, wo die Gemeinde »Jehovah-Shammah« und weitere neutestamentliche Gemeinden entstanden. Diese Erfahrung lehrte Bakht Singh das Geheimnis der Kraft der Gebetsnächte, und er sah, dass sich der Himmel öffnete, wenn nächtelang gebetet wurde." (T.E. Koshy / *Bahkt Singh - Ein auserwähltes Werkzeug in Indien* / CLV)

Vielleicht klingen diese Erfahrungen für den einen oder anderen Leser wie Geschichten von einem anderen Stern. Doch Fakt ist, dass der Herr in wunderbarer Weise auf das anhaltende Flehen dieser Gläubigen geantwortet hat und die Auswirkungen davon noch bis in die heutige Zeit in Indien sichtbar sind!

„Ich glaube, dass alle bedeutenden Bewegungen unter dem Volk Gottes ihren Ursprung hatten in Herzen, die sich im Bewusstsein tiefer Nöte und dringlicher Bedürfnisse im Gebet vereinigten."
(Charles H. Mackintosh)

> **Was hält die Christen in der heutigen Zeit wohl davon ab, so intensiv für Erweckung zu beten, wie es in den oben erwähnten Beispielen der Fall war? Was hindert dich daran, dafür zu beten, dass der Herr in deinem Umfeld eine vom Geist kommende Belebung bewirkt? Bitte Ihn darum, dass Er dir andere zur Seite stellt, die das gleiche Anliegen auf dem Herzen haben!**

Notizen:

. . . .

. . . .

. . . .

. . . .

. . . .

. . . .

. . . .

. . . .

. . . .

. . . .

. . . .

. . . .

Prüft mich doch!

Gegen Ende des Alten Testaments, zur Zeit Maleachis, waren die aus der Gefangenschaft zurückgekehrten Juden insgesamt in einem geistlich sehr schlechten Zustand. Sie befanden sich äußerlich gesehen zwar am richtigen Ort, hatten jedoch eine katastrophale innere Einstellung. Sowohl das allgemeine Volk als auch die Priester hatten das Vertrauen in die Verheißungen Gottes verloren.

Gott hatte in Seinem Wort beispielsweise gesagt: „Ehre den HERRN von deinem Vermögen und von den Erstlingen all deines Ertrags; so werden deine Speicher sich füllen mit Überfluss, und deine Fässer werden von Most überfließen" (Spr 3,9.10). Doch weil das Volk Gott nicht glaubte und Ihn nicht durch ihr Vermögen ehrte, erlebte es die Erfüllung dieser Verheißung nicht. Stattdessen waren die Juden sehr egoistisch und schwelgten im Selbstmitleid. Wie reagierte Gott darauf? Er verschloss den Himmel und hielt den Segen von oben zurück.

War jetzt alles verloren? Noch nicht. Der HERR wendete sich noch einmal an das Volk und forderte es heraus, Ihn doch zu prüfen und zu sehen, ob Er wirklich zu dem steht, was Er versprochen hat: „Bringt den ganzen Zehnten in das Vorratshaus, damit Speise in meinem Haus sei; und prüft mich doch dadurch, spricht der HERR der Heerscharen, ob ich euch nicht die Fenster des Himmels öffnen und euch Segen bis zum Übermaß ausgießen werde" (Mal 3,10). Wie viele Gläubige sind dieser Herausforderung damals wohl nachgekommen?

Szenenwechsel. Mehr als 2400 Jahre später. Die Christenheit befindet sich in dem Zustand, der im Sendschreiben an Laodizea vorgestellt wird (s. Offb 3,14-22): Lauheit, Selbstzufriedenheit und mangelnder Glaube machen sich zunehmend breit. Es gibt noch solche, die sich rein äußerlich am richtigen Ort aufhalten – abgesondert von Namenschristen und denen, die biblische Grundsätze nicht mehr praktizieren wollen. Doch wie sieht ihr innerer geistlicher Zustand aus? Nehmen sie Gott heute wirklich noch beim Wort? Glauben sie, dass Er Seine Zusagen hinsichtlich finanzieller Opfer auch im 21. Jahrhundert noch wahr machen wird, wenn sie bereit sind, loszulassen und Ihm rückhaltlos zu vertrauen? Oder wird eine solche Einstellung eher als unnüchtern oder gar ungeistlich bezeichnet?

> **„Seit fünfzig Jahren blicke ich zum Herrn auf, dass Er mir gibt, was ich brauche, und nie habe ich mir auch nur einen Augenblick darüber Gedanken gemacht, woher das Geld kommen sollte. Ich habe es nie gewusst, und weiß auch jetzt nicht, woher das Geld für die nächsten vierzehn Tage kommen wird. Aber ich kenne Gott, und ich weiß, dass Er mich versorgen wird."**
>
> (William MacDonald)

Wir können uns alle die Frage stellen, wo die große Kraft und die große Gnade geblieben sind, die Gott den ersten Christen geschenkt hat. Hat Er sich etwa verändert? Oder ist es nicht eher so, dass unser praktischer Zustand sich in den Worten widerspiegelt, die der Herr Jesus vor 2000 Jahren seinen Jüngern gesagt hat: „Wer im Geringsten treu ist, ist auch in vielem treu, und wer im Geringsten ungerecht ist, ist auch in vielem ungerecht. Wenn ihr nun in dem ungerechten Mammon nicht treu gewesen seid, wer wird euch das Wahrhaftige anvertrauen?" (Lk 16,10.11)? Sind wir Eigentümer oder Verwalter der Dinge, die uns zur Verfügung stehen?

Es ist sehr interessant, dass gerade bei den Erweckungen im Laufe der Kirchengeschichte Gläubige von Christus und himmlischen Dinge so ergriffen waren, dass sie oft die Bereitschaft hatten, materielle Dinge zu opfern.

Andrew Miller schreibt über den Anfang der Erweckung im 19. Jahrhundert: „Es war zu dieser Zeit nichts Ungewöhnliches, wertvollen Schmuck in der Kollekte zu finden. Dieser wurde in Geld umgetauscht, was dann wiederum den Dienern und Armen gegeben wurde [...] Die Gläubigen trennten sich außerdem von allem, was als weltlich betrachtet wurde, sei es Kleidung, Bücher oder Möbel. Diese freiwilligen Gaben wurden gesammelt und sobald es zu größeren Anhäufungen kam, auf Versteigerungen verkauft [...] Nachdem die Gegenstände klassifiziert waren, dauerte die Versteigerung drei Tage bis alles verkauft war [...]

Es gab damals in Plymouth keinen Aufruf zum Geben oder irgendein besonderes Bedürfnis, dass es notwendig gemacht hätte, diese Menge an Gütern, Schmuck, Büchern oder Möbeln zu verkaufen. Die Gläubigen taten es in Schlichtheit und freiwillig. Dadurch drückten sie aus, dass sie die Welt nicht liebten, sondern dem Herrn anhingen und auf sein Kommen warteten." (Andrew Miller / The Brethren)

> *Wie kann diese Gesinnung in deinem Leben sichtbar werden? Der Herr Jesus sagte seinen Jüngern: „Verkauft eure Habe und gebt Almosen; macht euch Geldbeutel, die nicht veralten, einen Schatz, unvergänglich, in den Himmeln, wo kein Dieb sich nähert und keine Motte verdirbt. Denn wo euer Schatz ist, da wird auch euer Herz sein" (Lk 12,33.34) – was bedeuten diese Worte für dich heute?*

Notizen:

. . . .

. . . .

Der Friede Gottes und Gebet

„Seid um nichts besorgt, sondern in allem lasst durch Gebet und Flehen mit Danksagung eure Anliegen vor Gott kundwerden; und der Friede Gottes, der allen Verstand übersteigt, wird eure Herzen und euren Sinn bewahren in Christus Jesus." (Phil 4,6.7)

Das ist wahrscheinlich eine der herausforderndsten Aufforderungen für uns im Neuen Testament: „Seid um nichts besorgt." Wie schwer fällt es uns oft, das zu verwirklichen. Doch genau das möchte der Herr von uns. Wir sollen Ihm im Gebet unsere Sorgen bringen und sie dann auch bei Ihm lassen – und nicht weiter mit uns herumtragen. Wenn wir die Nöte wirklich im Vertrauen auf den Herrn werfen, dann wird der Friede Gottes den Platz in unseren Herzen einnehmen, der vorher von Sorgen erfüllt war. Dieser Friede, der am Thron Gottes herrscht, ist unerschütterlich. Und genau diesen Frieden möchte Er uns schenken – völlig unabhängig von der Größe der Sorgen und Nöte, die wir haben.

> **„Jede Sorge, die zu gering ist, um deswegen zu beten, ist auch zu gering, um sich deswegen belastet zu fühlen."**
>
> (Corrie ten Boom)

Das folgende Beispiel zeigt, wie es in der Praxis aussehen kann, dem Herrn in einer Notsituation die Sorgen zu bringen und dann fest darauf zu vertrauen, dass Er sich darum kümmern wird:

David Thomas war ein bekannter Händler in London. Als er eines Tages zur Kirche ging, kam irgendwann sein Sohn atemlos angerannt und sagte: „Vater, das Geschäft steht in Flammen."

Thomas fragte: „Sind die Feuerwehrmänner an der Arbeit?"

Als ihm zugesichert wurde, dass sie ihre Arbeit taten, wandte er sich dem dabeistehenden Evangelisten zu und sagte: „Lass uns dafür beten."

Dann betete er: „Herr, es ist nicht mein Geschäft. Es ist deins. Lege deine Hand auf dieses Feuer und tue es jetzt um Jesu Willen."

Dann sagte er ruhig: „Lasst uns jetzt zum Abendessen gehen."

Einige Freunde, die bei ihm waren, protestierten und sagten: „Was ist mit dem Feuer?"

Thomas antwortete: „Haben wir es nicht dem Herrn übergeben? Wenn wir dort hingehen würden, was könnten wir sonst noch tun? Er wird sich darum kümmern."

Während des Abendessens betrat der Sohn den Raum. „Nun, was ist geschehen?", fragte Thomas.

„Geschehen! Es scheint, als ob ein Wunder geschehen ist. Es sah danach aus, als wenn nichts das Feuer aufhalten könnte und alles vollständig abbrennen würde. Doch als ich zurückkehrte, waren die Flammen auf unerklärliche Weise zum Erliegen gekommen. Die Feuerwehrleute selbst können es nicht verstehen. Es sieht nach einem Werk Gottes aus." (H.E Jessop / *The ministry of prevailing prayer* / Kessinger Publishing)

> **Woran kannst du erkennen, dass du deine Sorgen wirklich alle bei Gott im Gebet abgeladen und auch dort gelassen hast? Was kann dir dabei helfen, dir weniger Sorgen zu machen? „Den festen Sinn bewahrst du in Frieden, in Frieden; denn er vertraut auf dich"**
> **(Jes 26,3).**

Notizen:

. . . .

. . . .

. . . .

. . . .

. . . .

. . . .

. . . .

. . . .

. . . .

. . . .

. . . .

. . . .

. . . .

. . . .

. . . .

. . . .

. . . .

. . . .

. . . .

. . . .

. . . .

Der Herr kommt!

„Siehe, ich komme bald." (Offb 22,12)

Was für ein gewaltiges Versprechen! Der Herr selbst, der Schöpfer des Himmels und der Erde, der Erhalter aller Dinge, der große „Ich Bin", der Erste und der Letzte, der glänzende Morgenstern; Er kommt selbst, „mit gebietendem Zuruf, mit der Stimme eines Erzengels und mit der Posaune Gottes vom Himmel" (1. Thes 4,16), um uns zu sich in die ewige Herrlichkeit des Vaterhauses zu holen.

Im Bruchteil einer Sekunde wird unser verweslicher Körper durch einen unverweslichen ersetzt, während wir dem Herrn entgegen-gehen, in die Luft. Dann werden wir für immer bei Ihm sein. Wun-derbare, herrliche Hoffnung!

Gott stellt uns diese großartige Hoffnung vor, damit wir in der leben-digen Erwartung dieser Tatsache leben. Wir sollen nicht nur passiv wissen, dass der Herr irgendwann wieder-kommt, sondern wir sollen täglich mit Sei-nem Kommen rechnen.

Wenn wir das tun, hat das konkrete Auswir-kungen auf unser Leben. Dann werden wir Entscheidungen treffen, die wir ohne diese Hoffnung niemals treffen würden.

Als Hudson Taylor die Wahrheit über das Kommen des Herrn das erste Mal so richtig im Glauben ergriff, hatte das konkrete Konsequenzen für sein prak-tisches Leben. Er schreibt darüber:

> **„Wenn ihr keine Sehnsucht nach Christi Wiederkunft, kein Verlangen nach seiner baldigen Rückkehr habt, dann sind eure Herzen si-cher krank, und eure Liebe ist erkaltet."**
> (Charles H. Spurgeon)

„Diese gesegnete Hoffnung hatte eine sehr praktische Auswirkung. Sie führte mich dahin sorgfältig durch meine Bibliothek zu gehen und zu sehen, ob es Bücher gab, die ich nicht benötigte und die für andere nützlich sein könnten. Desgleichen ging ich auch durch meine Garderobe, um sicherzustellen, dass sie nichts enthielt, wofür ich mich schämen müsste, wenn der Herr plötzlich wiederkäme. Das Ergebnis war, dass meine Bibliothek beträchtlich kleiner wurde, zum Nutzer einiger armer Nachbarn, und dass ich einige Kleidungsstücke fand, die anderweitig besser genutzt werden konnten.

Es hat sich herausgestellt, dass es für mich selbst sehr nützlich war, von Zeit zu Zeit in ähnlicher Weise vorzugehen; und ich bin niemals mit dieser Absicht durch mein Haus gegangen, ohne anschließend große geistliche Freude und Segen davonzutragen." (Hudson Taylor / A *Retrospect* / Moody Press)

Georg Müller sagte hinsichtlich dieser wunderbaren Wahrheit: „Als es Gott gefiel, mir im Juli 1829 die Wahrheit der persönlichen Wiederkunft Jesu zu offenbaren, und Er mir zu zeigen begann, dass ich einen großen Fehler begangen hatte, auf die Bekehrung der Welt zu warten, wirkte sich das folgendermaßen auf mich aus: Von Grund meiner Seele wurde ich erregt, Mitleid für verlorene Menschen und für die Welt, die um mich herum in einer falschen Sicherheit schlief, zu empfinden. Ich kam dann zu dem Schluss: Solle ich nicht alles in meinen Kräften stehende für den Herrn Jesus tun, solange er noch ausbleibt, um eine schlafende Kirche aufzuwecken?"

> *Rechnest du wirklich damit, dass der Herr sehr bald wiederkommt, oder glaubst du eher, dass es noch mindestens zehn Jahre dauern wird? Wodurch wird in deinem Leben sichtbar, dass du wirklich mit Seinem baldigen Kommen rechnest? Welche konkreten Auswirkungen hat diese Hoffnung auf dein Leben?*

Notizen:

....

....

....

....

....

....

....

....

....

....

....

....

....

....

....

....

....

....

....

....

....

....

Im Gebet mitkämpfen

„Ich bitte euch aber, Brüder, durch unseren Herrn Jesus Christus und durch die Liebe des Geistes, mit mir zu kämpfen in den Gebeten für mich zu Gott, damit ich vor den Ungläubigen in Judäa gerettet werde." (Röm 15,30.31)

Oft beten wir für bestimmte Anliegen, weil uns Bedürfnisse und Nöte bekannt sind. Sicherlich haben auch die Gläubigen in Rom für Paulus gebetet, weil er sie darum bat und ihnen ein konkretes Anliegen mitteilte.

Doch es gibt auch Situationen, in denen wir die Bedürfnisse oder Nöte anderer nicht genau kennen und Gott trotzdem möchte, dass wir zur richtigen Zeit für sie beten. Manchmal legt Er uns dann durch den Heiligen Geist plötzlich ein Gebetsanliegen aufs Herz, für das wir spontan beten sollen. Wenn wir eine Last empfinden, für jemanden zu beten, dann sollten wir es unbedingt so schnell wie möglich tun.

Dazu zwei Beispiele, die das unterstreichen:

Eine Christin wachte eines Nachts auf und hatte plötzlich den starken inneren Drang, für ein Missionars-Ehepaar zu beten, das unter unerreichten Stämmen arbeitete. Am nächsten Morgen schrieb sie einen Brief, in dem sie das Ehepaar über die besondere Gebetslast informierte und fragte, wie es ihnen gehe.

Die Missionare erhielten ähnliche Briefe von Gebetspartnern, die sie auf fünf verschiedenen Kontinenten hatten. Alle hatten zu dem bestimmten Zeitpunkt eine besondere Last empfunden, die sie dazu drängte, für die Missionare im Gebet zu kämpfen.

Es stellte sich heraus, dass genau zu dem Zeitpunkt, an dem so intensiv für das Ehepaar gebetet wurde, der Mann mit den Händen gefesselt vor einem Eingeborenen stand, der im Begriff stand, ihn mit seinem Speer zu durchbohren. Plötzlich erschien ein anderer Mann vom gleichen Stamm, sprach mit dem ersten, woraufhin dieser wegging und den Missionar unbeschadet zurückließ.

Auch Isobel Kuhn und ihr Mann haben erlebt, wie Gott plötzlich, auf für sie unerklärliche Weise, Dinge verändert hat: Sie erlebten viel Widerstand in dem chinesischen Dorf, in dem sie dem Herrn dienten. Für längere Zeit schien es ihnen fast unmöglich, dass die Menschen dort ihre sündigen Gewohnheiten verlassen und sich zu Christus wenden würden.

Doch eines Tages trat eine erstaunliche Veränderung ein, die sie sich nicht erklären konnten. Drei zerstrittene Familienclans bereinigten ihre Meinungsverschiedenheiten und plötzlich schenkte der Herr viele Bekehrungen.

Nach einiger Zeit erhielten die Kuhns einen Brief von einer Gebetskämpferin, die ihnen mitteilte, dass genau zu der Zeit, in der die Veränderung in China geschah, sie eine so starke Gebetslast für die Familie und ihre Arbeit bekommen habe, dass sie eine weitere Gebetsschwester anrief und mit ihr darüber sprach.

> **„Aufdringlichkeit bringt das Gebet an den Punkt des Glaubens. Ein Geist, der auf etwas besteht, bringt einen Mann an den Punkt, an dem der Glaube den Segen beansprucht und ergreift."**
> (Edward M. Bounds)

Diese Schwester teilte ihr mit, dass auch sie eine besondere Last aufs Herz gelegt bekommen hatte, für die Arbeit in China zu beten. So entschlossen sie sich dazu, noch eine dritte Schwester anzurufen. Alle drei haben von ihren Küchen aus intensiv Fürbitte getan. Während sie beteten antwortete der Herr und bewirkte, dass tausende Kilometer entfernt viele Seelen gerettet wurden. (J.O. Sanders / *Prayer Power Unlimited* / Moody Press)

> **Hast du ein Bewusstsein dafür, dass Gott
> dir eine Gebetslast für jemanden oder etwas
> geben kann? Welche Erfahrungen hast du
> dahingehend gemacht? Sei sensibel für das
> Wirken des Geistes in dir und gehorche Seiner
> Stimme, wenn Er dich auffordert, für ein
> konkretes Anliegen zu beten!**

Notizen:

....

....

....

....

....

....

....

....

....

....

....

....

....

....

Niemals allein!

„Siehe, ich bin bei euch alle Tage bis zur Vollendung des Zeitalters." (Mt 28,20)

Gottes Zusagen sind wie ein Anker für die Seele. Sie geben uns Halt und Sicherheit in den Stürmen, durch die wir gehen. Das gilt besonders dann, wenn wir einsam sind und es vielleicht niemanden in unserem Umfeld gibt, der uns versteht oder der nur mitempfinden kann, wie wir uns fühlen.

Als Gott Mose einen Auftrag erteilte, gab Er Ihm auch die Zusage: „Denn ich werde mit dir sein" (2.Mo 3,12 [Fußnote in der Elberfelder Übersetzung]). Anschließend machte Mose sich auf und tat mächtige Dinge „mit der Hand des Engels, der ihm in dem Dornbusch erschienen war" (Apg 7,35). Später, als der Mann Gottes den Stab an Josua übergab, bekam dieser die Zusage: „So, wie ich mit Mose gewesen bin, werde ich mit dir sein; ich werde dich nicht versäumen und dich nicht verlassen" (Jos 1,5).

Auch Gideon, der das Volk von den Midianitern befreien sollte, und Jeremia, der die schwierige Aufgabe hatte, unter dem Volk Gottes zu weissagen, hörten die Worte des HERRN: „Ich werde mit dir sein" (Ri 6,16). Wenn Gott uns zu etwas beruft, dann dürfen wir sicher sein, dass Er auch bei uns sein wird, bis wir den Auftrag erfüllt haben.

Der Sohn Gottes gab Seinen Jüngern den Befehl, in die ganze Welt zu gehen und alle Nationen zu Jüngern zu machen. Direkt im Anschluss versicherte Er ihnen, dass Er bei ihnen sein würde (s. Mt 28,20). Im Markus-Evangelium wird anschließend gesagt: *„Sie aber gingen aus und predigten überall, wobei der Herr mitwirkte und das Wort bestätigte durch die darauf folgenden Zeichen"* (Mk 16,19). Wunderbar! Der Herr wirkte mit – und ließ sie nicht im Stich!

Im Laufe der Jahrhunderte haben viele Christen in den Worten Jesu: „Siehe, ich bin bei euch alle Tage" tiefen Trost und Ermutigung gefunden. Beeindruckend ist in diesem Zusammenhang auch die Geschichte von John Paton, der sich fest auf diese Verheißung des Herrn gestützt hat:

„Mut ist Angst, die gebetet hat."
(Corrie ten Boom)

„Sein Mut kam durch seine persönliche Gemeinschaft mit Jesus. Die Schönheit dieser Gemeinschaft erreichte ihre höchsten und tiefsten Ausformungen, als Christi Verheißungen einen bedrängten Missionar erreichten, der am Rand der Ewigkeit schwebte.

Die Verheißung wurde direkt im Zusammenhang mit dem Missionsbefehl gegeben: »Geht nun hin und macht alle Nationen zu Jüngern ... Und siehe, ich bin bei euch alle Tage bis zur Vollendung des Zeitalters« (Mt 28,19.20). Mehr als jede andere Verheißung gab diese Zusage John Paton in all seinen Gefahren die Gewissheit, dass der Herr Jesus Christus ganz nahe war und ihm wirklich zur Seite stand.

Nach der Masern-Epidemie, die auf den Inseln Tausende dahinraffte und wofür man die Missionare verantwortlich machte, schrieb er: »Ich fühlte mich während der Krise gewöhnlich ganz ruhig. Meine Seele war fest, und ich stützte mich völlig auf die Verheißung: ‚Siehe, ich bin bei euch alle Tage.' Kostbare Verheißung! Wie oft habe ich Jesus dafür angebetet und mich daran erfreut! Gepriesen sei sein Name!« Die Kraft dieser Verheißung bestand darin, dass Christus in Krisensituationen für Paton real war. Sie war weit größer als alle anderen Bibelstellen oder Gebete:

»Ohne das bleibende Bewusstsein der Gegenwart und der Kraft meines liebenden Herrn und Heilandes hätte mich nichts sonst in der Welt davor bewahren können, den Verstand zu verlieren und elend umzukommen. In seinen Worten: ‚Siehe, ich bin bei euch alle Tage bis zur Vollendung des Zeitalters', wurde er mir so real, dass ich mich nicht verwundert hätte, ihn wie Stephanus als denjenigen zu sehen, der auf die Erde herabblickte.

Ich spürte seine hindurchtragende Macht ... Es ist die nüchterne Wahrheit, und ich erinnere mich noch zwanzig Jahre später gern daran, dass der hochgelobte Herr mir nie so nahe war und mir nie in so kostbarer Weise zur Seite stand wie in jenen schrecklichen Augenblicken, wenn Musketen, Keulen oder Speere auf mich gerichtet waren. O welch ein Segen, so zu leben und zu leiden, wenn man »den Unsichtbaren sieht!«" (*John Paton – Missionar unter Südseekanibalen* / CLV)

> *Welche Gründe gibt Gott dir in seinem Wort,*
> *dass du dich nicht zu fürchten brauchst,*
> *wenn Er dich an einen neuen Ort sendet? Was*
> *bedeutet es, wenn Gott sagt, dass Er mit je-*
> *mandem ist? Hab keine Angst, wenn Gott dich*
> *ruft! „Mein Angesicht wird mitgehen, und ich*
> *werde dir Ruhe geben" (2. Mo 33,14).*

Notizen:

. . . .

. . . .

. . . .

. . . .

. . . .

. . . .

Die Bitten Gottes auf dem Herzen haben

„Und dies ist die Zuversicht, die wir zu ihm haben, dass, wenn wir etwas nach seinem Willen bitten, er uns hört. Und wenn wir wissen, dass er uns hört, um was irgend wir bitten, so wissen wir, dass wir die Bitten haben, die wir von ihm erbeten haben." (1. Joh 5,14.15)

Es kommt vor, dass Gläubige während ihres Gebets die Gewissheit bekommen, dass der Herr ihnen eine bestimmte Bitte aufs Herz gelegt hat. Während sie diese Bitte im Gebet aussprechen, bekommen sie Frieden darüber, dass Gott diese ganz sicher erhören wird. Das wird allerdings nur geschehen, wenn wir ein reines Gewissen haben, in Gemeinschaft mit dem Herrn leben, uns Seinem Willen unterwerfen und Ihn zum Mittelpunkt ihres Lebens machen (s. 1. Joh 3,21.22; Joh 15,7). Wie David in Psalm 37 schreibt: „Ergötze dich an dem HERRN: So wird er dir geben die Bitten deines Herzens" (Ps 37,4).

Amy Carmichael hat die Verse in 1. Johannes 5,14.15 ganz praktisch auf ihr Leben angewandt. Sie sehnte sich danach, beim Beten die Bitten auszusprechen, die von Gott selbst kommen, um dann zu erleben, wie Er auf diese Gebete antwortet. Als sie vor vielen Jahren als Missionarin in Japan tätig war, hat sie diese Erfahrung mehrmals gemacht. Sie hat nicht willkürlich gebetet, sondern sich vom Geist Gottes leiten lassen:

„Amy plante Hirosi, ein großes buddhistisches Dorf zu besuchen, in dem nur acht oder neun Christen leuchteten »wie Sterne in der Nacht«. Doch sie wollte sich darauf vorbereiten, indem sie gemäß dem betete, was Gott dort tun wollte. Wenn sie sich dessen sicher sein würde, könnte sie mit Glauben beten.

Jahre später entdeckte sie, dass Julian von Norwich eine ähnliche Ansicht über das Gebet gehabt hatte: »Ich bin die Grundlage deines Flehens: Erstens ist es mein Wille, dass du es haben sollst; anschließend gebe ich den Wunsch in dein Herz; und schließlich bringe ich dich dazu, es zu erflehen, und du erflehst es. Wie könnte es dann sein, dass dein Flehen nicht erhört würde?«

Während sie betete, fühlte sie sich »im Geist genötigt«, um eine Seele zu bitten, eine einzige Seele. Am nächsten Tag ging sie mit Misaki San nach Hirosi, und ein junger Seidenweber »kreuzte ihren Weg«. Er wurde noch am selben Abend Christ. Einen Monat später gingen sie erneut. Diesmal betete sie um zwei Seelen. Der Seidenweber brachte einen Freund mit, der »Frieden fand«, und auch eine alte Frau bekehrte sich.

Zwei Wochen vergingen. Wieder gingen sie los, wieder fragten sie Gott, was Er tun wolle, und die Antwort war, dass vier Seelen ihren Weg kreuzen würden. Zu diesem Zeitpunkt hatten andere Missionare in Matsuye in das Gebet mit eingestimmt. Einer der Männer fühlte, dass es etwas viel sein würde, um vier Seelen zu bitten, war jedoch damit einverstanden, für zwei zu beten.

Als die Frauen ankamen, erschienen die Dinge alles andere als ermutigend. Die Christen in Hirosi scheuten sich davor, um vier Seelen zu bitten. Niemand in der Stadt schien auch nur das geringstes Interesse zu zeigen. Der Teufel schoss seine üblichen Pfeile des Zweifels ab: »Du kannst nicht jedes Mal Bekehrungen erwarten. Das ist ziemlich anmaßend. Finde dich damit ab, mit leeren Händen nach Matsuye zurückzukehren!«

Die Angelegenheit wurde umso schwieriger, weil von Amy verlangt wurde, nicht darauf zu bestehen, dass es angebracht ist, dass Neubekehrte ihre Götzen verbrennen. Unmöglich durfte bekannt werden, dass Christen dies tun mussten – es würde alle fragenden Seelen zurückschrecken. Amy blieb hartnäckig und sah sich dem gegenüber, was sie »die Golgatha-Seite des Werkes nannte; etwas, das allein mit dem Christus von Golgatha durchgestanden werden konnte.«

Die Gläubigen luden Amy zu Gebetstreffen ein und baten den Herrn, ihr die Augen zu öffnen und ihr die Torheit kundzutun, japanische Gepflogenheiten zu übertreten. Dann baten sie sie, die Götzen nicht mehr zu erwähnen.

> **„Durch Glauben wird das Unsichtbare ebenso wirklich, ebenso nahe, wie wenn es tatsächlich vor unseren Augen wäre, ja, weit mehr sogar, denn vom Sichtbaren wird man enttäuscht, während es dem, was der Geist dem Herzen mitteilt, keine Enttäuschungen gibt."**
>
> (John N. Darby)

Doch die Wahrheit war ihr wertvoller als Erfolg. „Ich konnte nicht eine Seele erkaufen, wenn ich dafür die Wahrheit opferte. Die Tatsache, dass viele sich abkehren könnten, konnte nicht beweisen, dass dieser Kurs falsch war, denn in Johannes 6,66 lesen wir: »Von da an [nämlich der „harten Rede"] gingen viele seiner Jünger zurück und wandelten nicht mehr mit ihm.« Der Knecht ist nicht größer als sein Herr.

In der Evangelisationsversammlung an diesem Nachmittag schauten die Menschen sie an, lächelten, und fühlten nichts. Es fühlte sich an wie ein Gefängnis voll spottender Geister.

Amy war gerade dabei, einen Abschluss zu machen, als eine Frau sagte: »Ich will glauben.« Dann kam ihr Sohn und kniete nieder. Auf dem Rückweg von der Versammlung hielt Amy am Haus von Christen an, die einen Freund bei sich hatten, der darauf wartete, sie nach dem Weg des Heils zu fragen. Dieser Freund war Nummer drei. Wo war Nummer vier? »Nun«, sagte ein Mann, »es muss meine Frau sein. Sie möchte zu Jesus gehören, aber sie ist auswärts in ihrem Heimatdorf.« Früh am nächsten Morgen kam sie zurück und bekannte vor ihren Angehörigen ihren Wunsch, ein Christ zu werden.

Vier Wochen später spürte Amy einen unwiderstehlichen göttlichen Druck, nach 1. Johannes 5,14.15 zu bitten: »Und dies ist die Zuversicht, die wir zu ihm haben, dass, wenn wir etwas nach seinem Willen bitten, er uns hört. Und wenn wir wissen, dass er uns hört, um was irgend wir bitten, so wissen wir, dass wir die Bitten haben, die wir von ihm erbeten haben.« Was war dieses Mal die Bitte? Acht Seelen in Hirosi.

Wieder kam es zu Widerstand seitens der Christen dort. Um etwas zu bitten, was sie nicht empfangen würden, würde »ein sehr schlechtes Ereignis« sein. Amy hatte keine Zweifel, dass Gott die acht Seelen geben würde, und bot an, länger zu bleiben, um Ihm Zeit zu geben. Nein, sie konnten unmöglich weitere Veranstaltungen organisieren. So las Amy, die nicht daran dachte, aufzugeben, Gebetsverheißungen.

Der gute alte Unterhirte hatte mit Amy über jede aufkommende Angelegenheit gestritten, während seine ganze Seele gegen ihre kategorischen Imperative protestierte. Diesmal sah er ein, dass Widerstand vergeblich sein würde. Langsam erhob er sich, und sprach ebenso langsam: »Du bist eine, die mit Jesus wandelt; wenn Seine Stimme zu dir spricht, auch wenn sie nicht zu uns spricht, werden wir glauben.« In Seiner Gnade (Er kennt das Maß des Glaubens, das Er jedem zugemessen hat) erleuchteten nun acht weitere Sterne den Himmel Hirosis.

Später in Indien, als eine große Entscheidungsverantwortung auf ihr lag, erinnerte sich Amy an die Worte des Unterhirten und wurde in ihrer Entschlossenheit gestärkt, als indische Mitarbeiter ihr Urteilsvermögen in Frage stellten.

Was war mit dem nächsten Besuch? Sechzehn? Nein. Es wurde keine Zahl auf Amys Herz gelegt. Sie gingen nach Hirosi und hielten die üblichen Versammlungen ab, sie beteten gemeinsam mit all den Christen dort. Einige kamen zu Jesus, doch Amy wusste nicht, wie viele es waren." (F. Houghton / *Amy Carmichael von Dohnavur* / Brockhaus Verlag)

> **Eventuell könnten Kritiker behaupten, Amy Carmichael habe Gott durch ihr Verhalten unter Druck gesetzt. Warum trifft diese Aussage nicht zu? Warum können wir zu Mitarbeitern Gottes werden, wenn wir beten?**
> **Wie kannst du mehr an den Punkt kommen, dass du die Bitten, die von Gott kommen, auf dem Herzen hast?**

Notizen:

. . . .

. . . .

. . . .

. . . .

. . . .

. . . .

. . . .

. . . .

. . . .

. . . .

. . . .

Gott ist treu!

„Ihr wisst mit eurem ganzen Herzen und mit eurer ganzen Seele, dass nicht ein Wort hingefallen ist von all den guten Worten, die der HERR, euer Gott, über euch geredet hat: Sie sind euch alle eingetroffen, nicht ein Wort davon ist hingefallen." (Jos 23,14)

Gott möchte, dass wir Sein Wort und Seine Zusagen ernst nehmen. Wie können wir Ihm zeigen, dass wir das tun? Indem wir Ihn mit Vertrauen im Gebet immer wieder an das erinnern, was Er versprochen hat. Der Psalmist hat das getan und gesagt: „Gedenke des Wortes an deinen Knecht, auf das du mich hast harren lassen! Dies ist mein Trost in meinem Elend, dass deine Zusage mich belebt hat" (Ps 119,49.50).

Wir sehen das auch in Verbindung mit dem Volk Israel: Gott hatte ihnen die Verheißung gegeben, dass Er sie einmal wiederherstellen und zum Zentrum des Segens auf der Erde machen würde. Trotzdem – oder besser gesagt: genau deshalb – fordert Jesaja sie dazu auf, den HERRN an Seine Zusagen zu erinnern: „Ihr, die ihr den HERRN erinnert, gönnt euch keine Ruhe und lasst ihm keine Ruhe, bis er Jerusalem befestigt und bis er es zum Ruhm macht auf der Erde!" (Jes 62,6.7).

Auch David hat Gott in dieser Weise beim Wort genommen. Als er durch den Propheten Nathan eine Verheißung Gottes bekommen hatte, betete er anschließend: „Und nun, Gott, HERR, das Wort, das du über deinen Knecht und über sein Haus geredet hast, halte aufrecht in Ewigkeit, und tu, wie du geredet hast! ... Denn du, HERR der Heerscharen, Gott Israels, hast dem Ohr deines Knechtes eröffnet und gesagt: Ich werde dir ein Haus bauen; darum hat dein Knecht sich ein Herz gefasst, dieses Gebet zu dir zu beten... So lass es dir nun gefallen und segne das Haus deines Knechtes, dass es ewig vor dir sei; denn du, Herr, HERR, hast geredet, und so werde mit deinem Segen das Haus deines Knechtes gesegnet auf ewig!" (2. Sam 7,25.27.29).

Salomo greift dann die Zusagen Gottes an David im Gebet auf und sagt: „Und nun, Gott Israels, mögen doch deine Worte sich als wahr erweisen, die du zu deinem Knecht David, meinem Vater, geredet hast!" (1. Kön 8,26).

Gott gefällt es, wenn wir Ihn im Gebet an Seine Treue hinsichtlich Seiner Zusagen erinnern und Ihn darum bitten, diese Wirklichkeit werden zu lassen. Es ist daher nicht dreist oder respektlos, sondern ein Zeichen lebendigen Glaubens, wenn wir beten: „Du hast doch gesagt ..." und Gott dann Seine Verheißungen vorstellen. Wir müssen Ihn ernst nehmen – und ruhig auf Sein Wort vertrauen! „Meine Seele schmachtet nach deiner Rettung, ich harre auf dein Wort... Mein Bergungsort und mein Schild bist du; auf dein Wort harre ich" (Ps 119,81.114).

> **„Die Tage eines Christenlebens sind wie Diamanten der Gnade, die auf die goldene Schnur göttlicher Treue gezogen sind."**
> (Charles H. Spurgeon)

Als der bekannte Missionar David Livingstone seine erste Reise nach Afrika unternahm, begleiteten ihn einige Freunde bis zum Schiff, um sich von ihm zu verabschieden.

Da sie ihn liebten, waren sie um seine Sicherheit in dem fremden Land besorgt. Einer von ihnen versuchte ihn noch in letzter Minute zu überreden, die Reise doch nicht anzutreten. Livingstone war jedoch davon überzeugt, es sei Gottes Wille, dass Er gehen sollte. Er öffnete seine Bibel und las seinen um ihn besorgten Freunden die Worte Jesu vor: „Ich bin bei euch alle Tage bis an der Welt Ende!" Dann sagte Livingstone: „Das, meine Freunde, ist das Wort eines Ehrenmannes. Lasst uns darum gehen."

Viele Jahre später wurde er eingeladen, an der Universität Glasgow zu sprechen. Dort stellte er folgende Frage an die Zuhörer: „Wollt ihr, dass ich euch sage, was mir die größte Hilfe in all den Jahren einer Verbannung unter den Leuten war, deren Sprache ich nicht verstand und deren Einstellung mir gegenüber allezeit eine unsichere und oft eine feindliche war? Das war das Wort Jesu: »Ich bin mit dir allezeit bis an das Ende der Welt.« Auf dieses Wort hin setzte ich alles aufs Spiel, und ich wurde nie enttäuscht!" (W.G. Blaikie / *The Personal Life of David Livingstone* / Moody Press)

Wenn wir einmal in der Herrlichkeit sind und dann zurückblicken, werden wir mit voller Überzeugung sagen: „Kein Wort fiel dahin von all den guten Worten, die der HERR ... geredet hatte; alles traf ein" (Jos 21,45).

Inwiefern betest du dafür, dass Gott Seine Zusagen auch in deinem Leben und in deinem Umfeld Wirklichkeit werden lässt? Welche Hinderungsgründe gibt es für dich, Gott tatsächlich beim Wort zu nehmen und daraufhin Glaubensschritte zu tun? Gott sagt: „Ich werde über mein Wort wachen, es auszuführen"
(Jer 1,12).

Notizen:

. . . .

. . . .

. . . .

Die Blickrichtung des Glaubens

Der Geber der Verheißung

„Als sie aber ihre Augen erhoben, sahen sie niemand als Jesus allein." (Mt 17,8)

Lebendiger Glaube richtet sich nicht nur auf das Versprechen Gottes, sondern er hat Gott selbst vor Augen. Ich glaube nicht nur an die Verheißungen der Bibel, sondern ich setze mein Vertrauen in den lebendigen Gott, den Autor der Heiligen Schrift. Der Glaube vertraut darauf, dass Er vertrauenswürdig ist. Gott zu vertrauen ist das Rationalste, Gesundeste und Logischste, was ein Mensch tun kann.

Jeremia spricht genau davon, wenn er sagt: „Gesegnet ist der Mann, der auf den HERRN vertraut und dessen Vertrauen der HERR ist!" (Jer 17,7). Für uns bedeutet das, dass wir uns nicht nur auf die Worte und Zusagen Jesu stützen, sondern dass wir Ihn selbst zum Inbegriff unseres Vertrauens machen! Wir haben Ihn vor Augen – das macht uns Mut und gibt uns Kraft! Die Kraft liegt nicht im Glauben, sondern in dem, auf den der Glaube gerichtet ist.

Abraham wird im Wort Gottes mehrfach als Glaubensvorbild vor uns gestellt. Es ist daher sehr lehrreich, zu sehen, worauf sein Glaube fokussiert war. Paulus schreibt dazu im Römerbrief: Abraham glaubte „dem Gott, ... der die Toten lebendig macht und das Nichtseiende ruft, wie wenn es da wäre" (Röm 4,17). Mit 99 Jahren lernte der Patriarch Gott als den Allmächtigen kennen (s. 1. Mo 17,1). Diese neue Erkenntnis über seinen Schöpfer stärkte seinen Glauben und lenkte seinen Blick weg von sich selbst und hin auf den großen El-Shaddai.

Bei Hiob sehen wir etwas Ähnliches: Nachdem er einen tiefen Eindruck von der Größe und Herrlichkeit Gottes bekommen hat, sagt er: „Mit dem Gehör des Ohres hatte ich von dir gehört, aber nun hat mein Auge dich gesehen" (Hi 42,5). Was schlussfolgert er daraus?

„Ich weiß, dass du alles vermagst und kein Vorhaben dir verwehrt werden kann" (Hi 42,2).

Je größer der Geber der Verheißung vor unseren Augen steht, desto mehr werden wir uns im Glauben auf das stützen, was Er versprochen hat! Deshalb sollten wir uns viel mit der Größe, der Kraft und der Souveränität Gottes beschäftigen. Das wird uns helfen, im Glauben zu wachsen, Gott mehr zu vertrauen und Ihm auch mehr zuzutrauen.

> **„Wir brauchen keinen großen Glauben; sondern wir brauchen Glauben an einen großen Gott!"**
> (Hudson Taylor)

David war im Alten Testament der Mann nach dem Herzen Gottes. Er hatte ein tiefes Bewusstsein von der Größe Gottes und sagte: „Groß ist der HERR und sehr zu loben, und seine Größe ist unerforschlich" (Ps 145,3). Außerdem verlangte er danach, Gott zu sehen und Seine Schönheit vor Augen zu haben (s. Ps 27,4). Er wusste, wie entscheidend die richtige Blickrichtung ist, weshalb er schrieb: „Sie blickten auf ihn und wurden erheitert, und ihre Angesichter wurden nicht beschämt" (Ps 34,6).

Wenn schon ein Mann aus dem Alten Testament so reden konnte, wie viel mehr sollte das dann bei uns der Fall sein! Warum? Weil wir wissen, dass jetzt ein verherrlichter Mensch zur Rechten Gottes ist. Mit den Augen unseres Herzens können wir Ihn jetzt schon im Glauben sehen, wie geschrieben steht: „Wir sehen aber Jesus … mit Herrlichkeit und Ehre gekrönt" (Heb 2,9). Deshalb werden wir auch ausdrücklich genau dazu ermutigt: „Hinschauend auf Jesus, den Anfänger und Vollender des Glaubens, der … sich gesetzt hat zur Rechten des Thrones Gottes" (Heb 12,2).

„Das Geheimnis unseres Versagens ist, dass wir Menschen anstatt Gott sehen. Die römische Kirche erzitterte, als Luther Gott sah. Die »große Erweckung« brach aus, als Jonathan Edwards Gott sah. Schottland wurde überwunden, als John Knox Gott sah. Die Welt wurde das Kirchspiel eines Mannes, als John Wesley Gott sah. Große

Scharen Menschen wurden errettet, als Whitefield Gott sah. Und Er ist »derselbe gestern, heute und in Ewigkeit." (*Der kniende Christ* / Herold Verlag)

Gerade im Buch Jesaja wird immer wieder betont, dass Gott einzigartig und unvergleichlich ist – im Gegensatz zu den nichtigen Götzen, die Menschen erfunden haben. Als das Volk Israel zur Zeit Elias einem dieser Götzen, dem Regengott Baal, hinterherlief, offenbarte der ewige Schöpfer, dass Er hoch und erhaben über allen Göttern steht. Wie hat Er das getan? Indem Er Feuer vom Himmel fallen ließ und anschließend die Fenster des Himmels öffnete – woraufhin ein gewaltiger Regen losbrach.

Watchman Nee hat in dieser Hinsicht einmal eine besondere Erfahrung gemacht, als er mit anderen Predigern in China das Evangelium verkündigte:

„Die Feierlichkeiten in dem chinesischen Dorf Meihua waren in vollem Gange. Familien machten zeremonielle Besuche und verbrannten Räucherwerk für ihre Ahnen. Ehemänner lachten und spielten. Riesige Festgelage wurden vorbereitet und den Hausgöttern wurden Opfer dargebracht. Nachts erhellte Feuerwerk den Himmel.

Watchman Nee und sechs andere junge Prediger versuchten, die Frohe Botschaft von Jesus Christus an die Menge der lärmenden Festgesellschaft weiterzugeben. Sie verteilten sich über das ganze Dorf und predigten an Straßenecken. Einige wenige blieben stehen, um zuzuhören, aber die meisten hasteten vorbei.

Am neunten Tag schließlich schrie Li Kuo-ching, der jüngste Prediger und ein Neuling im Glauben, frustriert in die Menge:

»Was ist los? Warum wollt ihr nicht glauben?«

Ein Dorfbewohner zuckte die Achsel: »Warum sollten wir? Wir haben unseren eigenen Gott, Ta-wang (Großer König). Sein Festtag ist in zwei Tagen. Und seit 268 Jahren hat uns Ta-wang immer Sonnenschein geschickt an seinem Festtag. Er ist sehr zuverlässig.«

»Dann verspreche ich dir«, schrie Li, »dass unser Gott, der einzig wahre Gott, es an Ta-wangs Festtag regnen lassen wird!« Mit einem Schlag waren die Dorfbewohner interessiert. Das war wie ein Spiel, ein Wettkampf. »Einverstanden!«, schrien sie. »Wenn es an Ta-wangs Festtag regnet, dann ist dein Jesus der richtige Gott. Dann werden wir dir zuhören, wenn du von Ihm erzählst!«

> **„Denn wer ist Gott, außer dem HERRN, und wer ein Fels, als nur unser Gott? Der Gott, der mich mit Kraft umgürtet und vollkommen macht meinen Weg."**
> (Ps 18,32.33)

Die Nachricht von Lis Herausforderung breitete sich wie ein Lauffeuer im Dorf aus. Watchman Nee war entsetzt, als er davon hörte. Li war jung und unerfahren. Er hatte Gott in einer unwürdigen Weise auf den Prüfstand gestellt. Was geschah, wenn Gott entschied, es an dem betreffenden Tag nicht regnen zu lassen? Wenn es nicht regnen würde, hätten sie in Zukunft hier nicht einen einzigen Zuhörer mehr.

Aber als die jungen Männer am Abend predigten, spürte Watchman, wie Gott zu ihm sprach: »Wo ist der Gott des Elia?« Watchman erinnerte sich, wie der Prophet Elia die Baalspriester in ähnlicher Weise herausgefordert hatte. Sowohl die Baalspriester, als auch Elia hatten Altäre errichtet und Tiere geopfert. Elia goss sogar noch eimerweise Wasser über seinen Opferaltar. Aber nur Elias Gott, der wahre Gott, hatte Feuer geschickt, das den Altar vollständig verbrannte.

Jetzt waren alle sieben jungen Prediger gespannt. Sie waren ganz sicher, dass der Gott des Elia, den sie verkündigten, an Ta-wangs Festtag Regen schicken würde.

Als die kleine Gruppe am Morgen des Festtages erwachte, strahlte die Sonne durch die Fenster. Watchman fühlte sich gedrängt zu beten: »Ach Herr, bitte lass es regnen!«, aber die kleine Stimme sagte: »Wo ist der Gott des Elia?«

Also setzten die jungen Männer sich zum Frühstück hin, anstatt Gott anzuflehen. Als sie die Köpfe zum Dankgebet neigten, klatschten die ersten Regentropfen gegen die Scheibe. Als sie die erste Schale Reis geleert hatten, fiel der Regen dicht und dauerhaft. Bei der zweiten Reisschale war daraus ein Platzregen geworden.

Bei den ersten Regentropfen hatten einige der Dorfbewohner gesagt: »Jesus ist Gott! Ta-wang gibt es nicht mehr!« Aber Ta-wangs Priester bestanden darauf, die Statue ihres Götzen in einer Parade durchs Dorf zu tragen. Ganz bestimmt würde ihr Gott den Regen an seinem Festtag aufhören lassen!

Aber in der Zwischenzeit waren die Straßen völlig überflutet und die Marschierenden stolperten und rutschten. Das Götzenbild fiel herunter, der Kiefer zerbrach und der linke Arm fiel ab. Zu diesem Zeitpunkt fieberte das ganze Dorf den Predigten über Gott entgegen. Satans Macht zerbrach, als der Götze zu Boden stürzte." (D. & N. Jackson / *Glaubenshelden* / CLV)

> **Auf welche Weise zeigt Gott heute noch, dass Er absolut einzigartig und unvergleichlich ist? Wie oft denkst du über die Größe, die Kraft und die Souveränität Gottes nach? Wie kannst du den Herrn zum Inbegriff deines Vertrauens machen?**

Notizen:

. . . .
. . . .
. . . .
. . . .
. . . .
. . . .
. . . .
. . . .
. . . .
. . . .
. . . .
. . . .
. . . .
. . . .
. . . .
. . . .
. . . .
. . . .
. . . .
. . . .
. . . .
. . . .
. . . .
. . . .

Der Glaubensblick Abrahams

Mit der Schöpfermacht des Ewigen vor Augen, glaubt Abraham „dem Gott, ... der die Toten lebendig macht und das Nichtseiende ruft, wie wenn es da wäre" (Röm 4,17). Das Besondere an seinem Glauben ist das tiefe Vertrauen, dass Gott imstande ist, Leben aus dem Tod hervorzubringen – obwohl bis zu diesem Zeitpunkt noch nie ein Mensch aus den Toten auferweckt worden war.

Wir haben es heute deutlich leichter, denn wir kennen das Ende der Geschichte. Außerdem wissen wir, dass Gott, der Vater, Seinen einzigartigen Sohn durch Seine Herrlichkeit auferweckt hat (s. Röm 6,4). Genau diese göttliche Kraft hat auch an uns gewirkt. Paulus nennt sie die „überragende Größe seiner Kraft an uns, den Glaubenden, nach der Wirksamkeit der Macht seiner Stärke" (Eph 1,19).

Die Schöpfung ist ein Zeugnis von der ewigen Kraft Gottes (s. Röm 1,20). Sie gibt uns einen Eindruck davon, was der Allmächtige zu tun vermag. Wenn wir die Dinge betrachten, die Gott geschaffen hat, sollte uns das Mut machen, Ihm in jeder Situation unseres Lebens zu vertrauen. Wie der Psalmist treffend sagt: „Ich erhebe meine Augen zu den Bergen: ... Meine Hilfe kommt von dem HERRN, der Himmel und Erde gemacht hat" (Ps 121,1.2).

> **„Mein Auge ist nicht auf die Dicke des Nebels, sondern auf den lebendigen Gott gerichtet, der alle Umstände meines Lebens kontrolliert."**
> (Georg Müller)

Wenn wir unsere Probleme und Schwierigkeiten im Licht der Größe Gottes sehen, gewinnen wir Hoffnung und Zuversicht, denn größer als der Helfer ist die Not ja nicht.

Georg Müller hatte genau dafür einen klaren Blick. Er sah nicht auf die Umstände, sondern auf den, der über den Umständen steht und über alles regiert. Als er einmal mit dem Schiff unterwegs nach Amerika war, geschah Folgendes:

„Obwohl der Atlantik rau war, blieb das Schiff im Zeitplan, bis es vor Neufundland in einen dichten Nebel kam. Kapitän Dutton war schon 24 Stunden lang auf der Brücke, als Müller an seine Seite trat: »Kapitän, ich bin gekommen, um Ihnen zu sagen, dass ich am Samstagnachmittag in Quebec sein muss.« »Das ist unmöglich «, sagte der Kapitän. »Sehr gut«, sagte Müller, »wenn Ihr Schiff mich nicht dahin bringen kann, wird Gott einen anderen Weg finden – ich habe in 52 Jahren noch nie eine Verabredung verpasst. Lassen Sie uns hinunter in den Kartenraum gehen und beten.«

Kapitän Dutton fragte sich, von welchem Irrenhaus Müller wohl entlaufen war: »Herr Müller, wissen Sie, wie dick dieser Nebel ist?« – »Nein, mein Auge ist nicht auf die Dicke des Nebels, sondern auf den lebendigen Gott gerichtet, der alle Umstände meines Lebens kontrolliert.«

Müller kniete dann nieder und betete ganz schlicht. Als er aufgehört hatte, wollte der Kapitän auch beten, aber Müller legte seine Hand auf seine Schulter. »Beten Sie nicht. Erstens glauben Sie nicht, dass Er antworten wird, und zweitens glaube ich, dass Er schon geantwortet hat und dass es überhaupt keine Notwendigkeit mehr gibt, dafür zu beten.« Kapitän Dutton sah Müller mit Erstaunen an. »Kapitän«, fuhr Müller fort, »ich kenne meinen Herrn 52 Jahre lang, und es hat niemals an etwas gefehlt, und mir ist immer eine Audienz bei dem König gewährt worden. Stehen Sie auf, Kapitän, und öffnen Sie die Tür, und Sie werden sehen, dass der Nebel weg ist.« Der Kapitän ging zur Tür und öffnete sie. Der Nebel hatte sich gelichtet."

(Roger Steer / *Georg Müller – Vertraut mit Gott* / CLV)

> **„Die sich auf Schiffen aufs Meer hinabbegeben, auf großen Wassern Handel treiben, diese sehen die Taten des HERRN und seine Wunderwerke in der Tiefe."**
>
> (Ps 107,23.24)

145

> **Wie oft denkst du über den Schöpfer nach, wenn du die Schöpfung vor Augen hast? Welche Beispiele aus Gottes Wort fallen dir ein, durch die Gott unseren Glauben in Verbindung mit Dingen, die Er geschaffen hat oder für die Er sorgt, stärken möchte?**

Notizen:

. . . .

. . . .

. . . .

. . . .

. . . .

. . . .

. . . .

. . . .

. . . .

. . . .

. . . .

. . . .

. . . .

. . . .

Dem Glaubenden ist alles möglich

Im Markus-Evangelium finden wir zwei sehr interessante Aussagen Jesu, die eng miteinander verbunden sind: „Bei Gott sind alle Dinge möglich" (Mk 10,27) und „Dem Glaubenden ist alles möglich" (Mk 9,23).

Warum ist dem Glaubenden alles möglich? Weil er mit dem lebendigen Gott rechnet, für den kein Ding unmöglich ist! Der Glaube verbindet uns mit dem Allmächtigen, für den es keine Grenzen gibt.

C.H. Mackintosh schreibt dazu: „Würden wir nur völliger mit dem Herrn rechnen, gäbe es keine Grenzen für unsere Segnungen. »Dem Glaubenden ist alles möglich« (Mk 9,23). Unser Gott wird nie sagen: »Ihr erwartet zu viel von mir.« Es ist die Freude Seines liebenden Herzens, den kühnsten Erwartungen des Glaubens zu entsprechen."

In welchem Kontext macht der Sohn Gottes die gewaltige Aussage: „Dem Glaubenden ist alles möglich" (Mk 9,23)? Er sagt diese Worte zu einem Vater, der Ihn darum bittet, seinen von einem Dämon gequälten Sohn zu heilen. Das sollte allen Eltern Mut machen, die für ihre Kinder beten! Wir dürfen dem Herrn vertrauen, dass Er sie von bösen Einflüssen retten und vor der Macht des Teufels bewahren kann!

Wir können die Worte Jesu aber auch auf unseren Dienst anwenden. Wenn Er uns einen Auftrag gibt, dann sollen wir darauf vertrauen und gewiss sein, dass Er uns alles geben wird, was zur Erfüllung der Aufgabe nötig ist – selbst wenn Er dafür Berge versetzen muss.

Edward Dennett hat treffend gesagt: „Niemand zieht jemals in eigenem Auftrag in den Krieg. Der Name des Herrn trägt, wenn er zu Recht geführt wird, eine Allmacht in sich. Als die Siebzig zum Herrn zurückkehrten, sagten sie: »Herr, auch die Dämonen sind uns untertan in deinem Namen.« Er antwortete ihnen: »Siehe, ich gebe euch die Gewalt, auf Schlangen und Skorpionen zu treten, und über die ganze Kraft des Feindes« (Lk 10,17.19). Die Aufgabe und die Kraft, um sie auszuführen, sind also eng miteinander verbunden. Ein tätiger Glaube ist die erforderliche Bedingung für den Gebrauch dieser Kraft.

Auf dieser Wahrheit müssen wir heute fest bestehen, wenn es vor dem Kommen des Herrn eine Wiederbelebung oder Wiederherstellung geben soll. Wir lesen: »Dem Glaubenden ist alles möglich« (Mk 9,23), und zweifeln nicht daran. Aber selten denken wir an die Möglichkeit, dass dieses Wort sich in unserer eigenen Erfahrung bewahrheiten könnte. Ein alter, erfahrener Gläubiger kannte das Geheimnis, wenn er sagte: »Herr, gib, was Du gebietest, und dann gebiete, was Du willst.«

Einerseits vermögen wir auch das geringste Seiner Gebote nur durch Seine Kraft in die Praxis umzusetzen. Andererseits ist es ebenso leicht, den größten Auftrag des Herrn auszuführen, wie den kleinsten, da dem Glauben immer genügend Kraft für den Dienst zur Verfügung steht."

John Paton, der als Missionar unter Südseekannibalen gearbeitet hat, konnte davon ein Lied singen:

> **„Wir sind solange unsterblich, bis unsere Aufgabe hier erfüllt ist."**
> (George Whitefield)

„Immer wieder stützte ihn sein Glaube auch in den bedrohlichsten und beängstigendsten Situationen. Als er versuchte, nach vier Jahren von Tanna zu entkommen, waren er und Abraham von wütenden Eingeborenen umringt, die sich dauernd gegenseitig anfeuerten, den ersten Schlag zu tun.

»Mein Herz erhob sich zu dem Herrn Jesus; ich sah, dass er die gesamte Szene beobachtete. Mein Friede kehrte zu mir zurück wie eine Woge von Gott. Mir wurde klar, dass ich unsterblich war, bis sein Werk mit mir getan war.

Diese Gewissheit kam über mich, als hätte eine Stimme aus dem Himmel zu mir gesprochen, dass keine Muskete abgefeuert werden konnte, uns zu verletzen, es keiner Keule gelang, uns zu treffen, kein Speer die Hand verlassen konnte, in der er vibrierte, um abgeworfen zu werden, kein Pfeil von einem feindlichen Bogen fliegen oder kein tödlicher Stein von der Hand eines Niederträchtigen fortgeschleudert werden durfte ohne die Erlaubnis Jesu Christi, der alle Macht hat im Himmel und auf Erden. Er regiert die gesamte Natur, die beseelte und die unbeseelte, und bezähmt sogar die Wilden der Südsee.«" (John Piper / *Gewürdigt zur Schmach* / CLV)

> **Was bedeutet es, dass dem Glaubenden alles möglich ist? Warum wird Gott geehrt, wenn wir Ihm vertrauen? Welche Erwartungen darfst du an Gott haben? Gibt es Bitten, die du bisher nicht Gott vorgebracht hast, weil sie dir „zu groß" oder „zu kühn" erschienen?**

Notizen:

. . . .

. . . .

. . . .

. . . .

. . . .

. . . .

. . . .

Gott kann!

„Und als sie aufblickten, sehen sie, dass der Stein weggewälzt ist – er war nämlich sehr groß." (Mk 16,4)

Der Glaube klammert sich nicht nur an das Wort Gottes, sondern er klammert sich an Gott selbst! Paulus wusste nicht nur was er geglaubt hatte, sondern er konnte auch aus tiefer Überzeugung sagen: „Ich weiß, wem ich geglaubt habe" (2. Tim 1,12).

Durch die wunderbaren Glaubenserfahrungen, die der Apostel mit seinem Herrn machte, gewann er die Kühnheit, anderen Gläubigen den Reichtum und die Herrlichkeit Gottes vorzustellen. Den Philippern versicherte er im Blick auf ihre finanziellen Bedürfnisse: „Mein Gott aber wird euch alles Nötige geben nach seinem Reichtum in Herrlichkeit in Christus Jesus" (Phil 4,19). Schließlich machte er den Männern, die sich mit ihm auf hoher See in großer Not befanden, Mut und sagte: „Deshalb seid guten Mutes, ihr Männer! Denn ich vertraue Gott, dass es so sein wird, wie zu mir geredet worden ist" (Apg 27,15).

Immer wieder spricht der Apostel von Dingen, die Gott zu tun vermag (s. Eph 3,20; 2. Kor 9,8; Röm 11,23; 14,4; 16,25; Phil 3,21; 4,13). Mit der Allmacht und Souveränität Gottes vor Augen schreibt er Timotheus: „Ich ... bin überzeugt, dass er mächtig ist, das ihm von mir anvertraute Gut aufzubewahren" (2. Tim 1,12). Gott besitzt zu jeder Zeit die Macht, um die Zusagen, die Er uns gegeben hat, in unserem Leben Wirklichkeit werden zu lassen. Das sollten wir nie vergessen!

In 2. Korinther 9,8 sagt Paulus: „Gott aber vermag jede Gnade gegen euch überströmen zu lassen, damit ihr in allem, allezeit alle Genüge habend, überströmend seid zu jedem guten Werk." Charles Stanley hat diese Erfahrung oft machen dürfen. Er erlebte wiederholt, wie Gott zum richtigen Zeitpunkt die Mittel schenkt, die benötigt werden, um einen Auftrag für Ihn auszuführen. Hier ist ein Beispiel, das der Evangelist selbst erzählt:

„Ich war nach Hull gereist, um mir dort einige Rechnungen bezahlen zu lassen. Mein Geschäft war damals noch sehr klein, und weil ich ziemlich sicher war, dass ich die Beträge bekommen würde, hatte ich kein Geld mitgenommen.

> **„Es ist unser großes Vorrecht und unsere Berufung, den Willen Gottes in der Kraft Gottes und zu Seiner Verherrlichung zu tun."**
> (James I. Packer)

An einem Samstagmorgen kam ich mit einigen Christen aus verschiedenen Orten zum Gebet und zum Lesen des Wortes zusammen. Da legte es mir der Geist Gottes aufs Herz, nach Scarborough zu gehen und dort zu predigen.

Ich zog mich allein in ein Zimmer zurück und bat den Herrn um Bestätigung von Ihm in dieser Sache. Er gab mir die bestimmte Gewissheit, dass ich gehen solle. Damals war es eine weite Reise über York, und ich hatte kein Geld, die Fahrkarte zu bezahlen. Aber der Herr wusste das ja.

Ich nahm meine Reisesachen und sagte den Freunden, bei denen ich logierte, dass ich den unmittelbaren Ruf des Herrn bekommen habe, nach Scarborough zu gehen. Ich war nie dort gewesen und kannte auch nur den Namen von einer einzigen Person an diesem Ort.

Ich ging aus dem Haus, und gerade als ich die Treppe zum Fahrkartenbüro hinaufging, rief ein Bruder A.J. mir zu: »Wir hören gerade, dass Sie sich nach S. gerufen fühlen, um dort morgen das Wort zu verkündigen. Ein Bruder möchte dieses Werk unterstützen und schickt Ihnen das zur Bestreitung Ihrer Kosten.« Ich glaube, es waren neun Dollar.

Unterwegs gab es einen kleinen Zusammenstoß, gerade an der Ecke des Wagens, wo ich saß. Die Wand wurde eingedrückt, aber niemand wurde verletzt. Nur dass wir alle durcheinandergeschüttelt waren. Dieser Unfall gab Anlass zu einem ernsten Gespräch mit einem schwer kranken jungen Mitreisenden. Dabei wurde es deutlich, dass der junge Mann um sein Seelenheil bekümmert war. Weil er aber, wie so viele, glaubte, durch eigene Werke noch etwas dem Werk Gottes hinzufügen zu müssen, hatte er keinen Frieden. Ich glaube, dass Gott Seine Botschaft an dieser Seele segnete. »Es ist vollbracht!« war eine wunderbare, ganz neue Wahrheit für ihn.

Als wir ganz in der Nähe von S. waren, fragte seine Mutter, die ihn begleitete und die glücklich war über die Freude und den Frieden ihres Sohnes, ob ich während meines Aufenthaltes in S. bei ihnen logieren wollte. Ich lehnte das Anerbieten mit herzlichem Dank ab und sagte ihr, dass ich deshalb nicht davon Gebrauch machen konnte, weil ich den Herrn gebeten hatte, den Bruder, dessen Namen ich kannte, zum Bahnhof zu leiten und ihn mir zu zeigen.

Als der Zug stillstand, kam ein Herr auf mich zu und sah mich scharf an. In meinem Inneren hieß es: Das ist er. Ich zögerte aber, etwas zu sagen, und stieg aus. Der Fremde sah mich weiter an. Da kam mir der Gedanke, wie töricht es sei, erst zu beten und dann Gott nicht zu glauben.

»Sind Sie vielleicht Herr L.?« fragte ich.

»Der bin ich«, war die Antwort, »und Sie sind Stanley aus Sheffield, nicht wahr?«

»Jawohl«, antwortete ich, »aber woher wissen Sie meinen Namen?«

Und nun erzählte er: »Bruder J. aus Hereford wurde mit diesem Zug erwartet, weil er morgen hier sprechen wollte. Und das ist der letzte Zug, denn morgen kommt keiner. Ich war sehr enttäuscht, bis mein Auge auf Sie fiel und es war mir, als ob eine Stimme sagte: ,Das ist Stanley aus Sheffield, ich habe ihn geschickt.'«" (Charles Stanley / *Wie der Herr mich führte* / EPV)

> **Wie kannst du die Erfahrung machen, dass Gott immer zur richtigen Zeit die Mittel schenkt, damit wir die Aufträge, die Er uns gibt, auch erfüllen können? Warum wird in der Bibel an so vielen Stellen davon gesprochen, dass Gott Dinge tun kann? Wie gut kennst du den, dem du geglaubt hast, und wie kannst du in Seiner Erkenntnis wachsen?**

Notizen:

. . . .

. . . .

. . . .

. . . .

. . . .

. . . .

. . . .

. . . .

. . . .

. . . .

. . . .

. . . .

. . . .

Glaube aufgrund göttlicher Offenbarung

„Und Abram war 99 Jahre alt, da erschien der HERR Abram und sprach zu ihm: Ich bin Gott, der Allmächtige; wandle vor meinem Angesicht und sei vollkommen." (1. Mo 17,1)

Für unser praktisches Glaubensleben ist es ganz entscheidend, dass wir uns immer wieder vor Augen führen, wie Gott sich uns im Neuen Testament geoffenbart hat und in welcher Beziehung wir zu Ihm stehen.

Abraham kannte Gott als den Allmächtigen, der die Macht besitzt, alles zu erfüllen, was Er verheißen hat. Wir haben heute noch viel mehr Erkenntnis über den Schöpfer, als es bei den alttestamentlich Gläubigen der Fall war: Wir kennen Gott als den Vater unseres Herrn Jesus Christus und wissen, dass Er auch unser Gott und Vater ist. Er ist der Unwandelbare, von dem jede gute Gabe kommt, der Gott aller Gnade, der uns sicher ans Ziel bringt, und der allein weise Gott, der ausgezeichnete Pläne für unser Leben hat.

Außerdem wissen wir, dass der ewige Sohn Gottes jetzt als verherrlichter Mensch auf dem Thron sitzt – zur Rechten der Majestät in der Höhe. Er ist das Haupt im Himmel, mit dem wir als Sein Leib unzertrennlich verbunden sind. Wie viel Grund haben wir deshalb, Ihm rückhaltlos zu vertrauen!

Die Kirchengeschichte zeigt uns viele Männer und Frauen, die aufgrund der Offenbarung Gottes in Seinem Wort Glaubensschritte gemacht haben:

Georg Müller hatte das Verlangen, dass Gott durch sein Leben neu unter Beweis stellt, dass Er sich nicht verändert hat und dass die Zusagen Seines Wortes immer noch voll gültig sind. Eines Tages las er

Psalm 68,6: „Ein Vater der Waisen und ein Richter der Witwen ist Gott in seiner heiligen Wohnung."

Müller schrieb dazu Folgendes in sein Tagebuch: „Durch Gottes Hilfe wird dies mein Argument in Notzeiten im Blick auf die Waisen vor Ihm sein. Er ist ihr Vater, und deshalb hat Er sich sozusagen verpflichtet, alles für sie zur Verfügung zu stellen und für sie zu sorgen. Ich brauche Ihn nur an die Bedürfnisse dieser armen Kinder zu erinnern, damit sie gestillt werden ... Das Wort »ein Vater der Waisen« enthält genug Ermutigung, um 1000 Waisenkinder mit all ihren Bedürfnissen auf das liebende Herz Gottes zu werfen."

> **„Denn von alters her hat man nicht gehört noch vernommen, hat kein Auge einen Gott gesehen außer dir, der sich wirksam erweist für den, der auf ihn harrt."**
> (Jes 64,4)

Die folgende Geschichte, die Abigail Townsend als kleines Mädchen mit Georg Müller erlebt hat, zeigt, wie konkret Gott sich zu dem Glauben Müllers bekannte:

„An einem frühen Morgen spielte Abigail im Garten in Ashley Down, als Müller herauskam und sie an der Hand nahm. »Komm und sieh, was unser Vater tun will.«

Er führte sie in den langen Speisesaal mit den Tellern, Tassen und Schalen, mit denen der Tisch gedeckt war. Nach den Berichten (die vielleicht etwas übertrieben wurden, bevor sie aufgeschrieben wurden) war nichts auf dem Tisch als nur das leere Geschirr. Die Kinder standen und warteten auf das Frühstück.

»Kinder, ihr wisst, dass ihr pünktlich in der Schule sein müsst«, sagte Müller. Seine Hände aufhebend betete er: »Lieber Vater, wir danken Dir für das, was Du uns zu essen geben wirst.«

Dann hörten es alle an der Tür klopfen. Der Bäcker stand da: »Herr Müller, ich konnte letzte Nacht nicht schlafen. Irgendwie fühlte ich, dass Sie kein Brot zum Frühstück hatten und der Herr wollte, dass ich Ihnen etwas schicke. So bin ich um zwei Uhr aufgestanden und habe einiges frisches Brot gebacken und es gebracht.«

Müller dankte dem Bäcker und pries Gott für Seine Fürsorge. »Kinder«, sagte er, »wir haben nicht nur Brot, sondern sogar frisches.«

Fast unmittelbar danach hörten sie zum zweiten Mal ein Türklopfen. Jetzt war es der Milchmann: »Herr Müller, mein Milchwagen ist draußen vor dem Waisenhaus zusammengebrochen. Ich möchte den Kindern die Kannen mit frischer Milch geben, damit ich den Wagen leeren und reparieren kann.« Müller dankte dem Milchmann, und die Kinder freuten sich über ihr Frühstück." (Roger Steer / *Georg Müller – Vertraut mit Gott* / CLV)

> *„Wie Er mich durchbringt, weiß ich nicht*
> *doch dieses weiß ich wohl,*
> *dass Jesus, wie Sein Wort verspricht,*
> *mich durchbringt wundervoll."*
> Friedrich Traub (*1873 †1906)

> **Welche Konsequenzen hat das Bewusstsein, dass Gott dein liebender Vater ist, für dein Glaubensleben? Welche Titel Gottes im Neuen Testament zeigen dir, was Er dir schenken möchte? Wie kannst du deine Glaubensgeschwister dazu ermutigen, Gott mehr zu vertrauen?**

Notizen:

. . . .

. . . .

. . . .

. . . .

. . . .

. . . .

. . . .

. . . .

. . . .

. . . .

. . . .

. . . .

. . . .

. . . .

. . . .

. . . .

. . . .

. . . .

. . . .

. . . .

. . . .

. . . .

. . . .

. . . .

Das Auge des Glaubens im Gebet

„Sie blickten auf ihn und wurden erheitert, und ihre Angesichter wurden nicht beschämt." (Ps 34,6)

Es ist sehr interessant, zu sehen, mit welchem Glaubensblick Männer Gottes im Alten und Neuen Testament gebetet haben. Oft richteten sie ihr inneres Auge zu Beginn des Gebets auf die Größe, die Macht und die Herrlichkeit Gottes, bevor sie Ihm ihre Anliegen vorstellten.

Ein Beispiel dafür ist Hiskia. Gott gibt ihm in Seinem Wort ein wunderbares Zeugnis, indem Er sagt: „Er vertraute auf den HERRN" (2. Kön 18,5). Als der König von der gewaltigen Macht des Assyrers bedroht wird, betet er: „HERR, Gott Israels, der du zwischen den Cherubim thronst, du allein bist es, der der Gott ist von allen Königreichen der Erde; du hast den Himmel und die Erde gemacht. HERR, neige dein Ohr und höre! HERR, tu deine Augen auf und sieh! Ja, höre die Worte Sanheribs, die er gesandt hat, um den lebendigen Gott zu verhöhnen!" (2. Kön 19,15.16). Gott lässt sich nicht spotten! Noch in derselben Nacht antwortet Er auf dieses Gebet und sendet einen Engel, der 185.000 Feinde tötet und Hiskia aus seiner Not befreit!

Als einige Jahre später das Heer des Königs von Babel Jerusalem belagert, fordert der HERR Jeremia dazu auf, ein Feld zu kaufen. Nicht nur das: Der Prophet soll außerdem dem Volk ankündigen, dass in diesem Land wieder Häuser, Felder und Weinberge gekauft werden würden.

Menschlich gesprochen war die Erfüllung dieser Verheißung zu diesem Zeitpunkt völlig aussichtslos. Trotzdem betet Jeremiah mit Glaubensvertrauen und sagt: „Ach, Herr, HERR! Siehe, du hast die Himmel und die Erde gemacht durch deine große Kraft und durch deinen ausgestreckten Arm: Kein Ding ist dir unmöglich ... du großer, mächtiger Gott, dessen Name »HERR der Heerscharen« ist, groß an Rat und mächtig an Tat; du, dessen Augen über alle Wege der

Menschenkinder offen sind, um jedem zu geben nach seinen Wegen und nach der Frucht seiner Handlungen; der du Zeichen und Wunder getan hast im Land Ägypten und bis auf diesen Tag, sowohl an Israel als auch an anderen Menschen, und dir einen Namen gemacht hast, wie es an diesem Tag ist" (Jer 32,17-20).

Wie reagiert Gott auf dieses Vertrauen? Er knüpft an den Glauben Seines Dieners an und sagt: „Siehe, ich bin der HERR, der Gott allen Fleisches; sollte mir irgendein Ding unmöglich sein?" (Jer 32,27).

Josaphat ist ein weiteres Beispiel für die gleiche Gebetshaltung. Eines Tages wird er von einer riesigen Armee bedroht, die dem Volk Israel das verheißene Land streitig machen will. Im Glaubensvertrauen richtet er seinen Blick auf die Treue und Souveränität Gottes und sagt: „HERR, Gott unserer Väter, bist du es nicht, der da Gott im Himmel ist [d.h. der unveränderlich in sich selbst Bestehende], und bist du nicht der Herrscher über alle Königreiche der Nationen? Und in deiner Hand ist Kraft und Macht; und niemand vermag gegen dich zu bestehen. Hast nicht du, unser Gott, die Bewohner dieses Landes vor deinem Volk Israel vertrieben und es den Nachkommen Abrahams, deines Freundes, gegeben auf ewig?" (2. Chr 20,6.7).

> **„Glaube ist beten mit Blick auf Gott, nicht auf die Probleme."**
> (Oswald Chambers)

Weil dieser Mann die Größe und Macht Gottes vor Augen hat, kann er mit Kühnheit beten: „Unser Gott, willst du sie nicht richten? Denn in uns ist keine Kraft vor dieser großen Menge, die gegen uns kommt; und wir wissen nicht, was wir tun sollen, sondern auf dich sind unsere Augen gerichtet" (2. Chr 20,12). Die Antwort des HERRN ist wunderbar: „Fürchtet euch nicht und erschreckt nicht vor dieser großen Menge, denn nicht euer ist der Kampf, sondern Gottes! ... Ihr werdet hierbei nicht zu kämpfen haben; tretet hin, steht und seht die Rettung des HERRN an euch" (2. Chr 20,15.17). Genau so ist es geschehen.

Auch im Neuen Testament finden wir wertvolle Beispiele, die uns zu vertrauensvollem Gebet anspornen. Das Gebetsleben der ersten Christen ist eine wahre Goldgrube für jeden, der nach vorbildhaften Betern sucht. Was tun sie, als die Juden sie bedrohen? Sie erheben einmütig ihre Stimme zu Gott und beten: „Herrscher, du, der du den Himmel und die Erde und das Meer gemacht hast und alles, was in ihnen ist" (Apg 4,24). Die Jünger richten ihre Augen auf den großen Herrscher, der auf dem Thron sitzt und alles unter Kontrolle hat. Er ist der Allmächtige, der souverän regiert und dem alles zu Gebote steht. Wie antwortet Gott darauf? Er lässt die Erde erbeben – und segnet die Gläubigen mit großer Kraft und Gnade (Apg 4,31-33)!

August Hermann Francke, der zu Beginn des 18. Jahrhunderts in Halle einige Waisenhäuser gegründet hat, befand sich einmal in großer finanzieller Not. Er benötigte dringend eine größere Summe Geld. Sein Buchhalter kam zu ihm und erinnerte ihn daran, dass eine wichtige Zahlung fällig sei.

Francke bat ihn darum, nach dem Mittagessen wiederzukommen, während er weiter ernsthaft für das Geld betete. Nach dem Mittagessen kam der Buchhalter wieder vorbei und Francke musste ihn bitten, nochmal am Abend wiederzukommen.

Währenddessen kam ein Freund von Francke, um ihn zu besuchen. Die zwei Männer nahmen sich Zeit zum gemeinsamen Gebet. Als Francke anfing zu beten, wurde er vom Geist dahin geführt, Gott zu loben und Ihm für Seine Güte zu danken. Er pries den Herrn immer und immer wieder für Seine Treue und Gnade, die Er über die Jahrhunderte hinweg gezeigt und die Francke selbst erlebt hatte. Doch irgendwie wurde er davon abgehalten, sein dringendes Bedürfnis zu erwähnen.

Als sein Freund wieder wegging, begleitete Francke ihn noch bis zur Tür. Dort stand der Buchhalter, der nach wie vor auf das benötigte Geld wartete. Doch neben ihm stand noch ein weiterer Mann, der

Francke in diesem Moment einen großen Geldbetrag übergab. Damit konnten die vorhandenen Bedürfnisse voll und ganz gedeckt werden. (David Mcintyre / *The hidden life of prayer* / Christian Focus Publications)

> **Was kann dir dabei helfen, mit mehr Vertrauen und Glaubensmut zu beten? In welchem Bereich hast du schon erlebt, dass Gott Glaubensmut belohnt? Denk mal in Ruhe darüber nach, wofür du alles dankbar sein kannst – und vergiss nicht, beim Beten Gott zu loben!**

Notizen:

. . . .

. . . .

. . . .

. . . .

. . . .

. . . .

. . . .

. . . .

. . . .

. . . .

. . . .

Mit Glauben schlussfolgern – Die Liebe Gottes

Wenn wir vor großen Herausforderungen stehen oder mit massiven Schwierigkeiten konfrontiert werden, stellt sich für uns die Frage, aus welcher Perspektive wir die Dinge betrachten. Haben wir die Größe des Problems oder die Größe Gottes vor Augen? Fange ich bei der Beurteilung des Problems bei meiner Unfähigkeit oder bei Gottes Allmacht an? Der richtige Fokus macht viel aus!

Es ist sehr interessant zu sehen, wie Abraham reagiert, als er von Gott das Versprechen bekommt, dass er und Sara trotz ihres hohen Alters einen Sohn bekommen werden – was, menschlich gesehen, eigentlich unmöglich war. Er fängt bei der Beurteilung der Umstände nicht bei seiner eigenen Unfähigkeit, sondern bei Gott an. Deshalb heißt es: „Und nicht schwach im Glauben, sah er nicht seinen eigenen, schon erstorbenen Leib an" (Röm 4,19). Den gleichen Glauben sehen wir auch bei Sara: Anstatt auf die Umstände zu sehen, hat sie die Treue Gottes vor Augen – und glaubt dem, der die Verheißung gegeben hat (s. Heb 11,11).

Lebendiger Glaube schlussfolgert aufgrund dessen, was er über Gott weiß, auf die Umstände und Herausforderungen des Lebens – und nicht umgekehrt. Paulus hat das öfter getan. In Römer 5 schreibt er: „Gott aber erweist seine Liebe zu uns darin, dass Christus, da wir noch Sünder waren, für uns gestorben ist. Viel mehr nun, da wir jetzt durch sein Blut gerechtfertigt sind, werden wir durch ihn gerettet werden vom Zorn" (Röm 5,8.9). Wenn Gott uns bereits geliebt hat, als wir noch Sünder waren, wie viel mehr dürfen wir jetzt, da wir als Gerechtfertigte – die im Blut Jesu gewaschen sind – vor Ihm stehen, damit rechnen, dass Er nur die besten Absichten mit uns hat und uns vor dem kommenden Zorn retten wird!

Dann geht der Apostel noch einen Schritt weiter und sagt: „Denn wenn wir, da wir Feinde waren, mit Gott versöhnt wurden durch den Tod seines Sohnes, so werden wir viel mehr, da wir versöhnt sind, durch sein Leben gerettet werden" (Röm 5,10). Als wir noch Feinde Gottes waren, hat Christus uns durch Seinen Tod mit Gott versöhnt. Doch jetzt sitzt Er, der Auferstandene und Lebendige, dem alle Macht im Himmel und auf der Erde gegeben ist, als verherrlichter Mensch zur Rechten Gottes. Wenn Er schon durch Seinen Tod so einen gewaltigen Segen für uns erwirkt hat, wie viel mehr dürfen wir jetzt mit Seiner Hilfe rechnen, wissend, dass Er als unser großer Hoherpriester für uns eintritt und sich täglich für uns verwendet (s. Heb 7,25)!

> **„Es gibt keinen Ort, der so viel Vertrauen schafft, wie Golgatha. Die Luft auf diesem heiligen Hügel heilt den zitternden Glauben."**
> (Unbekannt)

Manchmal passiert es, dass jemand aufgrund von Leiden und Prüfungen beginnt, an der Liebe Gottes zu zweifeln. Was ist dann zu tun? In solchen Situationen müssen wir mit den Augen des Herzens wieder auf das Kreuz schauen. Dort hat Gott auf unübertreffliche Weise Seine Liebe unter Beweis gestellt. Was schlussfolgert der Glaube daraus? „Wenn Gott für uns ist, wer gegen uns? Er, der doch seinen eigenen Sohn nicht verschont, sondern ihn für uns alle hingegeben hat: wie wird er uns mit ihm nicht auch alles schenken?" (Röm 8,31.32). Wenn Gott uns das Wertvollste, was Er hat, nicht vorenthalten hat, dann wird Er uns ganz sicher auch sonst alles geben, was gut für uns ist!

Eben weil Gott uns bedingungslos liebt, dürfen wir wissen, dass Er nur die besten Absichten mit uns hat. Auch wenn wir vieles, was geschieht, jetzt vielleicht nicht verstehen; eins steht fest: „Wir wissen aber, dass denen, die Gott lieben, alle Dinge zum Guten mitwirken" (Röm 8,28).

Als H.L. Heijkoop sich während des zweiten Weltkriegs als Insasse in einem Konzentrationslager in Vught bei Eindhoven befand, verlor er mehrmals das Bewusstsein. Er wurde dann durch Gottes Führung in die Krankenbaracke aufgenommen, wo sich zeigte, dass er ein Magengeschwür bekommen hatte. Menschlich gesehen war sein Zustand sehr bedenklich. Er hatte seit seiner Einlieferung bereits kontinuierlich abgenommen und das Ganze wurde durch ein aufkommendes Fieber und vermindertes Essen noch schlimmer.

Obwohl er innerlich nicht gegen den Herrn rebellierte, kam in ihm doch die Frage auf, warum er das alles durchmachen musste. Als er später durch Gottes Gnade frei kam und Einsicht in seine Akten erhielt, stellte er fest, dass er eigentlich in ein berüchtigtes deutsches Konzentrationslager geschickt werden sollte. Ein ihm bekannter Bruder, der dorthin gekommen war, war innerhalb eines Monats gestorben. Doch der Herr hatte es bei Heijkoop so geführt, dass er genau zur richtigen Zeit die Ohnmachtsanfälle und das Magengeschwür bekam, sodass er wegen seiner Krankheit die Reise nicht antreten konnte.

Wenn wir irgendwann aus der Herrlichkeit rückblickend einmal auf unser Leben sehen, dann werden wir mit Bewunderung sagen: „O Tiefe des Reichtums, sowohl der Weisheit als auch der Erkenntnis Gottes! Wie unerforschlich sind seine Gerichte und unergründlich seine Wege!" (Röm 11,33).

„Wenn wir wirklich an die Liebe und Allmacht Gottes glauben, brauchen wir keine Angst zu haben, dass wir etwas, das er uns zugedacht hat, nicht bekommen werden."

(Watchman Nee)

> *Welche Auswirkungen haben die Verse in Römer 8,31.32 auf dein Glaubensleben? Wie kannst du anderen Gläubigen, die durch Leid gehen und an der Liebe Gottes zweifeln, eine Hilfe sein? Welche Erfahrungen hast du schon gemacht, die Gottes Verheißung in Römer 8,28 unterstreichen? Wenn du Gott in der Frage der Ewigkeit vertraut hast, dann solltest du Ihm auch in den täglichen Dingen des Lebens vertrauen!*

Notizen:

. . . .

. . . .

. . . .

. . . .

. . . .

. . . .

. . . .

. . . .

. . . .

. . . .

. . . .

Mit Glauben schlussfolgern – Die Güte und Treue Gottes

In Psalm 81,11 sagt Gott zu Seinem Volk: „Ich bin der HERR, dein Gott, der dich aus dem Land Ägypten heraufgeführt hat; tu deinen Mund weit auf, und ich will ihn füllen." Zuerst erinnert Er sie daran, was Er in Ägypten für sie getan hat, und fordert sie dann dazu auf, Großes von Ihm zu erwarten. Mit anderen Worten: Schaut euch doch mal an, was für gewaltige Dinge ich bereits für euch getan habe. Ihr könnt auch in Zukunft große Erwartungen an mich stellen.

Der Herr Jesus macht Seinen Jüngern an vielen Stellen Mut, auf die Güte Gottes zu vertrauen. Einmal tut Er es, indem Er die göttliche Güte der menschlichen gegenüberstellt und sagt: „Wenn nun ihr, die ihr böse seid, euren Kindern gute Gaben zu geben wisst, wie viel mehr wird euer Vater, der in den Himmeln ist, denen Gutes geben, die ihn bitten!" (Mt 7,11).

Die Güte der Menschen ist von deren wechselhafter Stimmung abhängig. Das ist bei Gott nicht der Fall: „Jede gute Gabe und jedes vollkommene Geschenk kommt von oben herab, von dem Vater der Lichter, bei dem keine Veränderung ist noch der Schatten eines Wechsels" (Jak 1,17). Er ist groß an Güte (s. Ps 86,5.15) – und Er liebt es, zu geben! „Denn so hoch die Himmel über der Erde sind, ist gewaltig seine Güte über denen, die ihn fürchten" (Ps 103,11).

Wenn wir diese wunderbare Wahrheit vor Augen haben, können wir mit Zuversicht sagen: „Du bist gut und tust Gutes" (Ps 119,68). Und weil wir Gott so kennen, dürfen wir wie David schlussfolgern und sagen: „Der HERR ist mein Hirte, mir wird nichts mangeln" (Ps 23,1).

Übrigens wird uns gezeigt, dass der römische Hauptmann, der großen Glauben hatte, ähnlich schlussfolgerte: Er sagt dem Herrn: Wenn schon ich Befehle erteilen kann und Menschen mir gehorchen, dann sollte es für dich, der du viel größer bist, überhaupt kein Problem sein, einen Befehl an Krankheiten zu richten, die diesem dann gehorchen und weichen müssen (s. Lk 7,7.8).

Der Glaube wird in der Gemeinschaft mit Gott gestärkt und wächst durch Erfahrungen, die wir mit Ihm machen. Das sehen wir besonders im Leben Davids. Als er kurz davor stand, dem Riesen Goliath entgegenzutreten, sagt er mit Glaubensüberzeugung: „Der HERR, der mich aus den Klauen des Löwen und aus den Klauen des Bären errettet hat, er wird mich aus der Hand dieses Philisters erretten" (1. Sam 17,37).

In vielen Psalmen beschreibt der Mann nach dem Herzen Gottes die Gebetserhörungen, die er erlebt hat. Aufgrund dieser Erfahrungen traut er Gott auch für die Zukunft große Dinge zu und sagt: „Denn mit dir werde ich gegen eine Schar anrennen, und mit meinem Gott werde ich eine Mauer überspringen" und „Der HERR ist mein Licht und mein Heil, vor wem sollte ich mich fürchten? Der HERR ist meines Lebens Stärke, vor wem sollte ich erschrecken?" (Ps 18,30; 27,1).

Es ist auch sehr bemerkenswert, wie Petrus reagiert, als er seinen Meister auf dem Wasser gehen sieht. Ihm wird sofort klar, dass, wenn der Herr das tun kann, Er dann auch die Macht hat, ihn selbst auf dem Wasser gehen zu lassen. Deshalb bittet er mit kühnem Glaubensmut: „Herr, wenn du es bist, dann befiehl mir zu dir zu kommen auf den Wassern" (Mt 14,28). Augenblicklich hört Er die Stimme des Herrn, der ihn ruft und sagt: „Komm!"

Im Hebräerbrief finden wir einen weiteren wichtigen Punkt. Dort schlussfolgert der Schreiber von dem, was Gott versprochen hat, auf das, was wir deshalb sagen können: „Denn er hat gesagt: „Ich will dich nicht versäumen und dich nicht verlassen"; sodass wir kühn sagen können: „Der Herr ist mein Helfer, und ich will mich nicht fürchten; was wird mir ein Mensch tun?" (Heb 13,5.6).

Wenn Gott in der Lage ist, Leben aus dem Tod hervorzubringen, dann kann Er auch heute noch Gläubige in einer Weise beleben, die wir vielleicht nicht für möglich gehalten hätten (s. Eph 3,20)! Deshalb können wir im Glauben mit dem Psalmisten beten: „Willst du uns nicht wieder beleben, dass dein Volk sich in dir erfreue?" (Ps 85,6).

> **„Je völliger der Glaube ist, je stärker steht er auch in der Gelassenheit, je mehr übergibt er sich dem Willen Gottes und traut ihm zu, er werde zur rechten Zeit es wohl machen."**
> (August H. Francke)

Der Indianermissionar David Brainerd hatte die Größe Gottes klar vor Augen – und hat deshalb auch Großes von Ihm erwartet. Wie hat er das zum Ausdruck gebracht? Durch Gebet! Seine Tagebücher sind ein beeindruckendes Zeugnis davon, wie viel Zeit er im Gebet verbrachte und mit welcher Hingabe er vor dem Angesicht Gottes lebte. Dadurch ist er zum Vorbild für viele Christen geworden:

„William Carey las Brainerds Lebensgeschichte und war davon innerlich so stark bewegt, dass er als Missionar nach Indien ging. Ebenso ging es Henry Martyn. Payson las darüber als junger Mann von zwanzig Jahren und sagte, er sei durch nichts im Leben so tief beeindruckt worden wie von dieser Lebensgeschichte. Murray McCheyne las sie und wurde im Innersten getroffen. Das Gebet und die völlige Hingabe dieses einen Menschen, David Brainerd, richtete in der großen missionarischen Erweckungsbewegung des 19. Jahrhunderts mehr aus als irgendeine andere Macht.

Das verborgene Leben, ein Leben, das in der Gemeinschaft mit Gott gelebt wird und versucht, an die Quelle aller Kraft heranzukommen, setzt die Welt in Bewegung. Gebet ohne Glauben ist nichts als eine wertlose Hülse; mit Glauben aber enthält es das Samenkorn für eine Millionenernte.

Wenn wir uns von einer Organisation abhängig machen, bekommen wir, was Organisationen erreichen können. Wenn wir uns auf

Bildung verlassen, erhalten wir, was uns die Bildung geben kann. Wenn wir von Menschen abhängig sind, erhalten wir, was Menschen zustande bringen; aber wenn wir uns auf das Gebet verlassen, bekommen wir das, was Gott vermag." (Lettie B. Cowman / *Alle meine Quellen sind in dir* / Gerth Medien)

> *Welche anderen Beispiele gibt es in Gottes Wort, in denen Gläubige die Umstände im Licht der Größe Gottes beurteilt haben? In welchen Bereichen fällt es dir schwer, deine Umstände im Licht der Größe Gottes zu sehen? Was für ein Vorbild gibst du für andere durch dein praktisches Glaubensleben?*

Notizen:

. . . .

. . . .

. . . .

. . . .

. . . .

. . . .

. . . .

. . . .

. . . .

. . . .

Das Vorbild Jesu

In Hebräer 11 werden uns viele Glaubenshelden gezeigt, die Gott in bestimmten Situationen ihres Lebens durch Glauben geehrt haben und an denen wir uns ein Beispiel nehmen können. Doch dann wird der vorgestellt, der sie alle bei weitem übertrifft: Jesus Christus – der Anfänger und Vollender des Glaubens (Heb 12,2). Die Worte: „Ich will mein Vertrauen auf ihn setzen" (Heb 2,13) sind wie eine Überschrift über Sein einzigartiges Leben, das zu jeder Zeit durch vollkommenen Glauben gekennzeichnet war.

Immer wieder sehen wir, wie Er Seinen Blick zum Himmel erhebt, wobei Er den Herrn des Himmels und der Erde vor Augen hat (Mt 11,25). Er vertraut auf die Souveränität und Macht Seines Vaters – hinsichtlich der Errettung von Seelen und Seiner Bewahrung in den Gefahren, denen Er täglich ausgesetzt ist. In Gethsemane liegt Er auf Seinem Angesicht und ruft: „Abba, Vater, alles ist dir möglich" (Mk 14,36). Kurz darauf sagt Er zu Petrus: „Meinst du, dass ich nicht meinen Vater bitten könnte und er mir jetzt mehr als zwölf Legionen Engel stellen würde?" (Mt 26,53).

Als abhängiger Mensch betet Er und sagt: „Bewahre mich Gott, denn ich suche Zuflucht bei dir" (Ps 16,1). Er hat keinen Zweifel daran, dass Sein Vater Seine Gebete hört – und auch erhört. Am Grab von Lazarus sagt Er mit unerschütterlichem Gottvertrauen: „Vater, ich danke dir, dass du mich erhört hast. Ich aber wusste, dass du mich allezeit erhörst" (Joh 11,41.42).

Er vertraut sich der Leitung und der Kraft des Heiligen Geistes an und lässt sich Tag für Tag von Ihm führen. Das Wort Gottes ist für Ihn Licht auf dem Weg und Leuchte für den Pfad (s. Ps 119,105). Er lebt von jedem Wort, das aus dem Mund Gottes hervorgeht, und vertraut auf dessen Kraft, als der Teufel Ihn in der Wüste versucht.

Sein wunderbares Vertrauen zeigt sich auch darin, dass Er stets geduldig auf die Zeit Gottes wartet. Es steht geschrieben: „Wer glaubt, wird nicht ängstlich eilen" (Jes 28,16). Genau das sehen wir im Leben des Sohnes Gottes: Er wartet auf göttliche Wegweisung und den richtigen Zeitpunkt, ehe Er zum Laubhüttenfest geht (Joh 7) und auch bevor Er sich aufmacht, um auf den Hilferuf von Martha und Maria zu antworten (Joh 11).

> **„Unser Vorbild ist Jesus, nicht nur auf Golgatha, sondern auch in der Werkstatt, auf der Landstraße, in der Menschenmenge, unter lauthalsen Forderungen, in harter Opposition, im Mangel an Ruhe und Privatsphäre, in dauernden Unterbrechungen."**
> (Clive S. Lewis)

Er lebt in dem tiefen Bewusstsein, dass Sein Vater stets bei Ihm ist, und bezeugt das auch vor den Menschen, indem Er sagt: „Der mich gesandt hat, ist mit mir; er hat mich nicht allein gelassen"; „Ich bin nicht allein, denn der Vater ist bei mir;" „Weil er zu meiner Rechten ist, werde ich nicht wanken" (Joh 8,29; 16,32; Ps 16,8). Das Bewusstsein der Gegenwart Gottes erfüllt Ihn mit Freude und nimmt Ihm selbst im Tal des Todesschattens die Furcht (Ps 16,9; 23,4).

Außerdem weiß Er, dass Gott Ihm hilft und Er deshalb nicht beschämt werden wird (Jes 50,7). Er zeigt kein vages Hoffen, sondern sagt mit Glaubensüberzeugung: „Nahe ist, der mich rechtfertigt ... Siehe, der Herr, HERR, wird mir helfen"; „Mein Recht ist bei dem HERRN und mein Lohn bei meinem Gott" (Jes 50,8.9; 49,4). Ja, Sein Herz ist durch den Glauben so sehr von der herrlichen Zukunft erfüllt, dass Er um der vor Ihm liegenden Freude Willen das Kreuz erduldet (Heb 12,2).

Er vertraut Gott während Seines Leben, im Sterben – indem Er Ihm Seinen Geist übergibt –, unter dem Gericht Gottes – indem Er Seine Heiligkeit rechtfertigt (Ps 22,3) – und hinsichtlich Seiner Auferstehung. Wie unerschütterlich ist Sein Vertrauen, als Er sagt: „Mein Fleisch wird in Sicherheit ruhen. Denn meine Seele wirst du dem

Scheol nicht überlassen, wirst nicht zugeben, dass dein Frommer die Verwesung sehe. Du wirst mir kundtun den Weg des Lebens; Fülle von Freuden ist vor deinem Angesicht, Lieblichkeiten in deiner Rechten immerdar" (Ps 16,9-11)!

> **„Der Glaube ist ein steter und unverwandter Blick auf Christus."**
> (Martin Luther)

Was für ein Vorbild für jeden von uns! Ihm sollen wir nachfolgen, „hinschauend auf Jesus, den Anfänger und Vollender des Glaubens" (Heb 12,2).

Übrigens fordert das Wort Gottes uns an vielen Stellen dazu auf, Lieder zur Ehre Gottes zu singen – auch in der Zeit, in der wir gerade leben. Wie könnte es auch anders sein, bei so einem wunderbaren Herrn! Wie wunderbar Gott Gesang zu Seiner Ehre gebrauchen kann, zeigt die folgende Begebenheit:

„Es war Heiligabend 1875. Sankey, der berühmte Sänger in Moodys Evangelisationsveranstaltungen, reiste auf einem Dampfer den Delaware-Fluss hinauf. Es war ein wunderschöner, sternklarer Abend. Zahlreiche Passagiere waren auf Deck versammelt. Da bat jemand Sankey, ein Lied zu singen. Gegen einen der großen Kamine des Schiffes gelehnt, hob er die Augen in stillem Gebet zum Sternenhimmel empor. Er wollte ein Weihnachtslied singen, aber fast gegen seinen Willen wurde er getrieben, das Lied »Welch ein Freund ist unser Jesus« anzustimmen.

Lautlose Stille herrschte. Worte und Melodie klangen in der kraftvollen Stimme des Sängers über das Deck und den stillen Fluss. Die Zuhörer waren tief berührt. Nachdem das Lied verklungen war, schritt ein Mann mit wettergebräuntem Gesicht auf Sankey zu und fragte: »Haben Sie einmal in der Unionsarmee gedient?"

»Ja«, antwortete Sankey, »im Frühjahr 1862.«

»Erinnern Sie sich, dass Sie in einer hellen Mondnacht auf Wache standen?«

»Ja«, erwiderte Sankey höchst erstaunt.

»Ich auch«, sagte der Fremde, »aber ich diente im Heer der Konföderierten. Als ich Sie stehen sah, sagte ich mir: ,Dieser Kerl wird nicht lebendig von hier wegkommen!' Ich hob mein Gewehr und zielte. Ich stand im Schatten, völlig verdeckt, während das volle Mondlicht auf Sie fiel.

In ebenjenem Augenblick hoben Sie den Blick zum Himmel, genau wie Sie es gerade getan haben, und fingen an zu singen. Musik, und besondere Lieder, haben immer eine große Macht auf mich ausgeübt. So ließ ich mein Gewehr sinken.

,Ich will warten, bis er das Lied zu Ende gesungen hat', sagte ich mir, ,und ihn nachher erschießen. Er entgeht mir sowieso nicht.' Aber das Lied, das Sie damals sangen, war dasselbe wie das, das Sie soeben gesungen haben. Deutlich konnte ich die Worte hören: ,Wenn des Feindes Macht uns drohet und manch Sturm rings um uns weht...'

Als Sie zu Ende gesungen hatten, war es mir unmöglich, auf Sie zu schießen. ,Der Gott, der diesen Mann vor dem sicheren Tod retten kann, muss wahrlich groß und mächtig sein.', dachte ich und musste den Arm wie gelähmt fallen lassen.

Seit jener Zeit bin ich weit herumgekommen in der Welt, aber als ich Sie eben dort stehen und beten sah, genau wie damals, erkannte ich Sie wieder. Ich wurde im Innersten getroffen von Ihrem Singen. Jetzt bitte ich Sie, mir zu helfen, für meine wunde Seele Heilung zu finden.«

Tief bewegt schlang Sankey die Arme um die Schultern des Mannes, der einst sein Feind gewesen war. Und in jener Nacht fand der Fremde Jesus Christus als seinen persönlichen Heiland." (Lettie B. Cowman / *Alle meine Quellen sind in dir* / Gerth Medien)

> *Was kannst du konkret für dein Glaubens-*
> *leben lernen, wenn du über das Leben Jesu*
> *nachdenkst? Welche anderen Stellen gibt es*
> *in der Bibel, die uns etwas von Seinem Glau-*
> *bensvertrauen zeigen? Warum ist Lobgesang*
> *für Christen so wichtig und wie wirkt er sich*
> *auf unser Glaubensleben aus?*

Notizen:

. . . .

. . . .

. . . .

. . . .

. . . .

. . . .

. . . .

. . . .

. . . .

. . . .

. . . .

. . . .

. . . .

. . . .

Das Maß des Glaubens

Großer Glaube

„Wahrlich, ich sage euch, selbst nicht in Israel habe ich so großen Glauben gefunden." (Mt 8,10)

„O Frau, dein Glaube ist groß." (Mt 15,28)

Wir leben in einer Welt des Misstrauens gegenüber Gott und der Feindschaft gegen Ihn. Vor diesem dunklen Hintergrund strahlt der lebendige Glaube, der sich auf den Allmächtigen und Sein unveränderliches Wort stützt, umso heller hervor – und erfreut das Herz Gottes! „Ohne Glauben aber ist es unmöglich, ihm wohlzugefallen" (Heb 11,6)!

Gott freut sich darüber, wenn wir großen Glauben haben – denn wir ehren Ihn, wenn wir Ihm heute noch Großes zutrauen und wenn sich dieses Vertrauen auch konkret in unserem Leben zeigt. In den Evangelien spricht der Herr Jesus zweimal von großem Glauben: Einmal in Verbindung mit einem römischen Hauptmann und ein anderes Mal hinsichtlich einer kanaanitischen Frau. Von beiden können wir wichtige Lektionen für unser Glaubensleben lernen.

Der Glaube des Hauptmanns

„Herr, ich bin nicht wert, dass du unter mein Dach trittst; sondern sprich nur ein Wort, und mein Knecht wird geheilt werden." (Mt 8,8)

Der Diener eines römischen Hauptmanns wird krank und liegt im Sterben. Der Oberbefehlshaber wendet sich im Glauben an den Sohn Gottes und sendet Älteste der Juden zu Ihm, die Ihn bitten, zu kommen und den Knecht gesund zu machen.

Sobald er erfährt, dass Jesus seiner Bitte nachkommt und sich auf den Weg zu ihm macht, geht er einen weiteren Glaubensschritt: Er sendet seine Freunde mit einer neuen Botschaft zum Herrn. Sie sollen Ihm sagen, dass Er nicht in sein Haus zu kommen braucht, da er selbst sich unwürdig fühlt, Ihn bei sich zu empfangen. Stattdessen bittet er den Herrn – dort wo Er gerade ist –, einfach nur ein Wort zu sprechen und den Kranken durch die Kraft Seines Wortes aus der Entfernung zu heilen.

Zwei Dinge zeichnen den Glauben dieses Mannes aus: Er vertraut auf die Macht und Erhabenheit des Sohnes Gottes und bekommt gleichzeitig einen Eindruck von seiner eigenen Nichtigkeit. Deshalb ist er tief beeindruckt, als Jesus sich ihm in Gnade zuwendet. John Nelson Darby hat treffend dazu gesagt: „Der Glaube macht immer demütig, denn er erhöht den Gegenstand des Glaubens." Ungeheuchelter Glaube, der groß von Gott denkt und von Seiner Größe beeindruckt ist, gibt auch dem Menschen immer den richtigen Platz.

Es ist interessant, wie der Hauptmann argumentiert. Er schlussfolgert von dem, was er von der Größe des Sohnes Gottes im Glauben erkannt hat, auf die Lösung des Problems. Sein Glaube an das gewaltige und wirksame Wort gründet sich auf den Glauben an die Person, die das Wort ausspricht. Wenn schon er, als römischer Kommandant, seinen Knechten Dinge gebieten kann, dann kann Jesus das ganz sicher erst recht tun, da Er ja viel mächtiger ist! Er sagt hier mit anderen Worten: „Diener warten auf meinen Befehl, aber Krankheiten auf den Deinen."

Der Herr bewundert den großen Glauben dieses Mannes. Während Seines öffentlichen Dienstes hat Er in ganz Israel keinen so lebendigen und erwartungsvollen Glauben gefunden. Wir können sicher sein, dass lebendiger Glaube, der Gott viel zutraut, auch heute noch Freude im Himmel auslöst!

Der Hauptmann braucht den Sohn Gottes nicht leibhaftig vor Augen zu haben, um glauben zu können. Während der Herr abwesend ist, vertraut dieser Mann schlicht und einfach auf die wirksame Kraft Seines Wortes und benötigt daneben keine sichtbaren Zeichen und Wunder. Genau hier folgt die Anwendung auf unser Leben: Obwohl der Herr Jesus heute nicht mehr auf der Erde ist, haben wir dennoch Sein lebendiges und wirksames Wort in unseren Händen, durch das Er zu uns redet – und das wie ein Hammer ist, der Felsen zerschmettert (s. Jer 23,29): „Denn bei Gott wird kein Wort kraftlos sein" (Lk 1,37; [s. die Fußnote in der Elberfelder Übersetzung]).

> **„Ein kleiner Glaube bringt eure Seelen in den Himmel, aber ein großer Glaube bringt den Himmel in die Seelen."**
>
> (Charles .H. Spurgeon)

Großer Glaube entsteht, wenn man erkennt, wie groß der Sohn Gottes ist, und wenn man darauf vertraut, dass Ihm, dem alles zu Gebote steht, nichts unmöglich ist. Ein schlichter Glaube kann oft ein sehr großer Glaube sein!

T. E. Koshy schreibt in seiner Biographie über das Leben von Bakht Singh: „Zwei Jahre lang las er nun schon die Bibel. Im zweiten Jahr verweilte er bei dem Vers Hebräer 13,8: »Jesus Christus derselbe gestern und heute und in Ewigkeit.«

Jahrelang litt er an Nasenkatarrh. Die besten englischen Ärzte hatten ihm nicht helfen können. Auch seine Sehkraft war schwächer geworden. So betete er: »Heile bitte meine Nase und gib mir gute Sehkraft.« Als er am nächsten Morgen aufwachte, merkte er zu seiner großen Freude, dass er geheilt war. Das zeigte ihm, dass der Herr Jesus Christus derselbe ist, gestern, heute und in alle Ewigkeit.

Von der Zeit an hatte er das Vorrecht, für die Heilung vieler Menschen zu beten, und der Herr erhörte auf wunderbare Weise seine Gebete. So lebte er sein ganzes Christenleben hindurch vom Wort Gottes." (T.E. Koshy / *Bahkt Singh - Ein auserwähltes Werkzeug in Indien* / CLV)

Großer Glaube traut Gott auch zu, dort Wege zu ebnen, wo es – menschlich gesprochen – aussichtslos erscheint.

„Ein Missionar erzählte vor langer Zeit, dass er sich einmal sehr beeilen musste, als er nach einem Urlaub auf sein Missionsfeld zurückkehren wollte. Aber ein tiefer Strom, der überschritten werden musste, hatte Hochwasser, und es waren keine Boote verfügbar oder für diesen Zweck verwendbar.

So ließ er sich mit seinen Begleitern nieder und betete. Ein Ungläubiger hätte sicher laut gelacht. Wie konnte Gott sie über den Strom bringen!

Aber während sie beteten, fing ein riesiger Baum, der schon jahrelang mit dem Fluss gekämpft hatte, an zu schwanken und zu stürzen. Er fiel gerade über den Strom. Der Missionar sagte: »Die königlichen Himmels-Ingenieure haben eine Pontonbrücke für die Diener Gottes über den Fluss geschlagen.«" (*Der kniende Christ* / Herold Verlag)

> **Was kennzeichnet den großen Glauben des Hauptmanns? Was bedeutet es, einen schlichten Glauben zu haben? Warum freut sich der Herr, wenn Er großen Glauben bei uns sieht?**

Notizen:

. . . .

. . . .

. . . .

Gegensätze

„Wahrlich, ich sage euch, selbst nicht in Israel habe ich so großen Glauben gefunden ... Was seid ihr furchtsam, ihr Kleingläubigen?" (Mt 8,10.26)

Kurz nachdem der große Glaube des Hauptmanns gezeigt wird,
lesen wir im Matthäus-Evangelium, dass die Jünger in Seenot ge-
raten. Im Gegensatz zu dem römischen Oberbefehlshaber zeigen
sie keine demütige Gesinnung, sondern drehen sich stattdessen nur
um sich selbst.

Sie fürchten sich aufgrund ihres Kleinglaubens, wecken den Herrn
auf und sagen: „Rette uns, wir kommen um." Plötzlich wird die Stimme des Sohnes Gottes gehört. Mit göttlicher Autorität gebietet Er
dem Wind und den Wellen, woraufhin augenblicklich eine große
Stille eintritt (s. Mt 8,26). Die Jünger sind von diesem Wunder so beeindruckt, dass sie erstaunt rufen: „Wer ist denn dieser, dass auch der
Wind und der See ihm gehorchen?" (Mk 4,41).

Wie kommt das unterschiedliche Maß an Glauben in diesen zwei
Begebenheiten zustande? Der Schlüssel liegt in der Erkenntnis der
Größe des Sohnes Gottes und der Allmacht Seines Wortes – und
diese beiden Punkte sind auch für uns sehr wichtig:

Um einen großen Glauben an den Tag zu legen, müssen wir uns
neu bewusst machen, wie mächtig unser Herr eigentlich ist: Er ist
der Schöpfer des Universums. Ein Wort von Ihm genügt, um Dinge
aus dem Nichts ins Dasein zu rufen. „Denn er sprach, und es war; er
gebot, und es stand da" (Ps 33,9). Doch nicht nur das: Jeden Augenblick trägt Er alle Dinge, die Er geschaffen hat, durch das gewaltige
Wort Seiner Macht (s. Heb 1,3).

Als Er in Seine eigene Schöpfung eintrat, offenbarte Er die Kraft Gottes, indem Er mit einem Wort die Ketten Satans sprengte, Dämonen

austrieb (s. Mt 8,16), den Naturgewalten gebot und jede Krankheit heilte, die vor Ihn gebracht wurde. Kann Er das auch heute noch tun? Ja, denn: „Jesus Christus ist derselbe gestern und heute und in Ewigkeit" (Heb 13,8).

„Johann A. Bengel war ein lutherischer Theologe im 18. Jahrhundert. Als eines Tages ein verwüstender Hagelsturm über die Felder hinwegfegte, der die Ernte völlig zu zerstören drohte, kam jemand in Bengels Zimmer und rief: »Alles wird zerstört. Wir werden alles verlieren.«

> **„Dem Glauben ist alles möglich. Stürme werden in Stille verwandelt, die raue See wird zu ein einem gläsernen Meer, hohe Berge ebnen sich, wenn der Glaube die Kraft Gottes zum Tragen bringt. Je größer die Schwierigkeiten, desto heller erscheint der Triumph des Glaubens."**
> (Charles H. Mackintosh)

Bengel ging ruhig zum Fenster, öffnete es, erhob seine Hände zum Himmel und sagte: »Vater, bändige ihn.« Augenblicklich hörte der Sturm auf." (David Mcintyre / *The hidden life of prayer* / Christian Focus Publications)

So etwas geschieht sicherlich nicht jeden Tag; aber es wäre auch verkehrt, zu sagen, dass Gott heute überhaupt nicht mehr solche außergewöhnlichen Dinge geschehen lassen könnte. Er ist souverän – und tut, was Ihm gefällt (s. Dan 4,32)!

Übrigens hat der Herr im Lauf der Kirchengeschichte immer wieder auch durch Naturereignisse auf die Gebete der Gläubigen geantwortet. Manchmal lässt Er auch Naturkatastrophen zu, um Menschen zu warnen und vor dem ewigen Verderben zu retten. Dazu ein Beispiel:

„Im Mai 1935 lud Mr. Loughheed Bakht Singh wiederum nach Quetta ein. Er hatte eine große Last für die Menschen dort, denn es war dort wie in Sodom und Gomorra. Da Bakht Singh einige dringende Einladungen für Evangelisationen in verschiedenen Teilen Punjabs und Südindiens hatte, war er nicht geneigt, nach Quetta zu gehen, weil er ja bereits schon 19 Tage dort gewesen war. Als er aber betete, sagte ihm der Herr immer wieder: »Geh nach Quetta!« Des Herrn Wege sind immer höher als unsere Wege. Unsere Sicherheit liegt darin, in seinem Willen zu sein.

Je mehr er betete, desto größer wurde sein Friede vom Herrn, wiederum nach Quetta zu gehen. Zu seiner Überraschung hatten sie in der Militärkapelle besondere Versammlungen arrangiert. Das war das erste und letzte Mal, dass er in einem Militärgebäude in Quetta Evangelisationen abhielt. In der ersten Woche waren Versammlungen für Inder und in der zweiten Woche für britische Soldaten geplant. Der Herr wirkte mächtig. Die Menschen kamen aus verschiedenen Orten. Da keine Busse fuhren, kamen sie zu Fuß oder mit Pferdewagen. Obwohl die Reise für manche kostspielig war, kamen viele Menschen zu den Versammlungen. Die Evangelisation begann am 4. Mai 1935. Bakht Singh hatte eine große Last wegen des lauen Zustands der Menschen, die gleichgültig und weltlich waren. Quetta glich wirklich Sodom und Gomorra.

Am 31. Mai 1935 um 3 Uhr morgens geschah ein Erdbeben. Innerhalb von 18 Sekunden wurden schätzungsweise 58.000 Menschen getötet. Am Abend vor dem Erdbeben fand eine große Versammlung statt. In seiner Verkündigung erklärte Bakht Singh den Menschen eindringlich, dass Gott wolle, dass sie zu ihm kämen. Diejenigen, die darauf eingehen wollten und Rettung suchten, sollten zum Gebet zurückbleiben.

58 Menschen wurden überführt und beteten einer nach dem anderen, indem sie Buße taten und Gott um Vergebung baten. Kurz nach Mitternacht war Bakht Singh in seinem Zelt, doch er konnte nicht schlafen. Der Herr sagte ihm, er solle für die beten, die weggegangen waren, ohne Rettung zu finden. Bakht Singh kniete nieder und betete: »Herr, wecke sie auf, erschüttere sie. Schüttle sie, bis sie vor dir niederknien. Die noch in ihren Sünden sind, wecke sie auf und

schüttle sie.« Kurz vor 3 Uhr morgens hatte Bakht Singh die Gewissheit, dass Gott sein Gebet erhört hatte. Er hatte Frieden.

Das Erdbeben geschah um 3 Uhr. Es war so, als ob jemand den ganzen Ort durchschüttelte. Bakht Singh dachte nicht, dass es ein Erdbeben war, sondern dass Gott sein Gebet erhört hatte und die Menschen aufrüttelte. Sein Freund nebenan wurde aus dem Bett geworfen. Männer und Frauen schrien durcheinander, aber Bakht Singh blieb auf seinen Knien liegen.

Nach einer halben Stunde kam sein Freund ins Zelt und sagte ihm, dass es ein furchtbares Erdbeben gegeben habe. Die Mauern in den Nachbarhäusern hatten Risse und Sprünge. An Bakht Singhs Zelt war jedoch kein Schaden entstanden. Er bat seinen Freund, mit ihm zu beten, und sie blieben bis 5 Uhr morgens auf den Knien. Sie sagten Gott, sie wüssten nicht, was geschehen wäre, aber er möge die Menschen retten, die nach Rettung verlangten." (T.E. Koshy / *Bahkt Singh - Ein auserwähltes Werkzeug in Indien* / CLV)

Als auferstandener Sieger von Golgatha ruft der Herr triumphierend aus: „Mir ist alle Gewalt gegeben im Himmel und auf der Erde" (Mt 28,18). Er ist erhaben an Kraft (s. Hiob 37,23) – und seine Größe ist unerforschlich (s. Ps 145,3). Auf diesen großartigen und mächtigen Herrn dürfen wir jeden Tag fest vertrauen.

Er ist der „Gott der Treue", der nicht lügen kann, sondern felsenfest zu dem steht, was Er verspricht. „Sollte Er gesprochen haben und es nicht tun, und geredet haben und es nicht aufrecht halten?" (4. Mo 23,19). Im Hinblick auf sein mächtiges unveränderliches Wort sagt Er: „Mein Wort ..., das aus meinem Mund hervorgeht ... wird nicht leer zu mir zurückkehren, sondern es wird ausrichten, was mir gefällt, und durchführen, wozu ich es gesandt habe" (Jes 55,11). Auf diese Zusage dürfen wir uns stützen; besonders dann, wenn wir das Evangelium verkündigen – denn es ist Gottes Kraft zum Heil jedem Glaubenden (s. Röm 1,16).

Unerschütterlicher Glaube, der auf den ewigen Sohn Gottes und sein wunderbares Wort gegründet ist – was für eine Freude für unseren großen Herrn!

> *Worin unterscheidet sich der Glaube des Hauptmanns von dem Kleinglauben der Jünger? Was traust du dem lebendigen Wort Gottes zu und wie drückt sich das in deinem Gebetsleben aus? Sollten wir auch mehr beten wie die Jünger: „Mehre uns den Glauben!" (Lk 17,5)? Mach dir neu bewusst, wer Jesus Christus ist und was Sein lebendiges Wort bewirken kann!*

Notizen:

. . . .

. . . .

. . . .

. . . .

. . . .

. . . .

. . . .

. . . .

. . . .

Der Glaube der kanaanitischen Frau

„Da antwortete Jesus und sprach zu ihr: O Frau, dein Glaube ist groß; dir geschehe, wie du willst. Und ihre Tochter war geheilt von jener Stunde an." (Mt 15,28)

Ein unreiner Geist ergreift Besitz von einem kleinen Mädchen. Die Mutter des Kindes, eine Kanaaniterin, kommt mit ihrer Verzweiflung zu dem Sohn Gottes. Warum tut sie das? Weil sie erkannt hat, dass Jesus von Nazareth der verheißene Messias des Volkes Israel ist, und weil sie weiß, dass Er der einzige ist, der ihr in dieser Situation helfen kann. Sie fleht Ihn an und sagt: „Erbarme dich meiner, Herr, Sohn Davids! Meine Tochter ist schlimm besessen" (Mt 15,22).

Der Herr sieht den Glauben dieser Frau, die sich in ihrer Not so kühn an Ihn wendet, obwohl sie selbst nicht zum Volk Israel gehört. Doch zunächst einmal antwortet Er ihr nicht ein einziges Wort. Warum tut Er das? Um ihren Glauben zu prüfen.

Gibt sie aufgrund des Schweigens des Herrn jetzt auf? Nein! Sie lässt nicht locker und schreit weiter hinter Ihm her. Als die Jünger Ihn darum bitten, sie zu entlassen, sagt der Herr: „Ich bin nur zu den verlorenen Schafen des Hauses Israel gesandt" (Mt 15,24). Das war sicherlich nicht die Antwort, die die Frau sich erhofft hatte, doch sie musste lernen, dass sich der Dienst des Messias in erster Linie an Israel richtete und nicht an die Menschen aus den Nationen.

Wie reagiert sie auf diese scheinbare Absage? Ihr Glaube wird dadurch nicht erschüttert. Im Gegenteil: Sie wirft sich vor dem Sohn Gottes nieder und bittet: „Herr, hilf mir!" (Mt 15,25). Sie nennt ihn nicht mehr den Sohn Davids – also mit dem Titel, den Er als Messias hat. Damit anerkennt sie, dass sie nicht zu Seinem Volk Israel gehört und eigentlich kein Recht auf Seine Hilfe hat. Anstatt mutlos oder ärgerlich zu werden, unterwirft sie sich Ihm als Herrn, dem alles zu Gebote steht und der die Autorität über ihr Leben hat.

Jetzt geht der Herr in der Prüfung ihres Glaubens noch einen Schritt weiter. Er sagt: „Es ist nicht schön, das Brot der Kinder zu nehmen und den Hunden hinzuwerfen" (Mt 15,26). Er vergleicht sie hier mit einer Hündin, die völlig unwürdig ist, überhaupt auch nur irgendeine Art von Hilfe von Ihm zu bekommen. Für die Frau war das eine sehr demütigende Aussage. Doch Jesus weiß genau, dass Er mit diesen scheinbar harten Worten ihren Glauben nicht überfordert, sondern dass dieser dadurch nur umso heller hervorstrahlen wird.

Wie viele wären in diesem Augenblick weggegangen und hätten aufgegeben. Nicht so diese Frau. Es ist beeindruckend, wie sie auf diese Worte reagiert. Sie stellt sich darunter und sagt: „Ja, Herr." Dadurch gibt sie Ihm recht und akzeptiert, dass, wenn es um eine Frage des Verdienstes geht, sie tatsächlich völlig unwürdig ist.

> **„Unsere Schwierigkeiten sollten das Ross sein, auf dem wir zu Gott reiten – raue Winde, die unser Schiff in den Hafen des Gebets treiben."**
> (Charles H. Spurgeon)

Doch dann fügt sie einen bemerkenswerten Satz hinzu: „Und doch fressen die Hunde von den Brotkrumen, die von dem Tisch ihrer Herren fallen" (Mt 15,27). Sie gibt immer noch nicht auf und verliert aufgrund der scheinbaren Absage des Herrn Jesus nicht den Mut.

Sie ist davon überzeugt, dass der Herr barmherzig und groß an Güte ist für alle, die Ihn anrufen (s. Ps 86,5). Woher hat sie diese Gewissheit? Durch ihren Glauben. Sie sagt mit anderen Worten: „Ja, ich bin ein Hund und habe nichts zu fordern. Aber so wie die Menschen barmherzig sind und es den winselnden Hunden zugestehen, einige Brotkrumen aufzuschnappen, so vertraue ich darauf, dass du mir in deiner Gnade etwas geben wirst, obwohl ich nichts verdient habe."

Als der Herr diese Worte hört, sagt Er mit tiefer Freude: „O Frau, dein Glaube ist groß; dir geschehe, wie du willst" (Mt 15,28). Jetzt, wo ihr Glaube ganz zum Vorschein gekommen ist, gibt es für Ihn kein

Halten mehr. Er entspricht ihrem Bedürfnis und ehrt den Glauben, der mit dem rechnet, was in Seinem Herzen ist, und sich an Seine Gnade und Barmherzigkeit klammert.

> *Worin zeigt sich der große Glaube dieser Frau und was kannst du für dich daraus lernen? Warum antwortet der Herr manchmal nicht sofort, wenn wir Ihm eine Not im Gebet bringen? Welcher Zusammenhang besteht zwischen der Gesinnung dieser Frau und ihrem Glauben?*

Notizen:

. . . .

. . . .

. . . .

. . . .

. . . .

. . . .

. . . .

. . . .

. . . .

. . . .

. . . .

Glaube und Beharrlichkeit

„Ich lasse dich nicht los, es sei denn, du segnest mich." (1. Mo 32,27)

Selbst wenn der Glaube auch noch so klein ist, hilft der Herr denen, die vertrauensvoll mit ihrer Not zu Ihm kommen. Wenn Er aber in seiner göttlichen Weisheit erkennt, dass jemand großen Glauben hat, dann prüft Er diesen, damit der Glaube sichtbar wird und deutlich zum Vorschein kommt. Genau das sehen wir bei der kanaanitischen Frau. Zuerst antwortet der Sohn Gottes ihr überhaupt nicht, dann gibt Er ihr eine scheinbare Absage und schließlich gewährt Er ihre Bitte, nachdem ihr ungeheuchelter Glaube völlig sichtbar geworden ist.

Seit ca. 2000 Jahren fordert Gott uns dazu auf, mit Freimütigkeit vor den Thron der Gnade zu kommen, wo Er uns Barmherzigkeit und Gnade schenken möchte – und das immer genau zur richtigen Zeit (s. Heb 4,16)! Im Gegensatz zu der heidnischen Frau, die das Neue Testament nicht in Händen hatte und Gott nicht als Vater kannte, haben wir als Kinder Gottes dieses wunderbare Versprechen in seinem Wort fest verankert. Klammern wir uns daran, indem wir beten und sagen: „Ich lasse dich nicht los, es sei denn, du segnest mich" (1. Mo 32,27)?

Gnade fängt da an, wo jeder Rechtsanspruch aufhört. Wir bitten nicht, weil wir etwas verdient haben, sondern weil wir davon überzeugt sind, dass der Gott aller Gnade reich an Barmherzigkeit ist (s. 1. Pet 5,10; Eph 2,4). Dieses Wissen treibt uns auf die Knie – und gibt uns Mut zum Beten!

Lasst uns von der Beharrlichkeit dieser Frau lernen! Wenn wir beten, sollen wir völlig auf die Gnade und Barmherzigkeit des Herrn hoffen, die Er in Seinem Herzen hat! Er liebt es, zu geben! Aber manchmal wartet Er mit der Antwort auf Gebet, damit unser Glaube noch deutlicher sichtbar wird.

„Eine gottesfürchtige Frau betete über Jahre hinweg für ihren ungläubigen Mann und ihre neun Kinder. Schließlich wurde sie dahin geführt, ganz spezifisch für jeweils ein einzelnes Kind zu flehen. Gott antwortete auf diese intensiven Gebete, indem sich ein Kind nach dem anderen bekehrte. Zuerst wurde ihre älteste Tochter errettet, dann ihre beiden ältesten Söhne. Im Laufe der Zeit nahmen alle neun Kinder Jesus Christus als ihren persönlichen Retter an. Doch bei ihrem Ehemann war trotz intensiven Gebets keine Veränderung zu sehen.

> **„Bestürme den Thron der Gnade und lass nicht locker, dann wirst du dort Barmherzigkeit empfangen."**
> (John Wesley)

Schließlich nahm sich die Frau vor, noch einmal mit ganzem Herzen und mit Glaubensenergie für ihren Mann zu flehen. Sie verbrachte eine ganze Nacht in einem so intensiven Flehen vor Gott, wie sie es nie zuvor erlebt hatte. Am nächsten Morgen sagte sie zu ihrem Mann: »Gott hat mir alle meine neun Kinder gegeben. Doch du bist noch immer ohne Gott und ohne Hoffnung. Ich möchte dich noch einmal inständig bitten, danach überlasse ich dich dem Herrn: Willst du dich jetzt bekehren und die Rettung deiner Seele annehmen?«

Ihr Ehemann stand sprachlos und fast wie gelähmt vor ihr. Plötzlich schluchzte er: »Ich will.« An diesem Morgen wurde er gerettet. Und die Veränderung, die sich in seinem Leben offenbarte machte einen starken Eindruck auf die ganze Nachbarschaft." (T. Payne / *Prayer – The Greatest Force on Earth* / Moody Press)

Was weißt du über Gott, das dich ermutigt, viel von Ihm zu erwarten? Welche Rolle spielt die Angst, enttäuscht zu werden, wenn du vor der Herausforderung stehst, mit Ausdauer und Dringlichkeit für eine Sache zu beten? Sei konkret, mutig und beharrlich, wenn du vor den Thron der Gnade kommst!

Notizen:

. . . .

. . . .

. . . .

. . . .

. . . .

. . . .

. . . .

. . . .

. . . .

. . . .

. . . .

. . . .

. . . .

. . . .

Kleinglaube

Zweimal spricht der Herr Jesus in den Evangelien von großem Glauben: In Verbindung mit dem Hauptmann, der darauf vertraut, dass Er seinen kranken Knecht aus der Entfernung mit einem Wort gesund machen kann, und hinsichtlich der kanaanitischen Frau, die sich mit ganzem Herzen an Seine Gnade und Barmherzigkeit klammert und nicht aufgibt, bis sie das, worum sie bittet, auch empfängt.

Doch leider muss der Sohn Gottes auch öfter über den Kleinglauben der Menschen reden. Dabei ist es allerdings sehr interessant, zu sehen, was Er als Kleinglauben beurteilt. Die Begebenheiten, in denen Er die Jünger als Kleingläubige anredet, zeigen uns, welches Vertrauen der Herr eigentlich gerne bei uns sehen möchte – denn sicherlich verhalten wir uns oft nicht anders als die Zwölf, die ihren Meister über drei Jahre täglich begleitet haben.

Kleinglaube hinsichtlich existentieller Bedürfnisse

„Und warum seid ihr um Kleidung besorgt? Betrachtet die Lilien des Feldes, wie sie wachsen: Sie mühen sich nicht, auch spinnen sie nicht. Ich sage euch aber, dass selbst nicht Salomo in all seiner Herrlichkeit bekleidet war wie eine von diesen. Wenn Gott aber das Gras des Feldes, das heute da ist und morgen in den Ofen geworfen wird, so kleidet: dann nicht viel mehr euch, ihr Kleingläubigen? So seid nun nicht besorgt, indem ihr sagt: Was sollen wir essen?, oder: Was sollen wir trinken?, oder: Was sollen wir anziehen? Denn nach all diesem trachten die Nationen; denn euer himmlischer Vater weiß, dass ihr dies alles nötig habt. Trachtet aber zuerst nach dem Reich Gottes und nach seiner Gerechtigkeit, und dies alles wird euch hinzugefügt werden." (Mt 6,29-33)

Es ist beeindruckend, dass der Herr Jesus zuerst hinsichtlich der existentiellen Bedürfnisse, wie beispielsweise Nahrung und Kleidung, von Kleinglauben bei den Jüngern spricht. Ist es nicht völlig normal, sich im Blick auf die Zukunft Sorgen über finanzielle Dinge zu machen? Ist es nicht einfach nur „vernünftig", sich so gut wie möglich abzusichern, um alles optimal unter Kontrolle zu haben? Hat Gott uns dafür nicht einen Verstand gegeben?

Wenn man die Zusagen Gottes außen vorlässt und das Ganze rein rational betrachtet, dann ist die Antwort auf diese Frage ein klares „Ja". Doch der Sohn Gottes macht in der Bergpredigt deutlich, dass alle, die Ihm dienen, einen Vater im Himmel haben, der ganz genau weiß, was sie benötigen – und der treu und liebevoll für sie sorgt.

Wie leicht werden wir innerlich unruhig, wenn wir über die Zukunft nachdenken! Kann es sein, dass wir hin und wieder Angst davor haben, dass uns Dinge aus dem Ruder laufen oder uns vielleicht irgendwann die finanziellen Mittel, die Gesundheit, die Kraft oder der Mut fehlen, die wir zum Leben brauchen? In der Regel beziehen wir Gott und Seine Zusagen in diese Überlegungen nicht wirklich mit ein und vergessen dabei, dass Ihm an uns liegt und Er um uns besorgt ist (s. 1. Pet 5,7).

Die Worte Jesu aus Matthäus 6 führen letztlich zu folgender Aussage: Wenn wir zuerst nach dem Reich Gottes trachten, aber gleichzeitig nicht damit rechnen, dass Gott ein liebender Vater ist, der uns alles gibt, was wir zum Leben brauchen, dann ist das Kleinglaube.

Wenn der Schöpfer sich schon darum kümmert, dass die Blumen, die eine sehr kurze Lebensdauer haben, so wunderbar „bekleidet" sind, wie viel mehr wird Er dann für die sorgen, die Ihn als Vater kennen und an denen die zukünftige Herrlichkeit geoffenbart werden soll (s. Röm 8,18)! Die Lilie blüht, verwelkt und ist nicht mehr. Wir dagegen sind dazu bestimmt, dem Bild des Sohnes Gottes gleichförmig sein und Seine Herrlichkeit für alle Ewigkeit auszustrahlen.

Selbst die Vögel haben keine Angst, sondern genießen stattdessen jeden Tag die wunderbare Fürsorge ihres Schöpfers. Da wir in den Augen Gottes viel wertvoller sind als die Blumen des Feldes und die Vögel des Himmels (s. Mt 10,31), sollte es da für uns nicht selbstverständlich sein, unserem himmlischen Vater hinsichtlich unserer täglichen Bedürfnisse ganz zu vertrauen? Wir haben einen lebendigen Gott, der ein Erhalter aller Menschen ist – besonders der Gläubigen (s. 1. Tim 4,10)!

Bedeutet das jetzt, dass wir einfach nur zu Hause herumsitzen und die Hände in den Schoß legen sollen, weil Gott ja sowieso für uns sorgt? Nein! Paulus schreibt: „Wenn jemand nicht arbeiten will, so soll er auch nicht essen" (2. Thes 3,10). Gott will, dass wir arbeiten – sei es, indem wir einer beruflichen Beschäftigung nachgehen, oder indem wir anderweitig im Weinberg Gottes tätig sind. Man kann auf verschiedene Weise an Seinem Reich bauen!

Die Frage ist, welche Aufgaben der Herr jedem von uns gibt und wie Er uns individuell führt. Das Neue Testament macht deutlich, dass grundsätzlich die Arbeit für Christus – und das Trachten nach seinem Reich – unsere leitenden Hauptgedanken sein sollen! Wir sollten uns allerdings davor hüten, uns in diesem Bereich miteinander zu vergleichen oder uns gegenseitig zu beurteilen. Jeder Diener steht vor seinem Herrn und soll sich persönlich von Ihm leiten lassen!

Für konsequente Nachfolge und Dienst für den Herrn hat Gott uns aber auch für die aktuelle Zeit schon wunderbare Zusagen gegeben, auf die wir vertrauen sollen. Jesus hat gesagt: „Trachtet aber zuerst nach dem Reich Gottes und nach seiner Gerechtigkeit, und dies alles wird euch hinzugefügt werden" (Mt 6,33). Wenn jemand, der dem Sohn Gottes dient, auf finanzielle Vorteile im Beruf verzichtet, um seinem Meister mehr zur Verfügung stehen zu können, dann wird er erleben, dass Gott ihn niemals im Stich lässt. Der Vater ehrt die, die dem Sohn dienen (s. Joh 12,26). „Er, der doch seinen eigenen Sohn nicht verschont, sondern ihn für uns alle hingegeben hat: wie wird er uns mit ihm nicht auch alles schenken?" (Röm 8,32).

Es kann beispielsweise sein, dass ein Christ vom Herrn geistliche Aufgaben bekommt, die so viel Zeit in Anspruch nehmen, dass er seine berufliche Arbeitszeit auf 80% oder 60% verkürzen muss – oder sogar den irdischen Beruf ganz aufgibt. Wenn er das in Abhängigkeit von Gott im Glauben tut, dann wird der Herr dafür sorgen, dass der Jünger trotz des verminderten Einkommens alles bekommt, was er zum Leben benötigt. Es erfordert aber Glaubensmut, solche Schritte zu gehen!

Der Evangelist Charles Stanley hat oft erlebt, dass Gott treu ist und auch im finanziellen Bereich zu dem steht, was Er verspricht. Folgende Begebenheit aus seinem Leben macht das deutlich:

> **„Durch Gottes Gnade sehen meine Augen nicht auf die leeren Vorratskammern und das leere Portemonnaie, sondern auf die Reichtümer unseres Herrn allein."**
> (Georg Müller)

„In der Zeit, in der ich das Geschäft in Sheffield besaß, hatte ich nur ein kleines Kapital und wünschte auch nicht mehr. Ich hatte die Erfahrung gemacht, dass Gott sich derer, die auf Ihn rechnen, in besonderer Weise annimmt.

Einmal war ich lange Zeit auswärts und hatte die Hälfte dieser Zeit dazu benutzt, das Evangelium zu verkündigen. Nun musste ich am folgenden Montag eine Rechnung bezahlen und hatte das Geld nicht und wusste auch nicht, wo ich es hernehmen sollte. Da ich überzeugt bin, dass ein Christ stets zum genauen Termin bezahlen muss, trug ich die Sache Gott im Gebet vor.

Plötzlich dachte ich an einen großen Vorrat Schmirgel, von dem ich eine ganze Menge Behälter besaß, die ich nicht verkaufen konnte. Auch das sagte ich dem Herrn. »Wirf das Netz an der rechten Seite aus«, war die Antwort. »Herr, was ist die rechte Seite?« fragte ich. Direkt danach kam der Gedanke, dass ER die rechte Seite ist. Darauf bat ich den Herrn, doch den Schmirgel für mich zu verkaufen, weil ich keinerlei Möglichkeit dazu sah und sicher nicht zu einem Preis, womit ich die Rechnung bezahlen konnte.

Während ich noch betete, kam ein Herr in meinen Laden und fragte: »Haben Sie noch Schmirgel?« Ich bejahte und zeigte ihm die Ware. »Ja«, sagte er, »das ist gerade das, was wir brauchen. Wieviel haben Sie davon?« Ich nannte ihm die Anzahl der Behälter, zwanzigmal mehr, als ich je in meinem Leben auf einmal verkauft habe, worauf er antwortete: »Wir nehmen alles zu dem Preis, den Sie mir nennen. Schicken Sie es uns morgen. Wir bezahlen Montagmorgen.«

Nachdem ich den Auftrag mit Dank angenommen hatte, fragte ich: »Nun sagen Sie mir doch einmal, wie Sie gerade zu mir gekommen sind und warum Sie gerade diese besondere Art Schmirgel gebrauchen können. Ich konnte die Ware trotz größter Mühe nicht verkaufen und hätte sie zurückschicken müssen, da sie mir irrtümlich zugesandt worden war.«

Er antwortete: »Ein Schleifer erzählte mir, dass Sie diese Sorte haben, die wir unbedingt brauchen, und darum kam ich. Ich kann mir gut denken, dass sie sie nicht verkaufen konnten, denn wir sind die einzige Fabrik, die diese Schmirgelsorte verwendet. Wir brauchen sie zum Schleifen von Artikeln für den russischen Markt.« Ich lieferte und empfing genau den Betrag meiner Schuld." (Charles Stanley / *Wie der Herr mich führte* / EPV)

> *„Fürchtet den HERRN, ihr seine Heiligen!*
> *Denn keinen Mangel haben, die ihn fürchten."*
>
> *(Ps 34,10)*

*Warum benutzt der Herr so viele Illustratio-
nen, um zu zeigen, dass Gott für die sorgt,
die zuerst nach Seinem Reich trachten? Wie
würdest du in diesem Zusammenhang Kleinglauben definieren? Welche Rolle spielt die
individuelle Führung des Herrn, wenn es um
die Arbeit im Reich Gottes geht?*

Notizen:

. . . .

. . . .

. . . .

. . . .

. . . .

. . . .

. . . .

. . . .

. . . .

. . . .

. . . .

. . . .

. . . .

. . . .

Kleinglaube trotz großer Verheißungen?

Im Alten Testament sagte Elia zu der armen Witwe, die kurz davor stand, kein Essen mehr im Haus zu haben: „Fürchte dich nicht! ... bereite mir zuerst einen kleinen Kuchen ... und dir und deinem Sohn bereite danach zu. Denn so spricht der HERR, der Gott Israels: Das Mehl im Topf soll nicht ausgehen, und das Öl im Krug nicht abnehmen bis auf den Tag, da der HERR Regen geben wird auf den Erdboden" (1. Kön 17,13.14). Genauso ist es geschehen!

Im Neuen Testament sagt der Sohn Gottes: „Es ist niemand, der Haus oder Brüder oder Schwestern oder Mutter oder Vater oder Kinder oder Äcker verlassen hat um meinet- und um des Evangeliums willen, der nicht hundertfach empfängt, jetzt in dieser Zeit Häuser und Brüder und Schwestern und Mütter und Kinder und Äcker unter Verfolgungen, und in dem kommenden Zeitalter ewiges Leben" (Mk 10,29.30). Gilt diese Verheißung nicht auch heute noch? Wir kümmern uns um Sparbücher und Renten, die nur kleine Zinssätze anbieten – und halten diese oft für wertvoller als die hier vom Herrn versprochenen 10.000% Zinsen.

Wer bereit ist – in Abhängigkeit vom Herrn – den Wohnort zu wechseln, die Verwandtschaft zu verlassen oder Besitz aufzugeben, um das Evangelium in der ganzen Schöpfung zu predigen, der darf sich an diese Zusage klammern und darauf vertrauen, dass Gott für ihn sorgen wird! Wie genau Gott das tut, bleibt dabei Ihm überlassen.

Wenn Er den Raben ihre Speise bereitet (s. Hi 38,41) und diese Vögel sogar dazu benutzen kann, um Seine Diener zu versorgen, hat Er dann nicht alle Mittel in der Hand, um auch uns das zu geben, was wir brauchen? Er kann dazu eine arme Witwe gebrauchen (s. 1. Kön 17) oder einen reichen Gläubigen (s. Jes 53,9), denn alle Dinge dienen Ihm (s. Ps 119,91). Wie Paul Gerhard treffend sagt: „Weg hat Er allerwegen; an Mitteln fehlt's Ihm nicht."

Als Albert Winterhoff seinen Beruf aufgab, um vollzeitig das Evangelium zu verkündigen, kam es schon mal vor, dass zu Hause nichts mehr zu essen war. Doch der Herr sorgte auf erstaunliche Weise für seinen Diener, wie folgende Begebenheit zeigt:

„Wieder einmal hatte Albert eifrig den Notleidenden mitgeteilt. Es war Sonntag. Gerne hätte »Mütterchen« der Familie etwas Schönes gekocht, aber es war nichts im Haus. Albert ging mit seinem Sohn Hans in das Nachbarzimmer, beugte die Knie und rief deswegen zum Herrn.

Nachdem er von seinen Knien aufgestanden und in die Küche gegangen war, klingelte es plötzlich an der Haustür. »Mimi«, sagte eine Stimme, »wir hatten heute eine Familie eingeladen, die nicht gekommen ist, daher würden wir euch gerne von unserem Schweinebraten und dem Rotkohl abgeben. Wir wünschen euch guten Appetit.«

Dankend nahm sie die Gaben an. Albert dachte nur: »Und es wird geschehen: Ehe sie rufen, werde *ich* antworten; während sie noch reden, werde *ich* hören" (Jes 65,24).«" (A. Steinmeister / *Das Leben Albert Winterhoffs* / CSV)

> **„Der Glaube beunruhigt sich nicht hinsichtlich der Mittel, sondern stützt sich auf die Verheißungen Gottes. In den Augen des natürlichen Menschen scheint es der Gläubige an Vorsicht fehlen zu lassen. Aber vom Augenblick an, wo es lediglich die Mittel sind, die dem Menschen diese oder jene Sache ermöglichen, ist es nicht mehr Gott, der wirkt. Stützt man sich auf die Mittel, so ist es nicht mehr das Werk Gottes."**
> (John N. Darby)

Wenn Gott uns einen Auftrag gibt, dann wird Er uns auch immer alles geben, was nötig ist, um diesen Auftrag zu erfüllen. Paulus schreibt dazu: „Gott aber vermag jede Gnade gegen euch überströmen zu lassen, damit ihr in allem, allezeit alle Genüge habend, überströmend seid zu jedem guten Werk" (2. Kor 9,8). In diesem Zusammenhang ist es auch gut, an die Worte des Apostels zu denken, wenn er den Korinthern Gottes Gedanken über die Versorgung seiner Diener vorstellt: „So hat auch der Herr für die, die das Evangelium verkündigen, angeordnet, vom Evangelium zu leben" (1. Kor 9,14). Der Diener erwartet alles von seinem Herrn, der gesagt hat: „Der Arbeiter ist seines Lohnes wert" (Lk 10,7).

Auf der anderen Seite haben die, denen gedient wird, die Verantwortung, den Diener im Gebet und finanziell zu unterstützen, wie geschrieben steht: „Wer in dem Wort unterwiesen wird, teile aber von allem Guten dem mit, der ihn unterweist" (Gal 6,6). Das gilt übrigens auch für örtlichen Ältestendienst, denn der Apostel schreibt an Timotheus: „Die Ältesten, die wohl vorstehen, lass doppelter Ehre für würdig erachtet werden, besonders die, die in Wort und Lehre arbeiten. Denn die Schrift sagt: »Du sollst dem Ochsen, der drischt, nicht das Maul verbinden«, und: »Der Arbeiter ist seines Lohnes wert.«" (1. Tim 5,17.18).

Das bedeutet, dass man, wenn jemand Ältestendienst tut und auf diese Weise seine Zeit einsetzt und für den Herrn arbeitet, im Gebet erwägen sollte, ihn dafür auch finanziell zu unterstützen. Wie groß und zeitintensiv sind oft die Aufgaben und Bedürfnisse in örtlichen Gemeinden/Versammlungen – und die Besuche in den Häusern, die so oft vernachlässigt werden! Kann es nicht sein, dass diesen Bedürfnissen mehr entsprochen würde, wenn Brüder – in Abhängigkeit vom Herrn – bereit wären, ihre berufliche Arbeitszeit zu reduzieren, um sich diesen Aufgaben mehr widmen zu können?

Als Jünger, die eine lebendige Beziehung zum Vater haben und wissen, dass Er der Geber jeder guten Gabe ist, dem an uns liegt und der für uns sorgt, sollen wir nicht kleingläubig sein, sondern uns im Glauben auf seine Zusagen stützen!

Der gleiche Apostel, der sagen konnte: „Ich habe gelernt, worin ich bin, mich zu begnügen" (Phil 4,11) sagte auch mit ebenso großer Überzeugung: „Mein Gott aber wird euch alles Nötige geben nach seinem Reichtum in Herrlichkeit in Christus Jesus" (Phil 4,19).

> *Warum hat der Herr angeordnet, dass die, die das Evangelium verkündigen, auch vom Evangelium leben sollen? Warum konnte Paulus mit fester Überzeugung sagen: „Mein Gott aber wird euch alles Nötige geben nach seinem Reichtum in Herrlichkeit in Christus Jesus" (Phil 4,19)? Wie würdest du diesen Vers mit eigenen Worten wiedergeben? Inwiefern ist die Sorge, dass sich der Lebensstandard ändern könnte, wenn man zuerst nach dem Reich Gottes trachtet, ein Hinderungsgrund dafür, sich ganz dem Herrn hinzugeben?*

Notizen:

. . . .

. . . .

. . . .

. . . .

. . . .

. . . .

. . . .

Kleinglaube in den Stürmen des Lebens

„Und als er in das Schiff gestiegen war, folgten ihm seine Jünger. Und siehe, ein großes Unwetter erhob sich auf dem See, sodass das Schiff von den Wellen bedeckt wurde; er aber schlief. Und die Jünger traten hinzu, weckten ihn auf und sprachen: Herr, rette uns, wir kommen um! Und er spricht zu ihnen: Was seid ihr furchtsam, ihr Kleingläubigen? Dann stand er auf und schalt die Winde und den See; und es trat eine große Stille ein. Die Menschen aber verwunderten sich und sprachen: Was für einer ist dieser, dass auch die Winde und der See ihm gehorchen?" (Mt 8,23-27)

13 Männer befinden sich in einem heftigen Sturm auf dem See Genezareth. Einige von ihnen sind erfahrene Fischer, die schon das ein oder andere Unwetter durchgemacht haben. Doch so etwas wie jetzt haben sie noch nie erlebt: Der Wind tobt. Die Wellen schlagen ins Boot, das sich langsam immer mehr mit Wasser füllt. Die Angst vor dem Ertrinken wird immer größer. Bei zwölf von ihnen bricht Panik aus. Für sie geht es um Leben und Tod. Nur einer liegt im hinteren Teil des Schiffes und schläft seelenruhig.

Wenn der Friede Gottes einen Menschen erfüllt, dann wird sein Herz so ruhig wie ein Bergsee, in dem sich der Himmel spiegelt – egal in welcher Situation er sich gerade befindet. Genau diesen Frieden sehen wir hier bei unserem Herrn und Meister. Der tobende Sturm und die peitschenden Wellen können Ihn nicht aus der Ruhe bringen, denn Er konnte mit festem Vertrauen sagen: „In Frieden werde ich sowohl mich niederlegen als auch schlafen; denn du, HERR, allein lässt mich in Sicherheit wohnen" (Ps 4,9).

Was für ein Mensch! Doch das Wunderbare für uns ist: Genau diese innere Ruhe und Gelassenheit können auch wir heute noch in jeder

Situation unseres Lebens erleben! Deshalb sagt Jesus später zu seinen Jüngern: „Meinen Frieden gebe ich euch" (Joh 14,27). Die Frage ist, was wir dafür tun können, damit dieser Friede tatsächlich unsere Herzen erfüllt. Wir sollen Gott vertrauen!

Es ist beeindruckend, dass der Herr von den Jüngern – und auch von uns – erwartet, dass sie Ihm selbst in einer solch scheinbar lebensbedrohlichen Situation fest vertrauen und völlig ruhig bleiben. Ist es denn nicht gut nachvollziehbar, dass die Zwölf hier weiche Knie bekommen und sich zu Tode fürchten? Christus urteilt anders. Er nennt es Kleinglauben, dass die Jünger in diesen Umständen mehr an sich selbst und die Gefahr denken als an Ihn und seine Macht. Groß von sich selbst zu denken und klein von dem Herrn – das kennzeichnet den Kleinglauben! Wenn der Sohn Gottes an Bord eines Schiffes ist, dann kann dieses Schiff nicht untergehen – egal, wie stark der Wind weht und wie hoch die Wellen schlagen.

> **„Wir wünschen oft, unsern Weg ohne Prüfungen und Schwierigkeiten gehen zu können. Aber welch ein Verlust wäre es für uns, wenn dieser Wunsch erfüllt würde! Die Gegenwart des Herrn ist nie so köstlich und erquickend als in Zeiten der Drangsal und Not."**
> (Charles H. Mackintosh)

Wie schnell kritisieren wir den Kleinglauben der Jünger in dieser Situation. Dabei haben wir überhaupt keinen Grund dazu, auf sie herabzuschauen. Warum? Weil die meisten von uns sich wahrscheinlich genauso wie die Zwölf gefürchtet bzw. verhalten hätten – obwohl wir theoretisch wissen, dass der Herr allmächtig und in der Lage ist, Situationen von einem Augenblick auf den anderen zu verändern.

Trotz ihres Kleinglaubens antwortet Er auf ihre Bitte. Mit göttlicher Autorität gebietet Er den tobenden Naturgewalten. Augenblicklich tritt eine große Stille ein. Normalerweise dauert es, nachdem ein Sturm sich legt, noch etwas, bevor auch die Wellen völlig verschwinden. Hier dagegen ist es ganz anders. Wenn der Sohn Gottes eingreift, dann tut Er das in vollkommener Weise. Er ist der Herr des Friedens (s. 2. Thes 3,16)! Deshalb kann Er durch Seine göttliche Macht auch unsere furchtsamen Herzen von einem Moment auf den anderen vollkommen ruhig machen.

Während des Sturms haben die Jünger Angst, weil sie denken, dass es für sie um Leben und Tod geht. Doch jetzt, da sie Augenzeugen dieses gewaltigen Wunders werden, fürchten sie sich plötzlich mit großer Furcht. Sie sind so überwältigt von der Größe des Sohnes Gottes, dass sie voll Erstaunen sagen: „Wer ist denn dieser, dass auch der Wind und der See ihm gehorchen?" (Mk 4,41).

Das Beispiel der Herrnhuter Brüder, das John Wesley tief beeindruckt hat, zeigt ebenfalls, dass es möglich ist, Gott selbst in solch lebensbedrohlichen Situationen zu vertrauen und dabei völlig ruhig zu bleiben:

„Am Samstagabend, dem 17. Januar 1736, saßen John und Charles Wesley mit Colonel Oglethorpe und anderen in der Kajüte der SIM-MONDS beisammen, weit draußen auf dem Atlantik. Die See war rau gewesen, und die Wolken waren den ganzen Tag über immer dicker geworden. Jetzt stampfte das Schiff, wobei die Situation von Minute zu Minute bedrohlicher wurde.

»Plötzlich brach eine riesige Woge über die Kajüte herein, mit einem Geräusch und einem Schlag wie von einer Kanone. Und nachdem zwei oder drei von uns von Kopf bis Fuß durchnässt waren, brach sie über die Staatskajüte herein, die wir schließlich durch die Fenster verließen.« ...

Wesley war als Geistlicher von einer Gruppe von sechsundzwanzig deutschen Auswanderern tief beeindruckt. Sie gehörten der Herrnhuter Brüdergemeine an, allgemein als die »Herrnhuter Brüder« bekannt ... Die Deutschen waren immer fröhlich. Sie nahmen niederste Arbeiten auf sich, für die die englischen Auswanderer zu stolz oder zu bequem waren, sich auch nur damit zu befassen. Und wenn die Passagiere oder die Mannschaft sie schmähten oder verunglimpften oder sie sogar niederschlugen, boten sie die andere Wange dar. Bei ihrem Gottesdienst sangen sie sehr schöne Choräle ...

Wesley ... konnte seine Furcht nicht ablegen, weil das Schiff »mit äußerster Gewalt« wankte und bebte. Der Sturm legte sich, aber wenige Tage später erhob sich ein neuer. Der Kapitän ließ das Schiff treiben. Am Samstag, dem 24. Januar, etwa um dreizehn Uhr, ging Wesley aus der Kajüte. Eine große Welle warf ihn nieder.

Am Sonntagabend rollte das Schiff so stark, dass er kaum die Kajüttreppe begehen konnte, um die sechsundzwanzig Herrnhuter zu besuchen. Er fand sie fröhlich einen ihrer großartigen Choräle singen. Während sie sangen, schlug eine große Woge über dem Schiff zusammen, zerriss das Hauptsegel und ergoss sich zwischen die Decks. Unter den Engländern begann eine schreckliche Panik auszubrechen.

»Die Deutschen schauten auf und sangen ruhig und ohne Unterbrechung weiter. Ich fragte einen von ihnen später: ‚Hattet Ihr keine Angst?' Er erwiderte: ‚Ich danke Gott, nein!' Ich fragte: ‚Aber hatten nicht Eure Frauen und Kinder Angst?' Er erwiderte sanft:

> **„HERR, Gott der Heerscharen, wer ist mächtig wie du, o Jah? Und deine Treue ist rings um dich her. Du beherrschst das Toben des Meeres; erheben sich seine Wogen – du stillst sie."**
> (Ps 89,9.10)

‚Nein. Unsere Frauen und Kinder fürchten sich nicht zu sterben.'«"
(John Pollock / *John Wesley und die große Erweckung* / CLV)

Was hat uns die Begebenheit der Jünger auf dem See zu sagen? Manchmal gibt es im Leben heftige Stürme beziehungsweise Situationen, in denen uns alles „aus dem Ruder läuft" und mit denen wir bei weitem überfordert sind. Doch genauso real wie der Sturm ist auch der, der den Sturm wieder stillen kann!

Es kann sein, dass wir in unseren Köpfen einiges über Gott wissen, was wir über Ihn gelesen oder in Predigten gehört haben. Aber theoretische Erkenntnis allein ist kein gutes Fundament für lebendigen Glauben. Was letztendlich wirklich zählt, ist, dass wir das, was wir über Ihn wissen, im Herzen verinnerlichen und deshalb fest auf Ihn vertrauen. Selbst wenn wir schon seit Jahren bekehrt sind, sollen wir immer weiter in der Gnade und Erkenntnis unseres Herrn und Heilandes Jesus Christus wachsen (s. 2. Pet 3,18). Je mehr wir im Glauben wirklich ergreifen, wie groß und wunderbar Er ist, umso mehr werden wir den Frieden Gottes und Seine Gnade im Alltag wirklich genießen (s. 2. Pet 1,2).

Lehre mich,
wenn so schwer alles erbebt!

Leite mich,
wenn das Meer wild sich erhebt!

Ja, in der dunklen Nacht

gibst du doch auf mich Acht,

trägst mich durch deine Macht –

Herr, Dir sei Ehr!

Ruth Demaurex (*1924 †2008)

> *Welche Stürme hat der Herr in deinem Leben schon gestillt? Wenn Er so einen Sturm zulässt, dann ist das eine besondere Gelegenheit, in der du Ihn durch Vertrauen ehren kannst. Oft benutzt Er gerade scheinbar ausweglose Situationen dazu, um Seine Herrlichkeit zu offenbaren und dich zu Bewunderung und Anbetung zu führen. Deshalb fasse Mut und fürchte dich nicht!*

Notizen:

. . . .

. . . .

. . . .

. . . .

. . . .

. . . .

. . . .

. . . .

. . . .

. . . .

. . . .

. . . .

Auf dem Wasser gehen

„Und als er die Volksmengen entlassen hatte, stieg er auf den Berg für sich allein, um zu beten. Als es aber Abend geworden war, war er dort allein. Das Schiff aber war schon mitten auf dem See und litt Not von den Wellen, denn der Wind war ihnen entgegen. Aber in der vierten Nachtwache kam er zu ihnen, gehend auf dem See. Als aber die Jünger ihn auf dem See gehen sahen, wurden sie bestürzt und sprachen: Es ist ein Gespenst! Und sie schrien vor Furcht. Sogleich aber redete Jesus zu ihnen und sprach: Seid guten Mutes, ich bin es; fürchtet euch nicht! Petrus aber antwortete ihm und sprach: Herr, wenn du es bist, so befiehl mir, zu dir zu kommen auf den Wassern. Er aber sprach: Komm! Und Petrus stieg aus dem Schiff und ging auf den Wassern und kam zu Jesus. Als er aber den starken Wind sah, fürchtete er sich; und als er anfing zu sinken, schrie er und sprach: Herr, rette mich! Sogleich aber streckte Jesus die Hand aus, ergriff ihn und spricht zu ihm: Kleingläubiger, warum hast du gezweifelt?" (Mt 14,23-31)**

Wieder eine Szene auf dem See. Dieses Mal sind die Jünger alleine im Schiff, während Jesus auf dem Berg ist, um dort zu beten. Stundenlang kämpfen die zwölf Männer mit dem entgegenstreitenden Wind und den furcherregenden Wellen. Dann taucht plötzlich in den frühen Morgenstunden etwas auf dem Wasser auf. Die Jünger denken, es handle sich um ein Gespenst – und schreien vor Furcht. Doch in Wirklichkeit ist es der Sohn Gottes, der auf den gewaltigen Wassermassen läuft und sich langsam dem Boot nähert. Im nächsten Moment hören sie eine vertraute Stimme, die ihnen zuruft: „Seid guten Mutes, ich bin es; fürchtet euch nicht!"

Petrus ist von dem Erscheinen des Herrn und seinen Worten tief beeindruckt. Nie zuvor hat er einen Menschen auf dem Wasser gehen sehen. Wenn Jesus dazu in der Lage ist, könnte Er dann nicht auch Seinen Jünger dazu befähigen, das Gleiche zu tun?

In seinem Herzen wächst der Wunsch, seinem Meister näher zu kommen – selbst wenn es für ihn bedeutet, das „sichere" Boot zu verlassen. Mit lauter Stimme ruft er: „Herr, wenn du es bist, so befiehl mir, zu dir zu kommen auf den Wassern." Was ist die Antwort des Herrn? „Für wen hältst du dich? Willst du den anderen Jüngern etwas beweisen?" Nichts dergleichen. Mitten in der Nacht wird in diesem Augenblick nur ein einziges Wort gehört: „Komm."

Ca. 2000 Jahre vorher hatte der Gott der Herrlichkeit Abraham, den Glaubensvater, schon einmal ein göttliches „Komm" zugerufen (s. Apg 7,3) – „und er zog aus, ohne zu wissen wohin er komme" (Heb 11,8). Petrus hat nun ein klares Ziel vor Augen: Den Sohn des lebendigen Gottes. Jetzt, nachdem der Herr ihn gerufen hat, gibt es kein Halten mehr. Er setzt seinen Fuß auf das Wasser – und merkt, wie er getragen wird, Schritt für Schritt.

Menschlich gesprochen war es in dieser Situation Leichtsinn oder sogar Wahnsinn, das sichere Boot zu verlassen und sich auf den wütenden See zu begeben. Es gab keinen Präzedenzfall, dass schon einmal ein Mensch auf dem Wasser gelaufen wäre. Doch wenn der Herr ruft, zählt nur noch eins: Glaubensgehorsam! Kann es etwas Besseres geben, als dem „Anfänger und Vollender des Glaubens" (Heb 12,2) durch konkrete Glaubensschritte näherzukommen?

Glaube bedeutet, nicht von den Umständen beherrscht zu werden, sondern unabhängig von den Umständen auf Gottes Wort hin zu handeln. Christus – unser Ziel – bestimmt den Weg und das Handeln derer, die Ihm vertrauen. Wenn Er es ist, der uns dazu beruft, einen bestimmten Weg zu gehen, dann können wir kühn sagen: „Der Herr ist mein Helfer, und ich will mich nicht fürchten" (Heb 13,6)!

Bei keinem anderen Jünger sehen wir den Glaubensmut, den Petrus in dieser Situation an den Tag legt. Es ist die Liebe zu seinem Meister, die ihn antreibt, Sicherheiten aufzugeben, um Ihm näherzukommen. Durch jeden Schritt, den er auf dem Wasser macht, wird sichtbar, dass der Herr erhaben über den Naturgesetzen steht und die Macht hat, Menschen ohne menschliche Sicherheiten dennoch über Wasser zu halten. Was für ein gewaltiges Zeugnis für die elf Jünger, die das Ganze vom Boot aus beobachten – und für jeden Gläubigen, der es heute noch im Wort Gottes lesen kann!

> **Der Wille Gottes wird dich niemals dorthin führen,**
>
> **Wo die Gnade Gottes dich nicht bewahren kann,**
>
> **Wo die Arme Gottes dich nicht tragen können,**
>
> **Wo der Reichtum Gottes deinen Bedürfnissen nicht begegnen kann,**
>
> **Wo die Kraft Gottes dich nicht stützen kann.**
>
> Unbekannt

Wir brauchen die Führung des Herrn und Sein göttliches „Komm", um dorthin zu gehen, wo Er uns haben möchte. Das setzt natürlich voraus, dass wir auch konkret erleben wie Er zu uns spricht und uns Seinen Willen deutlich macht. Er tut das auf unterschiedliche Weise. Oft ist es jedoch so, dass Er sich wiederholt, um uns zu versichern, dass Er es ist, der mit uns redet.

Walter Mauerhofer hat sich in Seinem evangelistischen Dienst immer wieder vom Herrn führen lassen. Nachdem er wunderbare Erfahrungen in Jugoslawien machten durfte und dann auf dem Weg war, um Freunde in Vorarlberg zu besuchen, ist Folgendes passiert:

„Es war um diese Zeit, als ich kurz vor der Arlberg-Pass-höhe auf einem Parkplatz anhielt und bei Neumond und einem wunderschönen Sternenhimmel in die majestätische Bergwelt hineinwanderte. Immer noch erfüllt von dem Wunder der Errettung in Jugoslawien, sang ich zur Ehre Gottes das Lied: »Du großer Gott, wenn ich die

Welt betrachte, die Du geschaffen durch dein Allmachtswort. Dann jauchzt mein Herz Dir, großer Herrscher, zu, wie groß bist Du!«

In der Stille dieser majestätischen Bergwelt - ich hatte keine Schritte vernommen, keinen Menschen gesehen, der sich mir genähert hätte - sprach mich aus dem Dunkel eine deutlich vernehmbare Stimme an: »Walter, komme nach Vorarlberg und verkündige das Evangelium.« Überwältigt und zutiefst erschrocken eilte ich zu meinem Auto zurück. Zittern hatte mich ergriffen. Das Erlebte war so überwältigend, dass ich den Eindruck hatte, der Himmel sei mir gerade sehr nahe.

Im Auto betete ich zum Herrn: »Gott, wenn Du mich in den Dienst nach Österreich rufst, dann habe ich den Wunsch, dass ein Mensch aus diesem Land, in das Du mich berufst, mir mit denselben Worten sagt, was Du mir gesagt hast.« Für den Augenblick war ich nicht imstande, dieses Geschehen richtig einzuordnen.

Von Kind auf und noch mehr von meiner schweren Krankheit an war es mein sehnlichster Wunsch gewesen, dem Herrn einmal dienen zu dürfen. Ich sah mein eigenes Unvermögen, meine Schwachheit, meine geringe Ausbildungszeit im Hinblick auf eine solche Berufung. Doch beseelte und erfüllte mich die Liebe zum Herrn Jesus, dem ich von ganzem Herzen ergeben dienen und gehören wollte.

Eine Stunde nach dem Wunder am Arlberg erreichte ich das Haus meines Freundes in Nenzing. Ich hatte es versäumt, die Familie im Voraus über mein Kommen zu informieren. Den Hausschlüssel hatte ich stets bei mir, und ich wusste, dass ich hier jederzeit willkommen war. Angekommen, begab ich mich in die Wohnküche. Hier fand ich in einem Topf vom Vortag noch etwas Sauerkraut. Dieses wärmte ich mir und setzte mich an den Küchentisch. Ans Zu-Bettgehen konnte ich nicht denken, zu sehr war ich aufgewühlt.

Am Küchentisch in Gedanken versunken, merkte ich anfangs nicht, dass sich die Küchentür langsam öffnete. Robert betrat die Küche. Erstaunt darüber, dass Robert noch wach war, fragte ich ihn, ob ich zu laut gewesen sei. Mir fiel auf, dass Robert über meinen Besuch nicht sonderlich erstaunt war. »Ist es nicht sonderbar«, fragte ich mich, »dass Robert nach einem schweren Arbeitstag im Stellwerk der ÖBB um ein Uhr in der Nacht bekleidet und munter wirkend vor mir steht?«

Ruhig erzählte Robert, dass er am Abend, als er ins Bett gehen wollte, plötzlich die Vorahnung hatte, dass ich diese Nacht zu ihnen kommen würde. Anfangs versuchte er diesen Gedanken abzulehnen, da er wusste, dass ich weit weg von hier auf der Bibelschule sei. Da er sehr müde war, versuchte er immer wieder den Schlaf zu finden. Aber der Gedanke, dass ich diese Nacht noch kommen würde, ließ ihn nicht einschlafen.

Als er Gott um innere Ruhe und um einen gesunden Schlaf bat, da habe er von Gott einen klaren Auftrag bekommen. Darum sei er wach geblieben und hätte auf mich gewartet. Nach diesen Worten stand ich vom Tisch auf. »Robert, was musst du mir sagen?«

»Walter, du sollst zu uns nach Vorarlberg kommen und das Evangelium verkündigen.«

Ich erzählte Robert, was ich vor knapp einer Stunde am Arlberg erlebt hatte und wie ich mir von Gott erbat, dass ein Mensch aus diesem Land mir jene Worte sagen möge, die dort in der Stille zu mir gesprochen wurden. Wir umarmten uns und weinten Freudentränen. Gemeinsam beteten wir zum Herrn und gaben ihm allein die Ehre. Jetzt war für mich gewiss: Der Herr hat mich in seinen Dienst nach Österreich berufen." (Mauerhofer / *Eine Saat geht auf* / CLV)

> *War die Bitte von Petrus angebracht oder hochmütig? Inwiefern hat er durch diesen Glaubensschritt den Herrn geehrt? Was kann es für dich heute im übertragenen Sinn bedeuten, den Fuß auf das Wasser zu setzen? Wie spricht Gott zu dir?*

Notizen:

. . . .

. . . .

. . . .

. . . .

. . . .

. . . .

. . . .

. . . .

. . . .

. . . .

. . . .

. . . .

. . . .

. . . .

Kleingläubiger, warum hast du gezweifelt?

„Als er aber den starken Wind sah, fürchtete er sich; und als er anfing zu sinken, schrie er und sprach: Herr, rette mich! Sogleich aber streckte Jesus die Hand aus, ergriff ihn und spricht zu ihm: Kleingläubiger, warum hast du gezweifelt? Und als sie in das Schiff gestiegen waren, legte sich der Wind. Die aber in dem Schiff waren, warfen sich vor ihm nieder und sprachen: Wahrhaftig, du bist Gottes Sohn!" (Mt 14,30-33)

Plötzlich beginnt Petrus zu zweifeln. Sein Blick wendet sich weg vom Herrn und bleibt an den Umständen hängen. Er sieht den starken Wind, der ihm um die Ohren pfeift, und bekommt es mit der Angst zu tun. In diesem Moment verliert er seinen festen Halt und fängt langsam an unterzugehen.

Auf das Wort des Herrn hin war er aus dem Boot ausgestiegen, doch jetzt verlor er das Bewusstsein der Gegenwart des Herrn – und das ist immer verhängnisvoll. Wenn wir den Herrn aus den Augen verlieren und die Probleme und Nöte plötzlich wie Berge vor uns stehen, zieht uns das den Boden unter den Füßen weg und wir beginnen im Glauben einzuknicken. Deshalb werden wir im Hebräerbrief dazu aufgefordert, von allem wegzuschauen und unsere Augen allein auf den „Anfänger und Vollender des Glaubens" zu richten (s. Heb 12,2). Wir stehen durch den Glauben (s. 2. Kor 1,24) und es ist die Macht Gottes, die uns durch Glauben bewahrt (s. 1. Pet 1,5). Wenn wir einmal in der Gefahr stehen, durch Zweifel einzuknicken, kann der Herr uns aufrecht halten (s. Röm 14,4).

C.H. Mackintosh hat zu dem Zustand des Wassers treffend gesagt: „Der Glaube kann sowohl auf rauen Gewässern als auch auf ruhigem Wasser gehen. Der natürliche Mensch kann keins von beiden. Die Frage ist nicht, in welchem Zustand sich das Wasser befindet, sondern in welchem Herzenszustand wir sind. Die Umstände haben nichts mit dem Glauben zu tun, außer dass, je schwieriger sie sind, die Kraft des Glaubens zunimmt und umso heller hervorstrahlt ... Der Glaube erhebt das Herz über die Winde und Wellen dieser rauen Welt und erhält es in vollkommenem Frieden."

Gute Umstände sind keine Sicherheit für uns. Wahre Sicherheit kann nur der Herr geben. Er hat die Welt überwunden – und wir überwinden die Welt durch den Glauben an Ihn (s. 1.Joh 5,4). Der Sohn Gottes, der Petrus befähigt hat, auf dem Wasser zu gehen, und auch heute noch himmelhoch über den Umständen steht, ist der Gegenstand unseres Glaubens und das Ziel, auf das wir zusteuern.

Petrus wird von der Verzweiflung gepackt und schreit: „Herr, rette mich!" Augenblicklich ist die mächtige Hand Jesu da, die ihn ergreift und aus den Wassermassen herauszieht. Jesaja schreibt treffend: „Siehe, die Hand des HERRN ist nicht zu kurz, um zu retten, und sein Ohr nicht zu schwer, um zu hören" (Jes 59,1). Petrus versagt; aber der Herr versagt niemals! Seine herablassende Gnade ist immer da, wenn wir zu Ihm rufen!

Der Psalmist sagt: „Wenn ich sagte: »Mein Fuß wankt«, so unterstützte mich deine Güte, HERR" (Ps 94,18). Auch David hat das erlebt und in einem Lied aufgeschrieben: „Er streckte seine Hand aus von der Höhe, er

> **„Bis in euer Greisenalter bin ich derselbe, und bis zu eurem grauen Haar werde ich euch tragen; ich habe es getan, und ich werde heben, und ich werde tragen und erretten."**
> (Jes 46,4)

nahm mich, er zog mich aus großen Wassern" (Ps 18,16). Gott wird uns zur rechten Zeit erhöhen, wenn wir uns in der Not vor Ihm demütigen, indem wir alle unsere Sorgen auf Ihn werfen – denn Ihm liegt an uns (s. 1. Pet 5,6.7)!

Dann hört Petrus wieder die Stimme seines Meisters, der zu ihm sagt: „Kleingläubiger, warum hast du gezweifelt?" Warum bezeichnet Jesus Seinen Jünger hier als kleingläubig? Weil Petrus seinen

Blick von Ihm abwendet und sich von den Umständen Furcht einflößen lässt. Der Herr erwartet also von ihm, dass Petrus sich – trotz der Tatsache, dass er mitten in der Nacht bei tobendem Wind und peitschenden Wellen auf dem Wasser geht – von den Umständen nicht umwerfen lässt, sondern seinen Blick mit festem Vertrauen allein auf Ihn gerichtet hält.

Das möchte Gott auch von uns. Egal, ob wir durch Höhen oder Tiefen gehen: Wir sollen Gott in allen Lebensumständen erkennen und darauf vertrauen, dass Er gute Absichten mit uns hat. Gerade wenn uns Enttäuschungen begegnen, stehen wir in der Gefahr, den Herrn aus den Augen zu verlieren. Dabei möchte Er uns besonders durch Probleme und Prüfungen näher zu sich ziehen, so wie Petrus über die Wellen dem Herrn immer näher kam.

Jim Elliot hat in seinem Dienst in Südamerika teilweise niederschmetternde Enttäuschungen erlebt. Folgende Geschichte zeigt, wie er damit umgegangen ist – und ist sicherlich auch eine Ansprache an uns:

„Im Mai ging Jim nach Quito, um an einer Tagung der Studentischen Missionsvereinigung teilzunehmen und sich mit mir zu treffen. Wir verlebten zwei glückliche Wochen, kauften Sachen ein für die Bauten in Shandia und besuchten Freunde. Dann fuhren wir gemeinsam zu der Missionsstation westlich der Anden, wo ich meine Arbeitsstätte hatte. Von dort musste Jim zunächst nach Quito zurück.

Über diese Fahrt, die er in einem altersschwachen Lastwagen mit Bananen machte, schrieb er mir in seinem nächsten Brief: »Von allen Touren, die ich je gemacht habe, war das die schwierigste und, im Vergleich zu ihrer Dauer, mit Abstand die teuerste.

Kurz nachdem wir aus dem Ort herauskamen, war in der Benzinpumpe lauter Wasser. Nach etwa hundert Kilometern hatten wir einen Plattfuß — bis die Sache repariert war, war es drei Uhr. Von dort nach Chiriboga hinauf krochen wir mit einem Durchschnittstempo von sieben Kilometern. Um neun Uhr abends kamen wir an der Schranke an, aber der Wächter weigerte sich, uns durchzulassen. Nach einem reichlich unbequemen Schlaf im Führerhaus des Wagens konnte ich ihn schließlich um fünf Uhr morgens bereden, die Schranke aufzumachen. Der Fahrer ermunterte mich dann, einen anderen Lastwagen zu nehmen; er sei nicht sicher, ob er mit seinem überhaupt bis Quito kommen werde.

Als ich meinen Koffer nehmen wollte, stellte sich heraus, dass er gestohlen war. Während unserer langen Schneckenfahrt nach Chiriboga hinauf war nämlich der Transportbegleiter ins Führerhaus gekommen, weil es regnete. Danach war wahrscheinlich irgend jemand hinten aufgesprungen und hatte meinen Handkoffer samt dem Gepäck von anderen Mitfahrern heruntergeworfen, während wir alle ahnungslos vorne aufeinander hockten.

Schau Dich um nach einer grünen Ölhaut, einer Siebzig-Dollar-Kamera, Lichtmesser, Mundharmonika, meinen sämtlichen Farbdias, Schuhen, Nylonhemden, wollenen Arbeitshosen. Und sage allen Senoritas in San Miguel, dass sie ihre Briefe neu schreiben müssen und sie jemand mitgeben, der zuverlässiger ist als ich ...

Der Herr hat mir durch den Verlust einen Gewinn geschenkt, er hat mich daran erinnert, dankbar zu sein für die vielen Güter, die ich besessen habe. Ich glaube, er hat mir das geschickt, um mich dahin zu bringen, dass ich immer weniger auf materielle Dinge schaue — auch wenn es gute, legitime Dinge sind — und mein Herz entschiedener an ihn hänge. Wer ihn hat, hat alles — mehr kann man sich nicht wünschen!« (Elisabeth Elliot / *Im Schatten des Allmächtigen* / SCM)

Zurück zu Petrus. Es ist leicht, ihn von unseren „Booten" aus zu kritisieren oder ihm altklug hinterherzurufen: „Du musst einfach nur auf den Herrn schauen, dann gehst du nicht unter." Doch du kannst dir ja mal die Frage stellen: Hättest du bei deinem ersten Gang auf dem

„Der Glaube erhebt das Herz über die Winde und Wellen dieser rauen Welt und erhält es in vollkommenem Frieden."

(Charles H. Mackintosh)

Wasser, bei starkem Wind und Wellen, ununterbrochen vertrauensvoll auf den Herrn geschaut, ohne deinen Blick auf die tobenden Naturgewalten abschweifen zu lassen? Hättest du dich überhaupt aus dem Boot gewagt?

Die Umstände ändern sich – der Wind und die Wellen kommen und gehen –, doch „Jesus Christus ist derselbe gestern und heute und in Ewigkeit" (Heb 13,8). Wenn Er uns zuruft „Komm" und uns dadurch dazu ermutigt, einen Glaubensschritt zu tun, dann wird Er uns auch sicher ans Ziel bringen. Die auf Ihn hoffen, werden nicht beschämt werden!

> *Warum bezeichnet der Herr Jesus Petrus in dieser Situation als Kleingläubigen? Was hätte Er von ihm erwartet? Worin liegt normalerweise das Kernproblem, warum du gelegentlich im Glauben einknickst? Wie gehst du mit Enttäuschungen um?*

Notizen:

. . . .

. . . .

. . . .

Kleinglaube trotz wunderbarer Erfahrungen mit dem Herrn

„Und als die Jünger an das jenseitige Ufer kamen, hatten sie vergessen, Brote mitzunehmen. Jesus aber sprach zu ihnen: Gebt Acht und hütet euch vor dem Sauerteig der Pharisäer und Sadduzäer. Sie aber überlegten bei sich selbst und sagten: Weil wir keine Brote mitgenommen haben. Als aber Jesus es erkannte, sprach er: Was überlegt ihr bei euch selbst, Kleingläubige, weil ihr keine Brote mitgenommen habt? Versteht ihr noch nicht, erinnert ihr euch auch nicht an die fünf Brote für die fünftausend und wie viele Handkörbe ihr aufgehoben habt, noch an die sieben Brote für die viertausend und wie viele Körbe ihr aufgehoben habt?" (Mt 16,8-10)

Das ist die letzte Begebenheit im Matthäus-Evangelium, in welcher der Herr die Jünger als Kleingläubige bezeichnet. Er steigt mit ihnen ins Schiff und gemeinsam fahren sie an das andere Ufer. Unterwegs bemerken die Jünger, dass sie vergessen haben, Brote für die Reise mitzunehmen, beziehungsweise nur ein Brot dabei haben (s. Mk 8,14) und fangen an, sich Vorwürfe zu machen.

Am anderen Ufer angekommen, warnt Jesus sie vor den schlechten geistlichen Einflüssen der Pharisäer und Sadduzäer. Doch sie begreifen nicht, was Er ihnen sagen möchte. Warum nicht? Weil ihre Sorgen um materielle Dinge und die Beschäftigung mit ihrem eigenen Versagen ihnen das Verständnis für Seine Worte verdunkeln. Sie denken nur an die Speise, die vergeht (s. Joh 6,27), während der Herr an etwas viel Wichtigeres als die Bedürfnisse ihres Körpers denkt: Bewahrung vor falscher Lehre.

Kommt dir das bekannt vor? Kann es sein, dass der Herr auch uns manchmal etwas sagen möchte und wir Ihn nicht verstehen, weil unsere innere Ausrichtung einfach nicht stimmt? Wie oft sind wir in erster Linie mit oberflächlichen Dingen oder materiellen Bedürfnissen beschäftigt, anstatt uns auf das viel Wesentlichere – das Geistliche – zu konzentrieren?

Als Jesus ihre Gedanken erkennt, stellt Er ihnen einige herzerforschende Fragen, die auch zu unseren Herzen reden:

> **„Denn deiner Wunder von alters her will ich gedenken ; und ich will nachdenken über all dein Tun, und über deine Taten will ich sinnen. Gott, dein Weg ist im Heiligtum! Wer ist ein großer Gott wie Gott? Du bist der Gott, der Wunder tut."**
>
> (Ps 77,12-15)

„Was überlegt ihr bei euch selbst, Kleingläubige, weil ihr keine Brote habt?" - Mit anderen Worten: Warum dreht ihr euch in euren Gedanken nur um euer menschliches Versagen?

„Begreift ihr noch nicht?" – Habt Ihr noch immer nicht gemerkt, dass ich der Sohn Gottes bin, dem Ihr rückhaltlos vertrauen könnt?

„Erinnert ihr euch auch nicht?" – Warum denkt ihr nicht an die Wunder, die ich schon vor euren Augen getan habe?

„Versteht ihr noch nicht?" – Versteht ihr nicht, wozu ich in der Lage bin? Ihr habt doch mit eigenen Augen gesehen, was ich tun kann. Glaubt ihr nicht, dass, wenn ich mit fünf Broten 5000 Männer versorgen kann oder mit sieben Broten eine Volksmenge von 4000, es überhaupt kein Problem für mich ist, mit einem Brot 13 Personen zu sättigen?

„Habt ihr euer Herz verhärtet?" – Seid ihr nicht bereit, durch die Glaubenserfahrungen, die ihr bereits mit mir gemacht habt, dazuzulernen? In Markus 6,52 heißt es: „Denn sie waren durch die Brote nicht verständig geworden, sondern ihr Herz war verhärtet."

Die Fragen des Herrn machen deutlich, wie wichtig es ist, dass wir uns immer wieder an die wunderbaren Dinge erinnern, die Gott bereits in unserem Leben getan hat. Es kann sehr nützlich sein, Glaubenserfahrungen aufzuschreiben und sie sich von Zeit zu Zeit wieder ins Gedächtnis zu rufen. Der Psalmist schreibt: „Preise den HERRN, meine Seele, und vergiss nicht alle seine Wohltaten!"; „Erinnert euch an seine Wunderwerke, die er getan hat" (Ps 103,2; 105,5).

> **„Eines in meinem Leben bedauere ich: Dass ich kein Tagebuch geführt habe über die wunderbaren Gebetserhörungen Gottes in meinem Leben und seine wunderbaren Führungen."**
> (William MacDonald)

Gott forderte das Volk Israel am Ende der Wüstenreise dazu auf, sich an die Dinge zu erinnern, die sie mit Gott erlebt hatten (s. 5.Mo 8,2). Er hatte ihnen täglich Manna aus dem Himmel gegeben und Seine treue Fürsorge vielfach unter Beweis gestellt (s. 2.Mo 16). Trotzdem stellten sie infrage, dass Gott dem Volk in der Wüste einen ganzen Monat lang Fleisch zu essen geben könne (s. 4. Mo 11,22).

Selbst bei Mose zeigt sich zwischendurch Kleinglaube, als er zu Gott sagt: „600.000 Mann zu Fuß ist das Volk, in dessen Mitte ich bin, und *du* sprichst: Fleisch will ich ihnen geben, dass sie einen ganzen Monat essen! Soll Klein- und Rindvieh für sie geschlachtet werden, dass es für sie ausreiche? Oder sollen alle Fische des Meeres für sie gesammelt werden, dass es für sie ausreiche?" (4. Mo 11,21.22). Hätte Mose sich an die Wunder erinnert, die der HERR bereits getan hatte, wären diese Fragen nicht nötig gewesen. Gott antwortet mit einer treffenden rhetorischen Frage auf seinen Kleinglauben: „Ist die Hand des HERRN zu kurz?" (4. Mo 11,23).

Er hatte sie bis hierhin getragen, wie ein Mann seinen Sohn trägt (s. 5. Mo 1,31). Die ganzen 40 Jahre hindurch waren ihre Kleidung nicht zerfallen und ihr Fuß nicht angeschwollen. Es hatte ihnen an nichts gefehlt (s. 5. Mo 2,7). So wie der HERR ihnen beim Auszug aus Ägypten geholfen hatte, so würde Er ihnen auch bei der Eroberung des

Landes helfen (s. 5. Mo 1,30). Sie sollten zurückblicken und aufgrund der wunderbaren Erfahrungen, die sie mit Gott gemacht hatten, Mut für die Zukunft schöpfen! „Erinnert euch an seine Wunderwerke, die er getan hat" (1. Chr 16,12). Das gilt auch für uns!

Wie oft haben wir selbst schon die mächtige Hand unseres Herrn erlebt und erfahren, dass Er gütig ist! Doch schon kurze Zeit später scheinen wir alles wieder vergessen zu haben. Die Beschäftigung mit den Sorgen des Lebens oder unserem eigenen Versagen raubt uns oft den Blick für das Unsichtbare – und schwächt unser Vertrauen zum Herrn, der zu jeder Zeit alles unter Kontrolle hat.

Lasst uns, anstatt uns um uns selbst zu drehen, aus der Vergangenheit lernen und dem Herrn auch heute noch Großes zutrauen!

> *Wodurch kann dein Verständnis über das, was Gott dir gerade sagen möchte, verdunkelt werden? Wie oft denkst du über die Wunder Gottes in deinem Leben nach? Was kannst du anhand der Dinge, die du mit dem Herrn bereits erlebt hast, für die Zukunft lernen?*

Notizen:

. . . .

. . . .

. . . .

. . . .

. . . .

Unglaube

Durch Zweifel die Freude verlieren

„Und siehe, du wirst stumm sein und nicht sprechen können bis zu dem Tag, an dem dies geschieht, weil du meinen Worten nicht geglaubt hast, die sich zu ihrer Zeit erfüllen werden." (Lk 1,20)

Ein gottesfürchtiges Ehepaar bittet Gott darum, ihnen ein Kind zu schenken. Doch ihr Gebet wird über längere Zeit nicht erhört. Als der Mann, Zacharias, eines Tages im Tempel Priesterdienst tut, erscheint ihm plötzlich der Engel Gabriel.

Gabriel sagt Zacharias, dass Gott auf sein Flehen geantwortet hat und ihm einen Sohn schenken wird. Dieser Sohn würde der Vorläufer des Messias sein, der das Volk auf das Kommen des Königs vorbereiten sollte, so wie es im Propheten Maleachi bereits angekündigt worden war. Was für eine großartige Botschaft! Der Herr wollte Zacharias und seine Frau dazu benutzen, um Seine Pläne Wirklichkeit werden zu lassen.

Wie reagiert Zacharias auf diese Ankündigung? Anstatt Gott beim Wort zu nehmen, zweifelt er an diesem Versprechen. Er sieht auf seine eigene Unfähigkeit und traut Gott deshalb nicht zu, seinen Plan durch ihn zu erfüllen. Im Unglauben fordert der Priester ein Zeichen, das die Worte des Engels bestätigen soll – obwohl die Erscheinung Gabriels bereits ein klares Zeichen war.

Sein Unglaube hat traurige Konsequenzen: Er wird augenblicklich stumm und bleibt es solange, bis die Worte des Engels eintreffen. Das war ein Zeichen von Gott; allerdings ein schmerzhaftes und demütigendes. Durch seinen Unglauben beraubt er sich selbst der Möglichkeit, Gott für Seine wunderbare Gnade und Barmherzigkeit laut zu danken und Ihn dafür zu loben.

Abraham hat sich ganz anders verhalten. Als Gott ihm sagt, dass Er seine Nachkommen wie die Zahl der Sterne machen würde, glaubt der Patriarch den Worten des HERRN. Auch Sarah gab Gott die Ehre, denn sie achtete den für treu, der die Verheißung gegeben hatte (s. Heb 11,11) – und das, obwohl es auch bei ihnen biologisch eigentlich unmöglich war.

Wenn wir Gottes Zusagen misstrauen, hat das Konsequenzen für unser Leben. Zum einen vermindern wir dadurch den Dank, den wir Gott eigentlich für Seine Verheißungen und Treue geben sollten, und zum anderen berauben wir uns selbst der wertvollen Erfahrungen, die wir machen könnten, wenn wir Gott wirklich beim Wort nehmen würden.

Es ist in dieser Hinsicht beeindruckend, den Kontrast zwischen dem Anfang und dem Ende des Lukasevangeliums zu sehen. Am Anfang sehen wir einen Priester, der stumm ist, weil er an der Zusage Gottes zweifelt. Am Ende sehen wir geistliche Priester, die Gott mit Freude im Tempel loben, weil sie den Sohn Gottes beim Wort genommen haben und im Glauben auf die Verheißung des Heiligen Geistes warten.

> **„Prüfungen sind nichts als verkleidete Segnungen."**
> (John Wesley)

Wenn eine Evangelisation geplant ist, dann ist es völlig normal, dafür zu beten, dass viele Menschen kommen, und vor allem, dass Gott auch Bekehrungen schenkt! Doch was ist, wenn plötzlich fast keiner kommt und sich alles anders entwickelt, als wir gehofft haben? Resignieren wir dann oder kämpfen wir weiter für die Errettung von Seelen? Walter Mauerhofer berichtet über eine solche Evangelisation, auf der Folgendes passiert ist:

„Die Bewohner von Kufstein lagen mir schon lange am Herzen. So plante ich eine Evangelisation und mietete dafür im Volksheim einen Saal, in dem gut 200 Personen Platz gefunden hätten. Motiviert ging ich von Haus zu Haus, um auf die evangelistischen Vorträge aufmerksam zu machen. Meine Vorfreude war groß, als mir viele ihr Kommen zusagten. Bald war ich in Sorge darüber, ob die Größe des Saals ausreichen würde.

Der erste Vortragsabend kam, und ich stellte mich bereits eine Stunde vor Beginn an den Eingang in der Hoffnung, bald die ersten Besucher empfangen zu dürfen. Es wurde 19:30 Uhr. In einer halben Stunde würde der Vortrag beginnen. Bald würden sie alle kommen. 19:45 Uhr, noch niemand da. Gespannt und aufgeregt begann ich langsam zu verstehen, dass wohl die vielen Zusagen nicht ernst gemeint waren. Als es 19:55 Uhr wurde, stand ich enttäuscht und niedergeschlagen an der Eingangstür. In solchen Momenten meint man keine Hoffnung und Kraft für weitere Unternehmungen zu haben.

Es war 20 Uhr, als eine Frau den Raum betrat. Ich sagte zu ihr, dass die Abendveranstaltung aufgrund mangelnder Besucher abgesagt sei. Aber die Frau mit ihrem Hund an der Leine dachte nicht daran, gleich wieder nach Hause zu gehen. Sie hatte sich auf diesen Vortrag gefreut und bat mich, den Vortrag zu halten. Ich entgegnete, dass ich in meiner momentanen Verfassung unmöglich meinen Vortrag halten könne. Doch die Frau bestand darauf, und auch der Hund machte nicht den Anschein, sogleich gehen zu wollen.

So nahm ich einen der Stühle, setzte mich dieser Frau gegenüber und hielt meine Predigt. Die Zuhörerin war von meinen Worten sichtlich berührt und wollte mehr von Jesus wissen. Sie verstand das Evangelium, wie Jesus für die Schuld der Menschheit starb und den an ihn glaubenden Menschen in seiner Liebe freisprechen und befreien möchte.

Als diese Frau die Sündenvergebung für sich in Anspruch nahm, wurde aus der anfänglichen Traurigkeit wegen der fehlenden Besucherschar größte Freude über den einen Menschen, der Jesus in sein Leben aufgenommen hatte." (Mauerhofer / *Eine Saat geht auf* / CLV)

> *Wie reagierst du, wenn du merkst, dass Gott durch Sein Wort direkt zu dir spricht? In Epheser 3,20 steht, dass Gott „über alles hinaus zu tun vermag, über die Maßen mehr, als was wir erbitten oder erdenken, nach der Kraft, die in uns wirkt." Was bedeutet diese Aussage für dein Glaubensleben?*

Notizen:

. . . .

. . . .

. . . .

. . . .

. . . .

. . . .

. . . .

. . . .

. . . .

. . . .

. . . .

. . . .

Zweifelnde Jünger

„Und als jene hörten, dass er lebe und von ihr gesehen worden sei, glaubten sie es nicht. Danach aber offenbarte er sich zweien von ihnen in einer anderen Gestalt, während sie unterwegs waren, als sie aufs Land gingen. Und diese gingen hin und verkündeten es den Übrigen; auch denen glaubten sie nicht." (Mk 16,11-13)

Immer wieder hatte der Herr Jesus Seinen Jüngern angekündigt, dass Er sterben und wieder auferstehen würde, wie es bereits im Alten Testament angekündigt worden war (s. Mk 8,31; 9,31;10,34). Dann ging der erste Teil Seiner Worte in Erfüllung: Er wurde gekreuzigt und starb. Eigentlich hätten sie sich jetzt daran erinnern und darauf warten sollen, dass auch Seine Worte hinsichtlich Seiner Auferstehung in Erfüllung gehen würden. Doch das Gegenteil ist der Fall.

Als Maria Magdalene den Jüngern sagt, dass sie den Herrn gesehen habe, glauben sie ihr nicht. Genauso erging es den zwei Emmaus-Jüngern, die den Elfen von ihrer Begegnung mit dem Auferstandenen erzählen. Die Jünger haben so ungläubige Herzen, dass sie noch nicht einmal ein zweifaches Zeugnis annehmen wollen – und das, obwohl es ihnen vorher angekündigt worden war.

Kurz darauf erscheint der Herr ihnen, als sie alle zusammen sind. Welche Botschaft hat Er für sie? Er weist sie aufgrund ihres Unglaubens und ihrer Herzenshärte zurecht, weil sie denen, die Ihn auferweckt gesehen hatten, nicht geglaubt haben.

Als Petrus und Johannes nach drei Tagen zum leeren Grab kamen, heißt es: „Denn sie kannten die Schrift noch nicht, dass er aus den Toten auferstehen musste" (Joh 20,9) – und das, obwohl der Herr ihnen mitgeteilt hatte, dass es im Alten Testament geschrieben stand (s. Lk 18,31-33). Schließlich muss Er Seinen Jüngern sagen: „O ihr Unverständigen und trägen Herzens, an alles zu glauben, was die Propheten geredet haben!" (Lk 24,25).

Was können wir aus diesen Begebenheiten lernen? Es kann sein, dass wir eine Wahrheit vielleicht schon oft gehört haben, aber sie in unserem Herzen immer noch nicht wirklich glauben! Das wiederum hat konkrete Auswirkungen auf unser Glaubensleben.

Die Emmaus-Jünger waren niedergeschlagen und enttäuscht, weil sie die Worte des Herrn über Seine Auferstehung nicht im Glauben ergriffen hatten. Sie waren also selbst verantwortlich dafür, dass sie so entmutigt waren. Hätten sie sich an die Zusagen des Herrn geklammert, wäre ihre Stimmung ganz anders gewesen.

Das ist auch oft bei uns der Fall. Wenn wir Gottes Zusagen aus den Augen verlieren und uns nur noch auf die negativen Dinge konzentrieren, die uns umgeben, dann wird uns das herunterziehen, sodass wir mutlos werden. Dabei ist es Gottes Wille, dass wir mit Frieden und Freude erfüllt werden, wenn wir Ihn beim Wort nehmen und uns im Glauben auf Seine Zusagen stützen (s. Röm 15,13).

> **„Wenn ich Gott beim Wort nehme, dann ist die Erfüllung Seines Versprechens nicht meine, sondern Seine Sache, da Er es gegeben hat."**
> (Charles H. Spurgeon)

Doch die Langmut und Gnade des Herrn sind unfassbar groß! Direkt nachdem Er die Jünger für ihren Unglauben rügt, sendet Er genau diese Männer dazu aus, um in der ganzen Welt das Evangelium zu predigen. Wunderbarer Herr! Das sollte uns Mut machen, nicht aufzugeben, wenn auch wir vielleicht in der einen oder anderen Situation mangelndes Vertrauen gezeigt haben!

Apropos Missionsauftrag: Es gibt immer noch viele Menschen, die bis heute darauf warten, dass ihnen die gute Botschaft endlich gebracht wird. Die folgende Geschichte macht das deutlich:

„Hudson Taylor war entmutigt. Nun predigte er seit einem Jahr in der Stadt Ningpo. Die Chinesen waren sehr höflich und liebten es, sich zu versammeln, um ihm zuzuhören. Gespräche über neue Ideen waren ein Vergnügen für sie. Aber keiner schien das Evangelium ernst zu nehmen. Keiner glaubte es.

Und dann, nach einer Ansprache, als Taylor am liebsten aufgegeben hätte, stand ein angesehener Chinese auf und richtete das Wort an seine Landsleute.

»Ich bin seit langer Zeit auf der Suche nach der Wahrheit«, sagte er ernst. »Mein Vater und meine Vorfahren vor ihm suchten alle nach der Wahrheit, aber sie fanden sie niemals. Ich bin lange und weit gereist auf der Suche nach ihr. Ich habe die Lehren des Konfuzius, den Taoismus und den Buddhismus erprobt, aber ich fand keine Ruhe.«

Taylor sah den Mann mit neuem Interesse an. Er wusste, dass er einer der führenden Offiziere unter den Buddhisten in Ningpo war. Was sagte er da? Sagte er, dass seine Religion ihm keinen Frieden gab?

»Aber heute Abend«, fuhr der Mann ehrlich fort, »heute Abend habe ich Ruhe gefunden. Ich habe die Wahrheit gehört und von diesem Tag an glaube ich an Jesus Christus.«

Hudson Taylor traute seinen Ohren kaum. Konnte das wahr sein? Kurze Zeit später bewies der Mann seine Ernsthaftigkeit, indem er Hudson Taylor mitnahm in den buddhistischen Tempel und dort ein Glaubenszeugnis gab.

Bald darauf wurde auch ein Freund des Mannes Christ und ließ sich taufen. Allerdings stellte dieser Mann wenige Tage nach seiner Bekehrung Hudson Taylor vor eine sehr schwierige Frage:

»Wie lange wissen die Menschen in Ihrem Land schon von Jesus Christus?«

»Oh, Hunderte von Jahren«, antwortete Hudson Taylor.

»Was?«, rief der Mann erstaunt aus. »Sie wussten schon seit Hunderten von Jahren die Wahrheit und sind nicht gekommen, um sie uns zu erzählen? Mein Vater hat sein ganzes Leben nach der Wahrheit gesucht und starb, ohne sie gefunden zu haben. Warum sind Sie nicht früher gekommen?«

Das war eine schwierige Frage. Jesus hatte seinen Jüngern befohlen, in alle Welt zu gehen und den Menschen das Evangelium zu bringen, aber zu oft gehorchen die Menschen diesem Befehl nicht.

Dieser Mann kannte die Auswirkungen davon. Er kannte Menschen auf der Suche nach der Wahrheit, die auf jemanden warteten, der kam und sie ihnen sagte. Im Gehorsam gegenüber seinem gerade gefundenen Heiland verbrachte dieser Buddhist den Rest seines Lebens damit, anderen Menschen von Jesus zu erzählen." (D. & N. Jackson / *Glaubenshelden* / CLV)

> **Welche Verheißungen Gottes hast du im Kopf,
> aber nicht im Herzen? Stell dir mal die Frage,
> wie oft du vielleicht niedergeschlagen bist,
> weil du die Zusagen Gottes nicht mehr vor
> Augen hast!**

Notizen:

. . . .

. . . .

. . . .

. . . .

Segensverlust durch Unglauben

„Und sie verschmähten das kostbare Land, glaubten nicht seinem Wort; und sie murrten in ihren Zelten, hörten nicht auf die Stimme des HERRN." (Ps 106,24)

Der HERR hat Israel wiederholt zugesagt, dass Er sie in das Land Kanaan bringen und ihre Feinde vor ihnen vertreiben würde. Aus diesem Grund hatte Er sie aus der Sklaverei in Ägypten befreit und aus dem eisernen Schmelzofen herausgeführt.

Während der Wüstenreise sagte Mose zu ihnen: „Siehe, der HERR, dein Gott, hat das Land vor dich gestellt; zieh hinauf, nimm in Besitz, so wie der HERR, der Gott deiner Väter, zu dir geredet hat; fürchte dich nicht und verzage nicht!" (5. Mo 1,21) Jetzt lag es an ihnen, Gott einfach zu vertrauen und im Glauben mutig voranzugehen.

Doch je näher sie dem Land kamen, desto beunruhigter wurden sie. Schließlich traten sie vor Mose hin und sagten: „Lasst uns Männer vor uns her senden, damit sie uns das Land erkunden und uns Bericht erstatten über den Weg, auf dem wir hinaufziehen, und über die Städte, zu denen wir kommen sollen" (5. Mo 1,22).

Es war Sorge gepaart mit Unglauben, die sie dazu veranlasste, Kundschafter ins Land zu schicken, um die Macht des Feindes auszuspionieren. Damit nahm das Unglück seinen Lauf. Zwölf Männer wurden auserwählt, die das Land 40 Tage lang auskundschafteten und dann wieder zum Volk zurückkehrten, um ihnen Bericht zu erstatten. Eins hatten sie alle gemeinsam: Sie waren beeindruckt von der Schönheit Kanaans.

Zwei von ihnen, Josua und Kaleb, waren voller Glaubensmut, weil sie Gott vor Augen hatten. Deshalb sagten sie: „Lasst uns nur hinaufziehen und es in Besitz nehmen, denn wir werden es gewiss überwältigen"; „Empört euch nicht gegen den HERRN; und fürchtet ja nicht das Volk des Landes, denn unser Brot werden sie sein. Ihr Schirm ist von ihnen gewichen, und der HERR ist mit uns; fürchtet sie nicht!" (4. Mo 13,30; 14,9). Das war die Sprache des Glaubens, der trotz großer Widerstände mit Gott rechnet!

Ganz anders waren die Worte der zehn Männer. Sie sagten: „Wir vermögen nicht gegen das Volk hinaufzuziehen, denn es ist stärker als wir. Und sie verbreiteten unter den Kindern Israel ein böses Gerücht über das Land, das sie ausgekundschaftet hatten, und sprachen: Das Land, das wir durchzogen haben, um es auszukundschaften, ist ein Land, das seine Bewohner frisst; und alles Volk, das wir darin gesehen haben, sind Leute von hohem Wuchs; auch haben wir dort die Riesen gesehen, die Kinder Enaks, von den Riesen; und wir waren in unseren Augen wie Heuschrecken, und so waren wir auch in ihren Augen" (4. Mo 13,31-33).

Jetzt war es am Volk, eine Entscheidung zu treffen: Vertrauten sie den Worten von Josua und Kaleb oder ließen sie sich von der Angst und dem Unglauben der anderen zehn Kundschafter mitreißen? Sie entschieden sich für den Unglauben und überlegten sogar, die zu steinigen, die sich an die Verheißungen Gottes klammerten. Was für ein Bild: Zwei Männer, die Gott vertrauen, gegen 600.000 Mann, die durch ihren Unglauben die Ehre Gottes in den Schmutz ziehen.

> „Christen werden entweder durch ihren Unglauben überwältigt, oder sie sind Überwinder aufgrund ihres Glaubens."
> (Warren Wiersbe)

Was geschieht? Gott greift ein! Er ehrt den Glauben von Josua und Kaleb vor allen und übt Gericht an den zehn Männern, die das Volk im Unglauben hinter sich hergezogen haben. Doch auch das Volk, das sich für den Unglauben entschieden hat, wird zur Verantwortung gezogen. Keiner von ihnen sollte den Segen des Landes genießen, denn sie würden alle im Laufe der nächsten Jahre in der Wüste sterben. Durch ihren Unglauben haben sie sich selbst des Segens beraubt, den Gott für sie vorgesehen hatte.

Dieses Prinzip, Segen durch Unglauben verlieren zu können, sehen wir öfter im Wort Gottes. Einmal bekam Elisa während einer schweren Hungersnot von Gott ein wunderbares Versprechen, das er dem Volk verkündigte: „Hört das Wort des HERRN! So spricht der HERR: Morgen um diese Zeit wird ein Maß Feinmehl einen Sekel wert sein, und zwei Maß Gerste einen Sekel im Tor von Samaria." Der Anführer, der dem König nahestand, glaubte den Worten des Propheten jedoch nicht und sagte: „Siehe, wenn der HERR Fenster am Himmel machte, würde dies wohl geschehen?" Was war die Antwort Elisas? „Siehe, du wirst es mit deinen Augen sehen, aber du wirst nicht davon essen" (2. Kön 7,1.2).

Genauso ist es auch geschehen. Als das Volk kurz darauf das Lager der Syrer plünderte und wieder nach Samaria zurückkehrte, wurde der Anführer im Tor zertreten, sodass er starb und nichts von der Beute genießen konnte (s. 2. Kön 7,16.17).

Als im Neuen Testament einige Menschen den Sohn Gottes auslachen, weil Er gesagt hat, dass die Tochter von Jairus nicht gestorben sei, sondern nur schläft, sorgt der Herr dafür, dass keiner von ihnen bei der Auferweckung des Mädchens anwesend ist (s. Mk 5,40.41).

„Wer sorgt, der meint, er müsse alles selber machen.
Aber wer vertraut,
der weiß, dass Gott alles macht!"
(Ernst Modersohn)

> *Gab es in deinem Leben schon Situationen, bei denen du im Nachhinein festgestellt hast, dass du Segen verpasst hast, weil es dir an Glauben mangelte? Was kannst du daraus lernen? Reicht dir das Wort des Herrn, ohne genau zu wissen, was auf dich zukommt, wenn du einen Glaubensschritt tust? Kindlicher Glaube geht einfach an der Hand Gottes vorwärts und läuft nicht voraus, um den Weg zu erkunden, den Gott uns führen will!*

Notizen:

. . . .

. . . .

. . . .

. . . .

. . . .

. . . .

. . . .

. . . .

. . . .

. . . .

. . . .

Unzufriedenheit durch Unglauben

„Wir erinnern uns an die Fische, die wir in Ägypten umsonst aßen, an die Gurken und die Melonen und den Lauch und die Zwiebeln und den Knoblauch; und nun ist unsere Seele dürr; gar nichts ist da, nur auf das Man sehen unsere Augen." (4. Mo 11,5.6)

Mindestens zehnmal hat das Volk Israel auf der Wüstenreise gemurrt. Warum? Weil sie Gott nicht vertrauten und unzufrieden waren mit dem, was Er ihnen gab. Öfter hatte der HERR Wunder vor ihren Augen getan: Er hatte bitteres Wasser süß gemacht, Brot vom Himmel regnen lassen, ihnen Fleisch geschenkt und einen Felsen in eine Wasserquelle verwandelt. Immer wieder prüfte Er ihren Glauben, damit sichtbar würde, ob sie Ihm vertrauten oder nicht.

Rückblickend konnten sowohl Mose als auch Nehemia sagen: „Er kannte dein Wandern durch diese große Wüste: Diese vierzig Jahre ist der HERR, dein Gott, mit dir gewesen; es hat dir an nichts gefehlt" (5. Mo 2,7) sowie „Und vierzig Jahre lang versorgtest du sie in der Wüste, sie hatten keinen Mangel" (Neh 9,2). Gott hatte treu für sie gesorgt!

Trotzdem brach ihre Unzufriedenheit immer wieder durch. Sie wollten beispielsweise nicht nur Brot, sondern auch Fleisch. Deshalb begannen sie wieder zu murren, redeten gegen Gott und sagten: „Sollte Gott in der Wüste einen Tisch bereiten können? Siehe, den Felsen hat er geschlagen, und Wasser flossen heraus, und Bäche strömten; wird er auch Brot geben können, oder wird er seinem Volk Fleisch verschaffen?" (Ps 78,19.20).

> **„Du sollst nicht in der Wüste des Murrens und Haderns herumirren, sondern in dem verheißenen Land der Zufriedenheit und Ruhe wohnen."**
> (Charles H. Spurgeon)

Wie undankbar und dreist war dieses Volk! Schlimm, oder? Aber langsam: Wie sieht es eigentlich bei uns aus?

Sind wir etwa besser? Wie oft sind wir nicht zufrieden mit dem, was Gott uns gibt! Wir machen Gott vielleicht nicht solche direkten Vorwürfe, wie Israel es hier tat, aber letztendlich ist der Grund für unsere Unzufriedenheit oft ein verstecktes Misstrauen oder eine Anschuldigung gegen Gott. Denn wenn wir unzufrieden sind, drücken wir dadurch eigentlich aus, dass wir gerne etwas haben wollen, was Gott uns aber augenscheinlich vorenthält. Woher kommt diese Unzufriedenheit? Durch Unglauben! Letztendlich glauben wir oft nicht, dass Gott es gut mit uns meint und uns genau das gibt, was wir gerade brauchen.

Aber es geht auch anders. Paulus konnte sagen: „Ich habe gelernt, worin ich bin, mich zu begnügen. Ich weiß sowohl erniedrigt zu sein, als ich weiß Überfluss zu haben; in jedem und in allem bin ich unterwiesen, sowohl satt zu sein als zu hungern, sowohl Überfluss zu haben als Mangel zu leiden. Alles vermag ich in dem, der mich kräftigt" (Phil 4,11-13). Das ist lebendiger Glaube. Und weil er den hatte, konnte er auch sagen: „Freut euch in dem Herrn allezeit! Wiederum will ich sagen: Freut euch!" (Phil 4,4).

Wie Gott den Unglauben manchmal beschämt und Unzufriedenheit in Freude verwandeln kann, zeigt die folgende Begebenheit:

„Emil kam oft zu seiner Mutter und saß manche Stunde an ihrem Krankenbett. Gern ließ er sich von ihren reichen Erfahrungen erzählen. Sie waren so vielfältiger Art. Einmal kam sie darauf zu sprechen, wie sie als Witwe oft einsam in ihrer Stube gesessen hatte, während ihre erwachsenen Kinder in alle Winde verstreut waren.

Die Not klopfte arg an ihre Tür. Die Lebensmittel waren bis auf etwas Salz und ein Stückchen Brot aufgebraucht. Da wollte die Unzufriedenheit über sie kommen. Sie dachte seufzend: »Meine Kinder werden wohl alle besser leben, aber ihre Mutter, die sie mühsam großgezogen hat, muss darben.«

Damit schob sie das Brot weg und wollte nichts mehr essen. Im selben Augenblick fiel ihr der Bibelspruch ein: »Der Sohn des Menschen hat nicht, wo er das Haupt hinlege« (Mt 8,20). – »Oh, und ich habe noch ein warmes Bett«, dachte sie beschämt. »Vergib mir, mein Heiland!«

> **„Gott zu genießen, ist das einzige Glück, das unsere Seelen wirklich befriedigen kann."**
> (Jonathan Edwards)

Rasch zog sie das Brot wieder heran und wollte eben ein wenig Salz darauf streuen. Da klopfte es an die Tür. Auf ihr »Herein!« trat eine Glaubensschwester in ihr Zimmer. Sie brachte der Kranken einen ganzen Korb Lebensmittel: Butter, Wurst, Kaffee, Zucker, Mehl und sonstige gute Sachen. »Mir war so, als ob du es brauchen könntest«, sagte sie freundlich. Dabei legte sie alles vor ihr auf den Tisch.

Die andere traute ihren Augen kaum. »Danke, mein Herr Jesus!«, konnte sie nur stammeln und drückte der Schwester unter Tränen die Hand." (H.W. Räder / *Der Kunstglaser aus dem Vogtland* / CSV)

> *In welchen Lebensbereichen hast du mit Unzufriedenheit zu kämpfen? Welche Rolle spielt der Unglaube dabei? Was war für Paulus der Schlüssel zu einem erfüllten Leben? Was kann dir dabei helfen, dankbarer und zufriedener zu werden?*

Notizen:

. . . .

. . . .

. . . .

Mit Unglauben beten

„Er bitte aber im Glauben, ohne irgend zu zweifeln; denn der Zweifelnde gleicht einer Meereswoge, die vom Wind bewegt und hin und her getrieben wird. Denn jener Mensch denke nicht, dass er etwas von dem Herrn empfangen wird." (Jak 1,6.7)

Der wahre Glaube bringt seinen Brief zum Briefkasten und lässt ihn dann los. Der Unglaube dagegen hält eine Ecke des Briefes fest und wundert sich dann, wenn die Antwort ausbleibt.

Es reicht nicht, wenn wir schöne Briefe schreiben, sie aber nie bei der Post abgeben. Wir müssen sie aus der Hand geben und loslassen. Glauben bedeutet, Gott eine Sache im Gebet zu übergeben und dann darauf zu vertrauen, dass Er sich darum kümmern wird. In Psalm 37,5 steht: „Befiehl dem Herrn deinen Weg, und vertraue auf ihn, und er wird handeln."

Gott fordert uns dazu auf, unsere Sorgen und Lasten auf Ihn zu werfen (s. 1. Pet 5,7). Wir sollen sie Ihm also vollständig abgeben. Luther hat es plump so ausgedrückt: „Gott den Sack vor die Füße werfen". Wenn wir unsere Last auf Ihn werfen und beim Thron der Gnade abladen, kann sie uns dann noch drücken? Nein – es sei denn, wir nehmen sie wieder von dort mit.

Es hat einmal jemand gesagt: „Was mich betrifft, prüfe ich meine Gebete wie folgt: Wenn ich Gott eine Sache übergeben habe und dann wie Hanna mit frohem, erleichtertem Herzen weggehen kann, sehe ich das als Beweis dafür an, dass ich im Glauben gebetet habe. Wenn ich aber meine Last wieder mitnehme, schließe ich daraus, dass der Glaube nicht tätig war."

Wenn man längere Zeit für eine Sache betet und die Erhörung noch ausbleibt, besteht die Gefahr, dass irgendwann der Unglaube überhand gewinnt und uns dazu drängt, das Beten einzustellen. Doch gerade in solchen Momenten sollte der Glaube dominieren und den Unglauben durch intensiviertes Gebet zum Schweigen bringen.

Jonathan Goforth, der zur Zeit der Erweckung 1908 in Japan arbeitete, schrieb über den großen Eindruck, den das Gebetsleben der Missionare in Korea auf ihn machte:

> **„Ohne Glauben beten ist wie Brot schneiden mit einem stumpfen Messer."**
> (James O. Fraser)

„Mr. Swallen aus Pjöngjang [in Nordkorea] erzählte mir, wie die Missionare auf seiner Station, Methodisten und Presbyterianer gleichermaßen, nachdem sie von der großen Erweckung im Khasigebirge in Indien gehört hatten, beschlossen, täglich zur Mittagsstunde zu beten, bis auch auf sie ein ähnlicher Segen niederginge.

»Nachdem wir etwa einen Monat lang gebetet hatten«, sagte Mr. Swallen, »schlug ein Bruder vor, die Gebetsversammlungen zu beenden, und sagte: Wir beten nun seit einem Monat dafür, und nichts Ungewöhnliches hat sich ereignet. Wir verwenden darauf eine Menge Zeit, und ich denke nicht, dass das gerechtfertigt ist. Machen wir doch mit unserer Arbeit weiter wie gehabt, und beten wir alle jeder für uns zu Hause, wie es jeden Einzelnen am besten dünkt.

Dieser Vorschlag klang plausibel. Doch die Mehrzahl unter uns beschloss, dass wir, anstatt die Gebetsversammlungen einzustellen, nicht weniger, sondern mehr Zeit auf das Gebet verwenden sollten. Angesichts dessen verlegten wir die Zeit von Mittag auf vier Uhr nachmittags. Dann stand es uns frei, bis zum Abendessen zu beten, wenn wir das wollten. Dabei blieben wir, bis dann endlich, nach Monaten des Wartens, die Antwort kam.«" (Brian H. Edwards / *Erweckung – Ein Land von Gott erfasst* / 3L-Verlag)

> **Kann man dahin kommen, ohne Sorgen zu leben? Wie oft hältst du wirklich Ausschau nach Gebetserhörungen wie beispielsweise Elia in 1. Könige 18? Was sagt dir das über dein Gebetsleben? Nimm Gott ernst, wenn du mit Ihm redest!**

Notizen:

. . . .

. . . .

. . . .

. . . .

. . . .

. . . .

. . . .

. . . .

. . . .

. . . .

. . . .

. . . .

. . . .

. . . .

Wenn der Unglaube dominiert

„Und er tat dort nicht viele Wunderwerke wegen ihres Unglaubens." (Mt 13,58)

Die Menschen waren oft beeindruckt von den Wundern, die der Herr an einigen Orten tat. Doch weil sie keinen lebendigen Glauben hatten, verminderten sie Sein Wirken in ihrer eigenen Gegend. Es ist erschütternd, wenn der Unglaube das Wirken Gottes behindert! Doch genau das passiert wahrscheinlich öfter, als wir denken.

Damals, als der Herr hier auf der Erde war, predigte Er das Evangelium und ging direkt auf die Bedürfnisse der Menschen ein. Jetzt ist Er in der Herrlichkeit – und hat uns als Seine Botschafter in diese Welt gesandt.

Gott möchte jeden von uns gebrauchen, um den Menschen das Evangelium zu bringen. Doch wir müssen uns Ihm auch zur Verfügung stellen und uns von Ihm leiten lassen. Wie oft kommt es vielleicht vor, dass der Herr uns beispielsweise den Auftrag gibt, jemandem das Evangelium weiterzusagen, und wir dann so lange zweifeln und zögern, bis die Gelegenheit vorbei ist?

Georg von Viebahn erzählt dazu ein zu Herzen gehendes Beispiel: „In den Aufzeichnungen eines gesegneten Dieners Gottes findet sich folgendes: Er kam zum Begräbnis eines jungen Mädchens, das ganz unerwartet gestorben war. Beim Eintritt in das Trauerhaus traf er mit dem gläubigen Pastor zusammen, der nahe Beziehungen mit dieser Familie hatte.

> **„Der Glaube vernünftelt und rechnet nicht, aber er gehorcht."**
> (Unbekannt)

Er fragte ihn: »War Mary eine wahre Christin?« Zu seinem Erstaunen sah er einen schmerzlichen Zug auf dem Gesicht des Angeredeten, der antwortete: »Vor drei Wochen fühlte ich einen starken Antrieb, mit ihr zu reden; aber ich tat es nicht, und nun weiß ich nicht, was ich ihnen sagen soll.«

Einen Augenblick später kam die Schullehrerin der Verstorbenen; der Fragesteller wendete sich an diese mit denselben Worten: »War Mary eine wahre Christin?« Tränen schossen in die Augen der Angeredeten, und sie erwiderte: »Vor zwei Wochen war es mir, als ob eine Stimme mir sagte: ‚Sprich mit Mary!' und ich wusste, was das bedeute. Ich wollte auch sprechen, aber ich tat es nicht und jetzt weiß ich nicht, wie es mit ihr stand.«

Tiefbewegt ging der Diener Gottes auf die Mutter der Verstorbenen zu und fragte leise: »Nicht wahr, Mary war ein gläubiges Mädchen?« Tränen strömten aus den Augen der Mutter, und sie rief schluchzend: »Vor einer Woche mahnte mich eine innere Stimme: ‚Sprich mit Mary!' Ich dachte immer daran, aber ich versäumte es zur rechten Zeit und Sie wissen, wie unerwartet schnell sie abgerufen wurde - jetzt weiß ich es nicht!«

Wie ergreifend ist dieser Bericht! Der Heilige Geist wollte die Lippen dreier Personen gebrauchen, um diesem jungen Mädchen, das dicht vor der Pforte der Ewigkeit stand, ein Wort zu sagen - aber Er konnte es nicht, weil diese Kinder Gottes nicht bereit waren zu augenblicklichem Gehorsam. Gewiss könnte man mit derartigen verbürgten Ereignissen, in denen die Leitung durch den Heiligen Geist greifbar vor Augen liegt, ohne Schwierigkeit einen Band füllen." (Georg von Viebahn / *Geleitet durch den Heiligen Geist* / Schwert&Schild)

> *„Wir haben die ganze Ewigkeit, um die Siege*
> *des Glaubens zu feiern; doch uns bleiben nur noch ein*
> *paar Stunden vor Sonnenuntergang,*
> *um sie zu gewinnen."*
> *(Amy Carmichael)*

> *Woher kommen die Hemmungen, die dich daran hindern, sofort gehorsam zu sein, wenn der Herr dir einen Auftrag gibt? Welchen Zusammenhang gibt es zwischen Unglauben und Menschenfurcht? In welchen Bereichen deines Lebens behindert dein Unglaube das Wirken Gottes?*

Notizen:

. . . .

. . . .

. . . .

. . . .

. . . .

. . . .

. . . .

. . . .

. . . .

. . . .

. . . .

. . . .

. . . .

. . . .

Auswirkungen des Glaubens auf unser tägliches Leben

Lebendiger Glaube ist keine theoretische Sache. Wenn er vorhanden ist, wird er sich immer auch im Leben zeigen. Das geschieht auf ganz unterschiedliche Weise. Manchmal brauchen wir Glauben, um geduldig auf Gottes Zeit zu warten. Ein anderes Mal möchte der Herr, dass wir aktiv werden und im Glauben handeln. Was auch immer wir tun, es soll aus Glauben geschehen. Das bedeutet, dass wir Dinge in Gemeinschaft mit Gott und für Ihn tun. Wie Paulus den Kolossern schreibt: „Alles, was immer ihr tut, im Wort oder im Werk, alles tut im Namen des Herrn Jesus, danksagend Gott, dem Vater, durch ihn" (Kol 3,17).

Glaube und Werke

Gott will, dass unser Glaube für andere sichtbar wird. Darum geht es besonders im Jakobusbrief. Doch wie geschieht das konkret? Durch Glaubenswerke. Lebendiger Glaube wird sich immer in unserem Handeln zeigen. Dadurch stellen wir die Echtheit unseres Glaubens für andere unter Beweis. Es reicht also nicht aus, nur ein frommes Bekenntnis zu haben, denn ohne Werke ist der Glaube tot (s. Jak 2,17).

Auf der anderen Seite besteht die Gefahr, dass Werke vorhanden sind, aber der Glaube fehlt. Die Thessalonicher hatten Glaubenswerke, d.h. sie handelten aus Glauben, während sie dem Herrn dienten (s. 1. Thes 1,3). Dagegen ist bei den Ephesern später nur noch von Werken die Rede (s. Offb 2,2). Es kann also passieren, dass man als Christ irgendwann nur noch aktiv ist, ohne dass der Dienst wirklich aus Glauben und in Abhängigkeit vom Herrn geschieht!

Kommen wir noch einmal auf den ersten Punkt zurück: Wie wird lebendiger Glaube sichtbar? Der Jakobusbrief gibt uns die Antwort:

Durch Liebe zu Gott und zu Seinem Volk. Um das zu illustrieren, gebraucht Jakobus zwei außergewöhnliche Beispiele aus dem Alten Testament: Abraham, der bereit ist, seinen Sohn im Glaubensgehorsam für Gott zu opfern, und Rahab, die sich auf die Seite des Volkes Gottes stellt und dadurch ihre eigenen Landsleute verrät. Abraham zeigt durch seine Glaubenstat, dass Er Gott über alles liebt, während sich Rahab mit denen einsmacht, die zu Gott gehören. Um die israelitischen Kundschafter zu verstecken, riskiert sie sogar ihr eigenes Leben.

Wir halten also fest: Durch Glaubenstaten zeigen wir der Welt – und auch unseren Glaubensgeschwistern –, dass unser Glaube echt und lebendig ist. Gleichzeitig können Werke des Glaubens, die in Abhängigkeit von Gott getan werden, auch ein sichtbares Zeugnis dafür sein, dass Gott sich nicht verändert hat und nach wie vor fest zu Seinen Verheißungen steht. Das macht das Leben Georg Müllers sehr deutlich.

> **„Gute Werke sind das Siegel des Glaubens; denn gleich wie die Briefe ein Siegel haben müssen, damit sie bekräftigt werden, also muss der Glaube auch gute Werke haben."**
> (Martin Luther)

Dieser Mann ist ein wunderbares Beispiel für jemanden, der Gott durch Glaubenswerke verherrlicht hat. Durch sein Vorbild wurden tausende Gläubige dazu ermutigt, Gott wieder mehr zu vertrauen – und das ist bis heute noch so. Müller hatte die Treue Gottes in seinem eigenen Leben erlebt und wünschte sich, dass andere die gleiche, gesegnete Erfahrung machten.

„Ich fühlte mich selbst gebunden", schrieb er, „ein Diener der Gemeinde des Herrn zu sein an dem besonderen Punkt, an dem ich Gnade erhalten hatte: nämlich Gott beim Wort zu nehmen und mich darauf zu stützen."

In seinem Herzen wuchs mehr und mehr das Verlangen, der Gemeinde und der Welt einen Beweis vorzulegen, dass Gott sich überhaupt nicht verändert hat. Das schien ihm am besten durch die Errichtung eines Waisenhauses gelingen zu können. Es müsste etwas sein, das mit den natürlichen Augen gesehen werden konnte.

„Wenn ich, ein armer Mann, nur durch Gebet und Glauben und ohne einen einzigen Menschen zu bitten, die Mittel für den Bau und die Unterhaltung eines Waisenhauses empfange, so wäre das mit des Herrn Segen ein Mittel, den Glauben der Kinder Gottes zu stärken und außerdem für die Ungläubigen ein Zeugnis von der Realität des Handelns Gottes ... Dann konnte jedermann sehen, dass Gott immer noch treu ist und immer noch Gebete erhört."

Gott hat sich auf wunderbare Weise zu diesem Glauben bekannt. Als Müller schließlich im hohen Alter von 93 Jahren starb, hatte er:

- 10.024 Waisenkinder aufgenommen und versorgt,
- 81.501 Kinder in Schulen unterrichten lassen,
- 1.989.266 Bibeln und Bibelteile verschenkt,
- 115 Missionare regelmäßig unterstützt und
- ca. 50.000 konkrete Gebetserhörungen erlebt.

Nach heutigem Wert sind umgerechnet mindestens 70 Millionen Euro durch die Hände dieses Mannes gegangen, doch sein persönliches Eigentum betrug bei seinem Tod nur etwa 4.000 Euro. (W. Bühne / Fest&Treu 2005 / CLV)

Dieser Mann hat sich Gott rückhaltlos zur Verfügung gestellt und Ihn durch Glauben geehrt – und der Herr konnte ihn wunderbar gebrauchen. Das geschah vor ca. 200 Jahren. Sollte es heute anders sein?

Die Bibel gibt die Antwort: „Jesus Christus ist derselbe gestern und heute und in Ewigkeit" (Heb 13,8). Das gilt auch für die Zusagen Gottes, die Er in unserem Leben erfüllen kann. Er hält Ausschau nach

Menschen, die Ihn beim Wort nehmen und auf Sein Wort hin Glaubensschritte wagen. Er wird sich ganz sicher dazu bekennen! „Denn so viele der Verheißungen Gottes sind, in ihm ist das Ja, darum auch durch ihn das Amen, Gott zur Herrlichkeit durch uns" (2. Kor 1,20).

> *Worin zeigen sich in deinem Leben Glaubenswerke, die den Menschen deutlich machen, dass du nicht nur ein christliches Bekenntnis hast, sondern Gott auch wirklich vertraust? Warum benutzt Gott ausgerechnet Abrahams Bereitschaft, Isaak zu opfern, und Rahabs Bereitschaft, sich auf die Seite Israels zu stellen, um uns Glaubenswerke vorzustellen? Worin liegt der Unterschied, Dienst in Abhängigkeit von Gott zu tun oder andererseits einfach nur im Dienst aktiv zu sein?*

Notizen:

. . . .

. . . .

. . . .

. . . .

. . . .

. . . .

Glaubensgehorsam

„Durch Glauben war Abraham, als er gerufen wurde, gehorsam, auszuziehen an den Ort, den er zum Erbteil empfangen sollte; und er zog aus, ohne zu wissen, wohin er komme." (Heb 11,8)

Der Glaube lässt uns, ohne Wenn und Aber, im Gehorsam auf Gottes Wort hin handeln. Die Konsequenzen, die sich daraus ergeben, dürfen wir Gott überlassen. Abraham zog im Glaubensgehorsam aus, ohne zu wissen, wohin die Reise geht. Das sagt sich leicht; doch stellen wir uns einmal praktisch vor, was das für ihn bedeutete: Was hätte er antworten sollen, wenn jemand ihm unterwegs die Frage stellte, wohin er ginge?

Viele der Menschen damals hatten sicherlich kein Verständnis für diesen Glaubensschritt und konnten darüber nur den Kopf schütteln. Leider ist das auch heute noch oft der Fall: Wenn wir einen Auftrag für Gott ausführen, der vielleicht etwas ungewöhnlich ist, müssen wir mit skeptischen Blicken und kritischen Stimmen rechnen. Gerade dann gilt es, im Vertrauen auf den Herrn das zu tun, was Er von uns möchte – ohne dass wir die Konsequenzen für unseren Glaubensgehorsam ganz überschauen können. Gott wird genügend Licht für den ersten Schritt geben, auch wenn wir noch nicht absehen können, wie der nächste aussehen wird. Glauben beinhaltet nämlich auch Fahren auf Sichtweite, nur bis zur ersten Kurve.

Bei Philippus wird das besonders deutlich. Obwohl durch ihn in der Stadt, in der er sich gerade aufhielt, viele zum Glauben gekommen waren und es dort sicherlich viele Aufgaben gab, schickt der Herr ihn plötzlich an einen abgelegenen Weg, wo man normalerweise nur selten auf Menschen trifft. Der Evangelist weiß nicht, was der Herr vorhat, aber er gehorcht Ihm ohne Einwände.

Was hätte er antworten sollen, wenn ihm plötzlich jemand die Frage stellte: „Warum verlässt du ausgerechnet gerade jetzt diese Stadt, wo doch so viel Arbeit an den Neubekehrten zu tun ist?"? Er muss das mögliche Unverständnis der Menschen in Kauf nehmen und einfach mit Glaubensgehorsam vorangehen. Weil er das tut, gibt der Herr ihm durch die Leitung des Heiligen Geistes Wegweisung für den zweiten Schritt: Als ein äthiopischer Kämmerer an den Weg entlangkommt, sagt der Geist zu Philippus: „Schließe dich diesem Wagen an" (Apg 8,29).

Wir möchten immer gerne im Vorhinein wissen, wie der ganze Weg aussieht, den Gott uns führt. Doch der Herr will uns in Abhängigkeit von Ihm halten – und deshalb führt Er uns Schritt für Schritt! Aus diesem Grund ist es so wichtig, dass wir immer wieder neu bereit sind, loszulassen und Gott das Steuer zu übergeben. Wenn wir das tun und uns von Gott führen lassen, kann Er uns zum Segen für andere gebrauchen.

> **„Ich brauche den Weg nicht zu kennen. Ich brauche nur dem Führer zu vertrauen."**
> (Elisabeth Elliot)

Der indische Evangelist Bakht Singh hat oft erlebt, was für ein Segen mit Glaubensgehorsam verbunden ist:

„Eines Nachts gegen 1 Uhr war er sehr müde. Als er ins Bett gehen wollte, forderte Gott ihn auf: »Steh auf und geh hinaus!« Bakht Singh antwortete, er sei sehr müde und seine Beine täten ihm weh. Doch Gott forderte ihn erneut auf: »Steh auf und geh hinaus!« Unter vielem Murren zog Bakht Singh seinen Mantel an. In der Manteltasche waren immer Traktate in verschiedenen Sprachen für die kosmopolitische Bevölkerung von Karachi.

Sobald er draußen war, sah er zwei junge Männer, die vor ihm liefen. Er rief sie und sagte: »Bleibt bitte stehen! Ich muss euch etwas mitteilen.« Er erzählte ihnen dann, dass er, als er sich niederlegen wollte, eine Aufforderung von Gott erhielt, hinauszugehen. Sie stimmten ihm zu, dass es Gottes Reden gewesen sein müsse, weil es eine so ungewöhnliche Stunde sei, um hinauszugehen. Daraufhin baten sie Bakht Singh, ihnen eine Botschaft zu geben. Er schlug seine Bibel auf, las ein paar Verse und erzählte ihnen seine Bekehrungsgeschichte.

Einer der Männer namens Kulkarni sagte: »Ich weiß, dass Gott Sie um meinetwillen gesandt hat. Ich war sehr unglücklich und wollte gern eine Bibel haben. Können Sie mir eine Bibel geben?« Er kaufte eine Bibel und nahm den Herrn Jesus Christus an. Was für eine Freude war es für Bakht Singh, Menschen mit einem solchen geistlichen Hunger zu finden!" (T.E. Koshy / *Bahkt Singh - Ein auserwähltes Werkzeug in Indien* / CLV)

Nur vorwärts, nur vorwärts, im Glauben vertraun,

was Gott uns verheißen, das werden wir schaun,

in Seilen der Liebe ein jedes Herz geht,

das glauben und Gott zu gehorchen versteht.

Fanny Crosby

> *Bist du bereit, Aufträge von Gott anzunehmen, bei denen du vertrauensvoll loslassen musst, weil du die sich daraus ergebenden Konsequenzen nicht absehen kannst? Lässt du dich vom Herrn gebrauchen, wenn Er es dir beispielsweise heute aufs Herz legt, jemanden spontan zu besuchen, dem es geistlich nicht gut geht? Vielleicht möchte Er auch, dass du bei deinem Nachbarn klingelst und ihm das Evangelium vorstellst, ohne zu wissen, wie dieser reagieren wird.*

Notizen:

. . . .

. . . .

. . . .

. . . .

. . . .

. . . .

. . . .

. . . .

. . . .

. . . .

Mit Glaubensvertrauen ausharren – und weitermachen!

„Denn ihr habt Ausharren nötig, damit ihr, nachdem ihr den Willen Gottes getan habt, die Verheißung davontragt." (Heb 10,36)

Was bedeutet Ausharren eigentlich? Das Wort kann auch mit „drunter bleiben" übersetzt werden, im Sinne von „standhalten, ertragen". Es geht darum, im Vertrauen auf den Herrn weiterzumachen, egal, welchen Widerstand wir erleben. Ausharren ist eines der wichtigsten Dinge im Glaubensleben. Darin liegt ein Schlüssel für geistliches Wachstum!

Die Apostel waren durch Ausharren gekennzeichnet (s. 2. Kor 12,12) – und das sollte auch bei jedem der Fall sein, der dem Herrn dienen möchte (s. 2. Kor 6,4)! Wir müssen in Schwierigkeiten weitermachen, anstatt aufzugeben. Den Hebräern, die von ihren eigenen Landsleuten verfolgt wurden und dadurch in der Gefahr standen, mutlos zu werden, wird gesagt: „Werft nun eure Zuversicht nicht weg, die eine große Belohnung hat. Denn ihr habt Ausharren nötig ..." (Heb 10,35.36).

Gerade heute, da wir gewohnt sind, alles immer sofort mit ein paar Klicks oder Kurznachrichten zu bekommen, fällt es uns oft schwer, zu warten. Außerdem haben wir die Tendenz, uns in einer Prüfung entweder schnell mit irgendetwas abzulenken oder uns ihr ganz zu entziehen, anstatt den Tatsachen ins Auge zu sehen und Schwierigkeiten zu ertragen.

Doch es geht auch anders. Wenn der Glaube aktiv wird, werden wir Gott vertrauen und Ihn immer in die aktuellen Umstände miteinbeziehen. Genau dadurch wird sich unsere Sichtweise und innere Haltung verändern. Dann können wir Prüfungen und Wartezeiten in der Gemeinschaft mit dem Herrn aushalten, ohne eigenwillig daraus auszubrechen oder aufzugeben.

Oft ist es sogar so, dass Gott Prüfungen schickt, um uns in Seine Schule zu nehmen und uns Ausharren beizubringen. Deshalb schreibt Paulus: „Wir rühmen uns auch der Trübsale, da wir wissen, dass die Trübsal Ausharren bewirkt" (Röm 5,3).

Die Frage ist, wie lange wir ausharren sollen. Bis Gott die Prüfung beendet! Das heißt, wir sollen Ihm vertrauen, bis Seine Zeit gekommen ist und Er die Last von unseren Schultern nimmt. Das meint Jakobus, wenn er schreibt: „Das Ausharren aber habe ein vollkommenes Werk, damit ihr vollkommen und vollendet seid und in nichts Mangel habt" (Jak 1,4). Gott hat immer Gutes im Sinn, wenn Er Nöte und Schwierigkeiten in unserem Leben zulässt – auch wenn sie sich manchmal über viele Jahre hinziehen. Wir ehren Ihn, wenn wir in dieser Zeit auf Ihn vertrauen, Ihm alles im Gebet bringen und uns auf Seine Verheißungen stützen.

Kaleb hat 45 Jahre lang in der Wüste ausgeharrt und geduldig im Glauben auf die Erfüllung der Zusage Gottes gewartet – und ist dafür reichlich belohnt worden! Mit 85 Jahren blickt er zurück und sagt: „Ich bin heute noch so stark wie an dem Tag, als Mose mich aussandte; wie meine Kraft damals, so ist meine Kraft jetzt zum Kampf und um aus- und einzuziehen" (Jos 14,11). Das entspricht genau dem, was Jesaja zu diesem Thema schreibt: „Die auf den HERRN harren, gewinnen neue Kraft: Sie heben die Schwingen empor wie die Adler; sie laufen und ermatten nicht, sie gehen und ermüden nicht" (Jes 40,31). Gott ist sowohl der Gott des Ausharrens als auch der Ermunterung (s. Röm 15,5)!

> **„Es ist nicht genug, zu beten anzufangen, noch richtig zu beten; es reicht auch nicht aus für eine Zeit lang zu beten; sondern wir müssen geduldig, vertrauensvoll im Gebet verharren bis wir eine Antwort bekommen."**
> (Georg Müller)

In einer Predigt über das Thema Gebet erzählte Georg Müller einmal, wie Gott auf anhaltendes beziehungsweise ausharrendes Gebet antwortet und wie wichtig es ist, dass wir nicht aufgeben, sondern weiter beten, auch wenn die Antwort noch ausbleibt:

„In den ersten sechs Wochen des Jahres 1866 hörte ich von der Bekehrung von sechs Menschen, für die ich lange gebetet hatte. Für einen hatte ich zwischen zwei und drei Jahren gebetet, für einen anderen zwischen drei und vier Jahren, für einen anderen sieben Jahre, für den vierten über zehn Jahre, für den fünften etwa fünfzehn Jahre und für den sechsten mehr als zwanzig Jahre.

Einmal bat ich Gott um eine Sache, von der ich wusste, dass sie nach seinem Willen war. Obwohl ich sie Tag für Tag und im Allgemeinen viele Male am Tag vor ihn brachte in solcher Gewissheit, dass ich ihm Hunderte Male danken konnte, bevor ich sie empfing, musste ich dennoch drei Jahre und zehn Monate warten, bevor ich den Segen bekam. Ein anderes Mal musste ich sechs Jahre warten, ein anderes Mal elfeinhalb Jahre. In dem letzten Fall habe ich die Sache etwa zwanzigtausend Mal vor Gott gebracht, beständig in der vollsten Gewissheit des Glaubens, und dennoch vergingen elfeinhalb Jahre, bevor die Antwort kam.

In einem Beispiel wurde mein Glaube sogar noch mehr geprüft. Im November 1844 begann ich für die Bekehrung von fünf Menschen zu beten. Ich betete jeden Tag ohne eine einzige Unterbrechung, ob ich nun krank war oder gesund, an Land oder auf See, wie sehr ich auch beschäftigt war. Achtzehn Monate vergingen, bevor der erste der fünf sich bekehrte. Ich dankte Gott und betete für die anderen. Fünf Jahre vergingen und dann kam der zweite zum Glauben. Ich dankte Gott für den zweiten und betete weiter für die anderen drei. Tag für Tag betete ich für sie, und sechs weitere Jahre gingen ins Land, bevor der dritte sich bekehrte.

Ich dankte Gott für die drei und fuhr fort, für die zwei zu beten. Diese beiden sind immer noch unbekehrt. Im nächsten November werden es 36 Jahre sein, seit ich begann, für ihre Rettung zu beten. Aber ich hoffe auf Gott und bete weiter und warte auf die Antwort. [Anm. d. A.: Eine dieser Personen kam vor dem Tod von Georg Müller zum Glauben, die andere gab erst nach seinem Heimgang klar zu erkennen, sich bekehrt zu haben.]

Deswegen, geliebte Geschwister, wartet ausdauernd auf Gott, betet weiter; seid euch nur sicher, dass ihr Dinge erbittet, die dem Willen Gottes entsprechen. Die Bekehrung von Sündern entspricht dem Willen Gottes, denn er will nicht den Tod des Sünders. Dies hat Gott von sich selbst geoffenbart: Er will nicht, dass irgendjemand verloren geht, sondern dass alle zur Buße kommen. Deswegen, bete weiter, erwarte eine Antwort und am Ende wirst du Grund haben, Gott zu preisen." (Fest & Treu (112) / 2005 / CLV)

> **Warum ist es so fundamental wichtig für dein Glaubensleben, dass du in Prüfungen und Leiden ausharrst und nicht aufgibst? Was kann dir dabei helfen, mehr mit Ausdauer zu beten und nicht aufzugeben, wenn du durch Schwierigkeiten gehst (siehe z.B. Lk 18,1-7; Heb 12,3)? Welche biblischen Beispiele fallen dir ein, bei denen Glaubensvorbilder lange auf das Eingreifen Gottes gewartet haben?**

Notizen:

. . . .

. . . .

. . . .

. . . .

. . . .

. . . .

. . . .

. . . .

. . . .

. . . .

. . . .

. . . .

. . . .

. . . .

. . . .

. . . .

. . . .

. . . .

. . . .

. . . .

. . . .

. . . .

Glaube und Hoffnung

„Der Gott der Hoffnung aber erfülle euch mit aller Freude und allem Frieden im Glauben, damit ihr überreich seid in der Hoffnung durch die Kraft des Heiligen Geistes." (Röm 15,13)

Durch Glauben gewinnen wir Hoffnung. Weil wir Gott vertrauen und uns auf Seine Zusagen stützen, bekommen wir Zuversicht für die Zukunft. Warum? Weil wir wissen, dass Gott es gut mit uns meint und unbeschreiblich schöne Dinge im Himmel auf uns warten.

Die Thessalonicher wurden heftig verfolgt. Aber sie haben in diesen schwierigen Umständen nicht aufgegeben, sondern die Not geduldig ertragen. Doch nicht nur das: Paulus schreibt, dass in dieser schweren Zeit ihr Ausharren mit Hoffnung verbunden war (s. 1. Thes 1,3).

Wodurch haben sie diese Hoffnung bekommen? Indem sie ihre Augen auf das Ziel gerichtet haben: Sie lebten in der lebendigen Erwartung, dass der Sohn Gottes bald wiederkommt, um sie zu sich in den Himmel zu nehmen. Die Hoffnung, bald bei Ihm zu sein, half ihnen, die gegenwärtigen Verfolgungen zu ertragen und nicht aufzugeben. Das gleiche Prinzip sehen wir auch im Leben Jesu: Er hat um der vor Ihm liegenden Freude das Kreuz erduldet (s. Heb 12,2).

Wenn wir das, was die Bibel uns über die christliche Hoffnung sagt, ernst nehmen, uns damit beschäftigen und es täglich im Glauben erwarten, dann geschieht etwas Wunderbares, das unser Leben prägen wird: Dann werden wir mit Freude und Frieden erfüllt (s. Röm 15,13). Aber wir müssen uns natürlich aufrichtig die Frage stellen, ob wir wirklich erwartungsvoll nach dem Kommen des Herrn Ausschau halten und täglich damit rechnen!

Der Evangelist Charles Stanley erzählte einmal die folgende Geschichte, die zeigt, wie erfüllt ein Leben in der Erwartung des Herrn sein kann:

„Ich arbeite dreimal so hart, seitdem ich verstanden habe, dass der Herr jederzeit kommen kann."
(Dwight L. Moody)

„Ich will hier ein Beispiel zur Ermutigung junger Evangelisten geben, wenn sie nicht sogleich Frucht ihrer Arbeit sehen.

Eine alte Frau namens Hanna F. war etwa 8 Meilen gekommen, um in der Mechaniker-Halle in Rotherham einen Vortrag über das Kommen des Herrn zu hören. Sie war fast blind, aber es gefiel Gott, ihr geistliches Auge zu öffnen, und zweierlei wurde ihr in der Kraft des Heiligen Geistes klargemacht. Gott gab ihr die Gewissheit der ewigen Errettung und machte sie auch bekannt mit der gesegneten Hoffnung der Wiederkunft des Herrn zur Aufnahme der Seinen.

Beides war ihr ganz neu, nie hatte sie davon gehört. Sie kehrte in ihr Heim in Anston zurück, erfüllt mit »dem Frieden Gottes, der allen Verstand übersteigt.« Ihrem alten Gatten, der noch ein Jahr älter war als sie, erzählte sie von den gesegneten Wahrheiten, die sie kennengelernt hatte. Der Herr öffnete auch sein Herz, dass er die frohe Botschaft aufnahm; und viel von ihrer Zeit verwandten sie jetzt dazu, zu danken und anzubeten.

Ihr Nachbar war ein bejahrter Landmann in ihrem Alter. Als sie eines Tages niedergekniet waren, um gemeinsam dafür zu danken, dass sie beide in dem Blut des Lammes von aller Sünde gewaschen waren, und dass sie nun das Kommen des Herrn, um sie zu Sich zu nehmen, erwarteten, und sich danach sehnen durften, kam der Nachbar herein, um sie, seiner Gewohnheit nach, zu besuchen.

Da beide taub waren, hörten sie ihn nicht kommen. Er lauschte erstaunt. Nie war er Zeuge einer solchen Freude gewesen. Nie hatte er solche Worte gehört. Sie dankten Dem, der sie durch eine ewige

Erlösung errettet und für Seine heilige Gegenwart passend gemacht hatte. Im Geist waren sie im Himmel, nicht in Anston. Sie redeten mit Einem, den sie gut kannten und schienen nicht müde zu werden, sich mit Ihm zu unterhalten. Sie sprachen zu Ihm über Sein Kommen, um sie zu Sich zu nehmen.

Der alte Farmer war ganz bestürzt. Endlich erhob sich das alte Paar von den Knien. Der Besucher sagte: »Was bedeutet das alles? Ich bin seit 70 Jahren in die Kirche gegangen und habe meine Gebete hergesagt, aber ich kann nicht einmal sagen, dass ich errettet bin, viel weniger für ewig errettet und vollkommen errettet. Nein, tatsächlich, ich kann es nicht. Und ihr sprecht zu Gott, als ob ihr Ihn kennt. Und was meint ihr damit, dass Christus kommen soll, um euch zu Sich zu nehmen?«

Dann verkündigte ihm die alte Hanna das Evangelium, wie sie es gehört hatte. Sie sprach von der Liebe Gottes, der Seinen Sohn sandte; Christus ist als Opfer für Sünden dargebracht worden. Sie erklärte ihm, dass alle, die Gott glauben, von allen Dingen gerechtfertigt seien, und dass Er ihrer Sünden und Ungerechtigkeiten nie mehr gedenken werde. Ja, dass durch ein Opfer jeder Glaubende für immer vollkommen gemacht sei.

Und Jesus versichere allen, die Seine Worte hörten und dem von Gott Gesandten glaubten, dass sie ewiges Leben hätten und nicht ins Gericht kämen, sondern vom Tod ins Leben übergegangen seien. Und dass Jesus Seinen Jüngern gesagt habe, nicht bestürzt zu sein. Er würde gehen, ihnen eine Stätte zu bereiten, und Er würde wiederkommen, um sie zu Sich zu nehmen. Sie sprach davon, welchen tiefen Genuss ihre Seele in Christus finde.

Gott segnete ihre Worte an ihrem alten Freund. Obwohl er über 80 Jahre war, wurde auch er in den Genuss des Friedens mit Gott eingeführt. Wie ein kleines Kind empfing er die Wahrheit von Hannas Lippen. Himmlisch war die Gemeinschaft dieser drei bejahrten Pilgrime, als einer meiner Freunde sie einige Monate später aufsuchte. Viel von ihrer Zeit verbrachten sie in gemeinsamer Anbetung und in Gemeinschaft, während sie den Herrn Jesus erwarteten." (Charles Stanley / *Wie der Herr mich führte* / EPV)

> **Wie wird durch Vertrauen Hoffnung erzeugt? Wenn Gott dich mit aller Freude und allem Frieden erfüllen möchte (s. Röm 15,13), woran liegt es dann, wenn diese Dinge in deinem Leben vielleicht oft nicht zur Entfaltung kommen? Wie oft denkst du über das Kommen des Herrn nach und woran kannst du messen, ob du Ihn wirklich erwartest?**

Notizen:

. . . .

. . . .

. . . .

. . . .

. . . .

. . . .

. . . .

. . . .

. . . .

. . . .

Glaube und Liebe

„... der Glaube, der durch die Liebe wirkt." (Gal 5,6)

Wir lieben den Sohn Gottes, obwohl wir Ihn mit unseren natürlichen Augen noch nie gesehen haben (s. 1. Pet 1,8). Wie ist das möglich? Allein durch Glauben. Wir glauben das, was das Wort Gottes über Ihn sagt: Dass Er uns geliebt und sich selbst für uns hingegeben hat. Und der Glaube an diese Liebe bewirkt in uns einen Wiederhall: „Wir lieben, weil er uns zuerst geliebt hat" (1. Joh 4,19).

Das gilt auch hinsichtlich der Liebe zu unseren Glaubensgeschwistern. Wenn wir im Glauben erfassen, dass wir zur Familie Gottes gehören, weil wir aus Gott geboren sind, dann sollte es völlig normal sein, alle Kinder Gottes zu lieben – und nicht nur die, die uns sympathisch sind oder genauso denken wie wir. Johannes schreibt: „Jeder, der den liebt, der geboren hat, liebt auch den, der aus ihm geboren ist" (1. Joh 5,1). Durch den Glauben können wir unseren Glaubensbruder oder unsere Glaubensschwester als jemanden sehen, für den Christus gestorben ist (s. Röm 14,15; 1. Kor 8,11). Ist nicht allein schon das ein großartiges Motiv dafür, einander zu lieben?

Jetzt stellt sich natürlich die Frage, wie Liebe sichtbar wird beziehungsweise wodurch sie sich ausdrückt. Liebe zeigt sich durch Opferbereitschaft und das Eingehen auf die Bedürfnisse unserer Mitmenschen. Deshalb heißt es auch: „Durch die Liebe dient einander" (Gal 5,13). Johannes spricht ebenfalls davon, wenn er sagt: „Wer aber irgend irdischen Besitz hat und sieht seinen Bruder Mangel leiden und verschließt sein Herz vor ihm, wie bleibt die Liebe Gottes in ihm? Kinder, lasst uns nicht lieben mit Worten noch mit der Zunge, sondern in Tat und Wahrheit" (1. Joh 3,17.18).

Der Sohn Gottes hat Seinen Jüngern gesagt, dass sie einander so lieben sollen, wie Er sie geliebt hat (s. Joh 15,12). Er selbst ist also der Maßstab für die Liebe, die wir untereinander haben sollen – und das geht sehr weit. Johannes greift in gewisser Hinsicht diesen Gedanken auf, wenn er sagt: „Hieran haben wir die Liebe erkannt, dass er für uns sein Leben hingegeben hat; auch wir sind schuldig, für die Brüder das Leben hinzugeben" (1. Joh 3,16).

> **„Es ist die Natur der Liebe, dass sie sich selbst um anderer willen vergisst. Sie nimmt ihre Bedürfnisse und macht sie sich zu eigen. Sie findet wahre Freude darin, für andere zu leben und zu sterben, so wie Christus es tat."**
>
> (Andrew Murray)

Die ersten Christen haben so gelebt und waren dadurch ein wunderbares Zeugnis zur Ehre Gottes. Sie hatten offene Augen für die Bedürfnisse ihrer Glaubensgeschwister, weshalb sie selbstlos dazu bereit waren, materiellen Besitz füreinander aufzugeben. Der Herr hat gesagt: „Daran werden alle erkennen, dass ihr meine Jünger seid, wenn ihr Liebe untereinander habt" (Joh 13,35). Das war damals tatsächlich der Fall. Wie sieht das heute aus?

Der Glaube wirkt durch die Liebe (s. Gal 5,6). Das bedeutet: Durch praktizierte Liebe wird der Glaube sichtbar. Es geht also beim Glauben nicht um eine intellektuelle Überzeugung, sondern um etwas, das lebendig und erfahrbar ist.

Das Leben Robert Chapmans ist ein beeindruckendes Vorbild dafür, wie sich Liebe im Leben eines Christen zeigen kann. Er sagte einmal: „Es gibt viele, die Christus predigen, aber nicht sehr viele, die Christus leben; mein großes Ziel ist es, Christus zu leben." John Nelson Darby hat Jahre später über ihn gesagt: „Er lebt das, was ich predige."

In einer Biographie über ihn heißt es:

„Als sein Mantel schäbig wurde, bekam er von einem gläubigen Freund einen neuen geschenkt, doch dieser sah niemals, dass Chapman ihn trug. Er hatte ihn einem armen Mann weitergegeben, der gar keinen hatte. Chapman beunruhigte jedoch, dass die Menschen dies für außergewöhnlich hielten.

Seine Verwandten und Freunde waren durch diesen opferbereiten Lebensstil vor den Kopf gestoßen. Einer von ihnen entschied sich, Chapman zu besuchen, um zu sehen, was da vor sich ging. Als das Taxi vor Chapmans Haus hielt, rügte der Verwandte den Taxifahrer:

»Ich bat Sie, mich zu Herrn Chapmans Haus zu fahren.« – »Das ist das Haus, mein Herr.«

Als der Besucher nun im Haus war, fragte er bestürzt: »Robert, was tust Du hier?«

»Ich diene dem Herrn an dem Platz, wohin er mich gestellt hat.«

»Wovon lebst Du? Hast Du ein Sparbuch?«

»Ich vertraue einfach dem Herrn und sage Ihm, was ich brauche. Er lässt mich nie im Stich, und so wächst mein Glaube, und die Arbeit geht weiter.«

Der Besucher sah, dass die Speisekammer praktisch leer war und bot sich an, etwas zu essen zu kaufen. Robert sagte, er solle zu einem bestimmten Laden gehen. Tatsächlich war der Besitzer des Ladens schon länger erbittert und feindselig gegenüber Herrn Chapman gewesen. Als der Händler erfuhr, dass er die riesige Menge von Nahrungsmitteln an R.C. Chapmans Adresse liefern sollte, war er überwältigt. Er brachte die Sachen sofort zu Chapman mit Tränen ernsthafter Reue in den Augen, und bat um Vergebung. Darüber hinaus nahm er Christus als Herrn und Erlöser an.

Chapman wurde nicht umsonst „der Apostel der Liebe" genannt. Einmal schwor einer seiner Kritiker, dass er nie wieder etwas mit Chapman zu tun haben wollte. Er würde nie wieder mit ihm sprechen. Eines Tages ka-

> **„Geliebte, lasst uns einander lieben, denn die Liebe ist aus Gott; ... denn Gott ist Liebe."**
> (1. Joh 4,7.8)

men sie sich auf dem Gehweg entgegen. Chapman wusste genau, was der andere Mann über ihn gesagt hatte. Aber als sie sich trafen, umarmte er den Mann und sagte: »Lieber Bruder, Gott liebt Dich, Christus liebt Dich und ich liebe Dich.« Der Mann kehrte um und fing an, wieder in die Gemeinde zu gehen.

Es scheint ganz unglaublich, aber ein Freund aus dem Ausland adressierte einen Brief einfach an: R.C. Chapman, Universität der Liebe, England. Der Brief kam tatsächlich an!" (R.L. Peterson / Robert C. Chapman – *Der Mann, der Christus lebte* / CLV)

> *Den Kolossern wurde das wunderbare Zeugnis ausgestellt, dass sie Glauben an Christus und Liebe zu allen Heiligen hatten (s. Kol 1,4). Wie oft beschränkt sich deine Liebe auf die Christen, die dir sympathisch sind und die gleichen Überzeugungen haben wie du? Was kann dir dabei helfen, das zu ändern? Wie wird deine Liebe zu deinen Mitmenschen in Deinem Leben konkret sichtbar? Was können wir von der beispielhaften Liebe von Priska und Aquila in Römer 16,4 lernen?*

Notizen:

. . . .

. . . .

. . . .

. . . .

Frieden durch Vertrauen

Wie oft kommt es vor, dass Sorgen uns zu schaffen machen und uns die Freude rauben! Dabei möchte Gott uns eigentlich davon befreien. Es ist Sein Wille, dass wir uns nicht mit Sorgen quälen, sondern sie Ihm im Gebet abgeben – und dann auch dort lassen. Petrus sagt: „Indem ihr all eure Sorge auf ihn werft; denn er ist besorgt für euch" (1. Pet 5,7).

Paulus zeigt uns, was geschieht, wenn wir das wirklich tun und im Glauben unsere Sorgen bei Gott abladen: „Der Friede Gottes, der allen Verstand übersteigt, wird eure Herzen und euren Sinn bewahren in Christus Jesus" (Phil 4,7). Gelebtes Gottvertrauen erfüllt uns mit unerschütterlichem Frieden!

Genau das sehen wir auch im Leben Jesu. Während der Sturm so heftig tobt, dass sich das Boot mit Wasser füllt, schläft Er im hinteren Teil des Bootes tief und fest auf einem Kissen. Weil Er Gott in allen Umständen rückhaltlos vertraut, kann Er mit Überzeugung sagen: „In Frieden werde ich sowohl mich niederlegen als auch schlafen; denn du, HERR, allein lässt mich in Sicherheit wohnen" (Ps 4,9).

Beeindruckend ist auch die Geschichte von Petrus, als er im Gefängnis sitzt. Obwohl Jakobus gerade mit dem Schwert getötet wurde und Petrus wahrscheinlich als Nächster dran war, kann er trotzdem in der Nacht vor seiner möglichen Hinrichtung seelenruhig schlafen. Wie ist das möglich? Sein früheres Selbstvertrauen, das ihn dazu führte, Seinen Herrn aus Angst dreimal zu verleugnen, war durch tiefes Gottvertrauen ersetzt worden. Eine schöne Illustration von dem, was Jesaja schreibt: „Den festen Sinn bewahrst du in Frieden, in Frieden; denn er vertraut auf dich" (Jes 26,3).

> **„Ich habe keine Ahnung, warum ich soviel leiden muss. Was ich aber weiß, ist, dass Gott entschlossen ist, aus dir und mir Meisterstücke zu machen."**
>
> (Richard Wurmbrand)

In der Kirchengeschichte gibt es einige Beispiele von Christen, die selbst in den Augenblicken, als sie zur Hinrichtung geführt wurden, tiefen Frieden im Herzen hatten. Hieronymus von Prag hatte – ähnlich wie Petrus – zwischenzeitlich aus Angst vor Folter Dinge verleugnet, von denen er eigentlich überzeugt war. Doch Gott stärkte den Glauben seines Dieners wieder. Dieser widerrief seine Erklärung und wurde deshalb vom Klerus der katholischen Kirche zum Tod am Scheiterhaufen verurteilt – an dem Ort, an dem ein Jahr zuvor Jan Hus hingerichtet worden war.

Hieronymus wurde aus der Kathedrale hinausgeführt und begann schon an der Tür zu singen. Er sang den gesamten langen Marsch durch die Stadt, bis er schließlich am Richtplatz ankam. Als man den Scheiterhaufen hinter seinem Rücken anzünden wollte, sagte er: „Komm nach vorn und zünde das Feuer an, wo ich es sehen kann; wenn ich es fürchtete, wäre ich nicht hier." Er sang wieder und betete in den Flammen, bis seine Stimme schließlich verstummte.

Diese Standhaftigkeit hat selbst bei seinen erbitterten Feinden einen starken Eindruck hinterlassen. Der päpstliche Sekretär Poggio schrieb: „Furchtlos stand er da, ungebrochen, den Tod nicht nur verachtend, sondern ihn begrüßend."

David schreibt in einem der bekanntesten Psalmen: „Auch wenn ich wanderte im Tal des Todesschattens, fürchte ich nichts Übles, denn du bist bei mir" (Ps 23,4). Das ist nur durch lebendigen Glauben möglich – und durch den Frieden Gottes, der allen Verstand übersteigt!

„Sei getreu bis zum Tod,
und ich werde dir die Krone des Lebens geben."

(Offb 2,10)

> *Warum übersteigt der Friede Gottes den menschlichen Verstand? Was bedeutet es, dass Gott den festen Sinn in Frieden bewahrt? Sprich nicht nur ein Gebet, sondern nimm Gott ernst und vertraue darauf, dass der Herr sich um die Sorgen, die du bei Ihm ablädst, kümmern wird!*

Notizen:

. . . .

. . . .

. . . .

. . . .

. . . .

. . . .

. . . .

. . . .

. . . .

. . . .

. . . .

. . . .

. . . .

. . . .

Gemeinschaft und Gottseligkeit

Der Glaube befähigt uns dazu, Gemeinschaft mit Gott zu haben und diese auch zu genießen. Das geschieht, wenn wir im Gebet zu Ihm kommen oder wenn wir Ihn durch Sein Wort zu uns reden lassen.

Der glaubensvolle Blick zum Himmel, den wir im Gebet haben können, erhält uns in lebendiger Gemeinschaft mit Gott unserem Vater. Denn Er sagt uns, dass Seine Augen auf die Gerechten gerichtet sind und Seine Ohren auf ihr Schreien (s. 1. Pet 3,12).

Daniel hat dreimal am Tag gebetet und ganz bewusst die Gemeinschaft mit Gott gesucht. Darin ist er uns ein sehr gutes Vorbild. Dabei dürfen wir Gott in einer noch viel tieferen Weise als Daniel oder andere Glaubensmänner des Alten Testaments kennen. Denn der Sohn Gottes ist gekommen, um uns ewiges Leben zu geben. Dieses Leben in Überfluss ist eine ganz neue Qualität von Leben, das uns dazu befähigt, den Vater und den Sohn zu erkennen und Gemeinschaft mit ihnen zu haben.

Doch damit diese Gemeinschaft auch wirklich zustande kommt und genossen werden kann, müssen wir das ewige Leben auch praktisch im Glauben ergreifen. Wie geht das? Indem wir uns nach der Gemeinschaft mit diesen göttlichen Personen ausstrecken und bewusst in der Beziehung leben, die wir zu ihnen haben.

Das ist ein Wachstumsprozess. Am Anfang sagen wir vielleicht wie die Braut im Hohenlied: „Mein Geliebter ist mein, und ich bin sein" (Hld 2,16). Doch Gott möchte uns im Bewusstsein Seiner Liebe weiterführen, sodass wir irgendwann sagen können: „Ich bin meines Geliebten, und nach mir ist sein Verlangen" (Hld 7,11). Es hat einmal jemand gesagt: „Der Herr sehnt sich viel mehr nach uns als wir uns nach Ihm." Das im Glauben zu erfassen, zieht uns an Sein Herz und schenkt uns Freude in der Beziehung, die wir zu Ihm haben!

Unser himmlischer Vater will uns nicht nur etwas Freude schenken, sondern Er möchte, dass unsere Freude überströmend und vollkommen ist. Aber wie kommt so eine Freude zustande? Durch den Genuss der Beziehung, die wir zu Ihm haben; durch die gelebte Gemeinschaft mit dem Vater und dem Sohn. Wie Johannes schreibt: „Und zwar ist unsere Gemeinschaft mit dem Vater und mit seinem Sohn Jesus Christus. Und dies schreiben wir euch, damit eure Freude völlig sei" (1. Joh 1,3.4).

Gottseligkeit bedeutet, Gott in alles miteinzubeziehen und in Ihm unsere volle Zufriedenheit zu finden. Wie Jesus selbst sagt: „Ich habe den HERRN stets vor mich gestellt; ... Fülle [Sättigung] von Freuden ist vor deinem Angesicht" (Ps 16,8.11). Wenn wir so leben, dann verstehen wir auch besser, warum Paulus selbst im Gefängnis sagen konnte: „Freut euch in dem Herrn allezeit! Wiederum will ich sagen: Freut euch!" (Phil 4,4). Christus war sein Ein und Alles. Wenn das auch bei uns so ist, werden wir lernen, uns mit dem zu begnügen, was Gott für uns vorgesehen hat (s. Phil 4,11).

> **„Gott wird dann am meisten in uns verherrlicht, wenn wir unsere ganze Zufriedenheit in Ihm finden."**
> (John Piper)

Dazu ein Beispiel aus der Kirchengeschichte:

„Einer der stärksten Abschnitte in der Autobiographie von John Paton beschreibt seine Erfahrung, wie er sich in einem Baum versteckte (was ein unzuverlässiger Häuptling ihm gestattete) und Hunderte von wütenden Eingeborenen ihn jagten, um ihn umzubringen. Was er dort erlebte, war die tiefste Quelle seiner Freude und seines Mutes. Ja, ich wage zu behaupten, dass er die Geschichte seines Lebens eben dazu aufgeschrieben hat, um uns an dieser Erfahrung teilhaben zu lassen, damit wir uns daran erfreuen können.

Er begann seine Autobiographie mit den Worten: »Was ich hier schreibe, ist zur Verherrlichung Gottes.« Das ist wahr. Aber Gott wird geehrt, wenn sein Sohn erhoben wird. Und sein Sohn wird erhoben, wenn wir ihn über alles andere hochschätzen, besonders wenn »alles andere« uns demnächst entrissen wird, wozu auch unser irdisches Leben gehört. Davon handelt sein Bericht. Jetzt folgt die Geschichte, wie er im Baum saß:

»Weil ich völlig der Gnade eines so zweifelhaften und wankelmütigen Freundes ausgeliefert war, dachte ich, wenn auch gänzlich verwirrt, dass es das Beste sei, ihm zu gehorchen. Ich kletterte in den Baum, wo man mich in der grünen Wildnis allein ließ. Die dort verbrachten Stunden sind mir noch so gegenwärtig, als sei es gestern gewesen.

Ich hörte häufig Gewehrschüsse und die Rufe der Wilden. Doch ich saß da mitten zwischen den Zweigen so sicher wie in Jesu Armen. Nie kam mir mein Erlöser während all meiner Kümmernisse näher und sprach beruhigender zu meiner Seele als dort, während das Mondlicht durch die Nussblätter flimmerte und die Nachtluft meine schmerzende Stirn sanft umwehte, schüttete ich mein ganzes Herz vor Jesus aus.

Ich war allein, und doch nicht allein! Wenn es der Verherrlichung meines Gottes dient, will ich nicht murren, falls ich viele Nächte allein in einem solchen Baum zubringen sollte und dort die geistliche Gegenwart meines Heilands spüre und die tröstende Gemeinschaft mit ihm genieße. Wenn du so auf deine eigene Seele zurückgeworfen wirst – allein, ganz allein, mitten in der Nacht, im Urwald, ja im Angesicht des Todes selbst, hast du dann einen Freund, der dich nicht im Stich lässt?«" (John Piper / *Gewürdigt zur Schmach* / CLV)

> **Was gibt dir im Leben wahre Befriedigung?**
> **Was bedeutet es für dich, Gemeinschaft mit**
> **dem Vater und dem Sohn zu haben? Warum**
> **wird Gott in deinem Leben verherrlicht, wenn**
> **du deine ganze Zufriedenheit in Ihm findest?**

Notizen:

. . . .

. . . .

. . . .

. . . .

. . . .

. . . .

. . . .

. . . .

. . . .

. . . .

. . . .

. . . .

. . . .

. . . .

Gott-Vertrauen und Gottesfurcht

„Die Furcht des HERRN ist der Anfang der Erkenntnis." (Spr 1,7)

Wenn wir in der Erkenntnis Gottes wachsen wollen, dann müssen wir anfangen, Ihn zu fürchten. Aber was umfasst das eigentlich? Es bedeutet, dass wir vor seinen Augen leben und das Bewusstsein haben, dass auch unser Gott ein verzehrendes Feuer ist (s. Heb 12,29). Wenn wir das verwirklichen, werden wir davor zurückschrecken, etwas zu tun, was gegen Seinen Willen geht. Gott ist nicht der „liebe Gott im Himmel", sondern Er ist Licht und Liebe – voller Güte und Gnade, aber auch furchtbar, gerecht und das Böse hassend!

Gott ist heilig, rein, einzigartig und erhaben. Wenn wir im Glauben vor seinem Angesicht leben und Ihn in alle Umstände des Lebens miteinbeziehen, dann fördert das unsere praktische Heiligkeit. Joseph hat so gelebt und ist genau aus diesem Grund geflohen, als die Versuchung kam. Salomo erklärt uns, worin Gottesfurcht besteht: „Die Furcht des HERRN ist: das Böse hassen" (Spr 8,13).

Der Herr war hier auf der Erde der Heilige Gottes. Er hatte Wohlgefallen an der Furcht des HERRN (s. Jes 11,3) und lebte zu jeder Zeit vor dem heiligen Auge Gottes. Er kannte die Heiligkeit und Größe Gottes und sagte: „Zahlreich werden die Schmerzen derer sein, die einem anderen nacheilen; ihre Trankopfer von Blut werde ich nicht spenden und ihre Namen nicht auf meine Lippen nehmen" (Ps 16,4). Je mehr Gott in Seiner Heiligkeit und Größe vor uns steht, desto mehr werden wir auch in wahrhaftiger Gottesfurcht leben!

Salomo schreibt weiter: „In der Furcht des HERRN ist ein starkes Vertrauen, und seine Kinder haben eine Zuflucht" (Spr 14,26). Wie können wir das verstehen? Wahre Gottesfurcht führt uns dazu, heilige Ehrfurcht vor der Größe und Allmacht Gottes zu empfinden – und zu erkennen, dass wir im Vergleich zu Ihm nichts sind.

Wenn wir diese Furcht haben, dann glauben wir auch, dass es nichts gibt, was Gott nicht zu tun vermag. Dann werden wir darauf vertrauen, dass Er alle unsere Probleme lösen und uns die Kraft und Gnade geben kann, um mit ihnen fertig zu werden. Diese Furcht wird dadurch für uns zu einer Zufluchtsstätte und gibt uns starkes Vertrauen. Wir dürfen als geliebte Kinder auf die unbegrenzte Macht und Herzensgüte unseres himmlischen Vaters vertrauen. Wer in Ehrfurcht vor Gott lebt und das Böse hasst, der braucht sich nicht vor den Menschen zu fürchten, denn: „Menschenfurcht legt einen Fallstrick; wer aber auf den HERRN vertraut, wird in Sicherheit gesetzt" (Spr 29,25).

Gott gibt in Seinem Wort wunderbare Zusagen für die, die Ihn fürchten. David schreibt zum Beispiel in Psalm 34,10: „Fürchtet den HERRN, ihr seine Heiligen! Denn keinen Mangel haben, die ihn fürchten." Auch Georg Müller hat seinen Fuß auf dieses Versprechen Gottes gesetzt und dadurch wunderbare Glaubenserfahrungen gemacht.

> **„Es gibt keine so treffliche Kur gegen die Menschenfurcht wie die Gottesfurcht."**
> (Charles H. Spurgeon)

Aber das gilt nicht nur für den Waisenvater von Bristol. Folgende Begebenheit, die sich vor vielen Jahren in China ereignet hat, zeigt sehr schön, wie Gott sich manchmal dazu bekennt, wenn Gläubige nicht mit dem Strom schwimmen, sondern in wahrer Gottesfurcht und mit Gottvertrauen handeln:

„Li-ming, ein warmherziger, eifriger Evangelist, besaß etwas Land einige Meilen nördlich von Chang Te Fu. Als er einmal den Ort besuchte, sah er, dass seine Nachbarn alle damit beschäftigt waren, kleine Stäbe mit winzigen Fahnen um ihre Felder herum zu platzieren. Sie glaubten, dass würde die Heuschrecken davon abhalten, ihr Getreide zu essen.

Alle drängten Li-ming dazu, das Gleiche zu tun und den Heuschrecken-Gott anzubeten, weil ansonsten sein Getreide zerstört würde.

Li-ming antwortete: »Ich bete den einzig wahren Gott an und ich werde Ihn darum bitten, mein Getreide zu erhalten, damit ihr wisst, dass Er allein Gott ist.« Die Heuschrecken kamen und fraßen überall in der Umgebung von Li-mings Grundstück – doch sein Getreide rührten sie nicht an.

Als Mr. Goforth [ein China-Missionar] davon hörte, entschied er sich dazu, diesen Ort zu besuchen, um zu sehen, ob die Geschichte wirklich stimmt. Als er dort ankam, erkundigte er sich bei den heidnischen Nachbarn von Li-ming und fragte sie, was sie darüber wüssten. Jeder einzelne von ihnen bezeugte, dass, als die Heuschrecken kamen, ihr Getreide gefressen wurde, aber das von Li-ming verschont blieb." (Rosalind Goforth / *How I know God answers prayer* / Harper & Brothers Publishers)

> *Woran erkennt man, dass ein Mensch in wahrer Gottesfurcht lebt? Was ist der Unterschied zwischen Gottesfurcht und Gesetzlichkeit? Versuche, den Zusammenhang zwischen Gottesfurcht und Gottvertrauen mit eigenen Worten zu beschreiben.*

Notizen:

....

....

....

....

....

Durch Glauben Sünde überwinden

„Denn ich schäme mich des Evangeliums nicht, denn es ist Gottes Kraft zum Heil jedem Glaubenden." (Röm 1,16)

Das Evangelium umfasst nicht nur die ewige Errettung unserer Seelen, sondern auch die gegenwärtige Errettung von der Macht der Sünde. Genauso wie wir glauben, dass Jesus auf Golgatha für unsere Sünden gestorben ist und wir deshalb niemals in die Hölle kommen, sollen wir auch glauben, dass unser alter Mensch mit Christus gekreuzigt wurde, wir jetzt neues Leben empfangen haben und der Heilige Geist uns die Kraft gibt, dieses Leben nun praktisch auszuleben (s. Röm 6,4.6; 8,2). Warum sollen wir das glauben und entsprechend leben? Weil Gott es uns sagt – und was Er sagt, ist wahr!

„Die Wahrheit wird euch frei machen" (Joh 8,32), hat der Sohn Gottes selbst gesagt. Deshalb ist es so wichtig, dass wir die Wahrheit kennen und dadurch besser verstehen, was Gott aus uns gemacht hat. Du musst wissen, wer du in den Augen Gottes bist beziehungsweise welche Stellung Er dir gegeben hat, um auch entsprechend leben zu können. Vor deiner Bekehrung warst du ein Sklave der Sünde. Sie hat dich beherrscht und du musstest ihr gehorchen. Doch das ist jetzt vorbei. Warum? Weil du mit Christus gestorben bist. Gott sagt dir, dass du aufgrund dieser Tatsache aus dem Herrschaftsbereich der Sünde befreit worden bist – und genau das sollst du durch lebendigen Glauben auch praktisch verwirklichen.

Deshalb schreibt Paulus: „Haltet dafür, dass ihr der Sünde tot seid, Gott aber lebend in Christus Jesus" (Röm 6,11). Wir sollen uns nicht einfach nur wünschen, tot für die Sünde zu sein, sondern wir sollen es als eine Gott gegebene Wahrheit annehmen und dementsprechend einfach nicht mehr auf die Versuchungen der Sünde reagieren. Gott selbst gibt dir das Recht dazu. Mit anderen Worten: Lebe die Stellung aus, die Gott dir gegeben hat! Sei, was du bist! Du bist mit Christus gekreuzigt – d.h. dein altes Leben ist zu Ende – und jetzt lebt Christus in dir, weil du Sein Leben empfangen hast. Die Identität eines Christen kann man mit zwei einfachen Worten beschreiben: „in Christus" (s. Röm 8,1).

Ein kleines gläubiges Mädchen wurde einmal von einem Erwachsenen gefragt, was sie tut, wenn der Teufel an ihre Herzenstür klopft.

„Denn der Gerechte fällt siebenmal und steht wieder auf." (Spr 24,16)	Ihre Antwort war: „Ich tue gar nichts, sondern schicke Jesus an die Tür". Das trifft den Nagel auf den Kopf: Wir sollen nicht gegen die Sünde kämpfen, sondern wir sehen auf

den Herrn, bitten Ihn um Hilfe und überlassen Ihm den Kampf – dann ist der Sieg sicher!

Wenn wir den Sohn Gottes lebendig vor Augen haben und auf Ihn vertrauen, dann werden wir die sündige Welt, die uns umgibt, siegreich überwinden. Beeindruckend sind auch die herausfordernden Worte von Johannes: „Denn alles, was aus Gott geboren ist, überwindet die Welt; und dies ist der Sieg, der die Welt überwunden hat: unser Glaube. Wer ist es, der die Welt überwindet, wenn nicht der, der glaubt, dass Jesus der Sohn Gottes ist?" (1. Joh 5,4.5). Christian Briem schreibt dazu: „In dem Maß, wie unser Glaube mit Ihm beschäftigt ist, werden wir die Welt als einen Feind überwinden. Was für eine Kraft, was für ein Geheimnis liegt in der Erkenntnis der Person Jesu, unseres Herrn! Dass wir uns doch mehr danach ausstreckten! Was könnte die Welt auch tun mit jemand, für den der Sohn Gottes alles ist?" (*Dies ist das ewige Leben* / CSV)

Vielleicht stellst du fest, dass deine praktische Erfahrung (der Versuchung nachzugeben) mit der Stellung, die Gott dir gegeben hat (der Sünde gestorben zu sein), oft nicht übereinstimmt. Dann besteht die Gefahr, aufgrund des Versagens zu denken, dass Gottes Wort hier nicht auf dich zutrifft. Doch das ist nicht wahr. Nicht deine Erfahrung, sondern die Wahrheit Gottes ist die Grundlage für deinen

Glauben! Eine kurze sinnbildhafte Geschichte kann dir vielleicht helfen, diesen Punkt etwas besser zu verstehen:

Fakt, Glaube und Erfahrung balancieren auf einer hohen Mauer. Fakt geht den anderen beiden festen und sicheren Schrittes voraus, während er weder nach rechts, nach links noch hinter sich schaut. Glaube folgt Fakt – und alles geht gut, solange er seine Augen auf Fakt gerichtet hält. Doch in dem Moment, in dem Glaube hinter sich schaut, um zu sehen, wie es Erfahrung geht, verliert er die Balance und fällt von der Mauer – und die arme alte Erfahrung, die von Glaube abhängig ist, fällt direkt hinter ihm her.

Was lernen wir daraus? Dass der Glaube auf Gott und die Fakten Seines Wortes fokussiert sein muss, und nicht auf unsere Erfahrungen, Gefühle oder unser Versagen!

Ein Jude, der früher unter dem Gesetz lebte und sich dann zu Jesus Christus bekehrte, erzählt, welche Kämpfe er dabei hatte, als Christ ein heiliges Leben zu leben. Nachdem er von Russland nach Deutschland gekommen war und dort Gläubige getroffen hatte, geschah Folgendes:

„Ich fand unter diesen Christen ein Streben und Ringen nach einer Heiligung des Fleisches. Die herrliche kostbare Stellung, die der Gläubige in Christus besitzt und die mir Gott in meiner Einsamkeit in Russland in Seinem Wort, besonders in den Briefen des Apostels Paulus, gezeigt hatte, wurde mir unter ihren Belehrungen getrübt und verdunkelt. Ich fing nun auch an, mein eigenes Ich, d.h. meine alte verderbte Natur, in sich heilig machen zu wollen und mich so wieder unter das Gesetz zu stellen...

Da diese Arbeit vergeblich ist und mir natürlich misslang und ich keine Fortschritte der Fleischesheiligkeit bei mir entdeckte, wurde ich unglücklich und elend und machte schwere Zeiten durch. Ich befand mich in dem vom Apostel Paulus so sehr verurteilten Zustand der Galater und Kolosser und vertrat nicht mehr das reine biblische, sondern judaisiertes Christentum.

Mein Blick war weggewandt worden von der vollendeten Stellung eines Christen in Christus und weggewandt worden von dem auferstandenen Christus selbst, der zur Rechten Gottes in der Herrlichkeit thront. Dafür war mein Auge nun auf mich selbst gerichtet worden, um mich mit meinem von Natur aus verderbten Herzen, meinem elenden armen Ich, dem »alten Menschen«, zu beschäftigen, von dem doch wahr sein musste, was der Apostel Paulus aus eigener Erfahrung bezeugte: »Ich weiß, dass in mir, das ist in meinem Fleisch nichts Gutes wohnt« (Römer 7,18).

Mit Christus war ich, wie alle jene Christen, nur noch insofern beschäftigt, als dass ich Ihn fast Tag und Nacht anrief, Er solle mich doch in meinem Inneren heilig machen und mich von der in mir wohnenden sündhaften Natur befreien. Aber konnte Er mich erhören, da sein Tod mich (und alle Gläubige) bereits am Kreuz von der alten Natur befreit hat? (Lies Römer 6,6.7). Gewiss nicht! »Unser alter Mensch ist mitgekreuzigt.« Dies ist nicht das Ziel, das der Gläubige erst erreichen soll, sondern eine Tatsache, die in Gottes Augen bereits für jeden Gläubigen geschehen ist, von der der einsichtsvolle Gläubige ausgeht und die er nach Gottes Wort im Glauben ergreift.

Deshalb sagt der Apostel: »Haltet dafür, dass ihr der Sünde tot seid, Gott aber lebend in Christus Jesus.« (Röm 6,11) Wir, die wir des Herrn Eigentum sind, können deshalb durch den in uns wohnenden Heiligen Geist und im treuen Aufschauen zu Ihm selbst, unserem Herrn, der zur Rechten Gottes thront, nicht nur den im Tod Christi mitgekreuzigten »alten Menschen« (die verdorbene Natur), im Tod halten, sondern auch allezeit in Neuheit des Lebens wandeln (Röm 6,11.14; 8,1-16). Aber nie wird der »alte Mensch« des Christen heilig! ...

> **„Der Charme der Sünde ist vorbei, sobald sie begangen wurde."**
> (John G. Bellett)

Ich war so arm und unglücklich geworden, dass ich kaum noch wusste ob ich Jude oder Christ war; jedenfalls war das Christentum, das ich jetzt sah und hatte, fast nichts besser als das Judentum. Mein Herz hatte nichts gewonnen.

Doch Gott erbarmte sich meiner und führte mich durch die Kraft und Klarheit Seines Wortes und Geistes wieder zu »der Einfalt gegenüber Christus zurück« (2. Kor 11,3). Er zeigte mir, dass mein Platz und Teil vor Ihm »in Christus« ist, das ich in Ihm bereits »heilig« und »passend« bin für »das Anteil am Erbe der Heiligen« (Kol 1,12) und jetzt schon »eine neue Schöpfung« (2. Kor 5,17), Sein »Kind und Erbe« bin (Röm 8,14-16 u.a.).

Auch durfte ich sehen, dass ich ein Glied Jesus Christi bin, auf ewig eins mit Ihm, sodass mich nichts mehr von Ihm scheiden und mich niemand mehr aus Seinen Händen reißen kann (Röm 8,36-38; Joh 10,27.28).

In dieser seligen Gewissheit meiner herrlichen Stellung in Christus und meiner innigen und ewigen Zugehörigkeit zu Ihm liegt die Kraft und der Beweggrund, dem Herrn zu gefallen und Seiner Heiligkeit nachzujagen, was ich nur dann erfolgreich tue, wenn Er meine Freude ist und wenn mein Auge im Glauben treu auf Ihn gerichtet bleibt (2. Kor 3,18).

Seither ist mein Herz wieder glücklich und fähig, Gott, meinen Vater, in Geist und Wahrheit zu erheben und anzubeten." (*Friede über Israel* / EPV)

> *„Ihr werdet die Wahrheit erkennen,*
> *und die Wahrheit wird euch frei machen."*
>
> *(Joh 8,32)*

> *Was ist der Schlüssel, um ein sieghaftes Leben über die Sünde zu führen? Welche Rolle spielt der Glaube dabei? Nimm Gott beim Wort und verhalte dich so, wie Er dich sieht, und in Übereinstimmung mit dem, was Er aus dir gemacht hat!*

Notizen:

. . . .

. . . .

. . . .

. . . .

. . . .

. . . .

. . . .

. . . .

. . . .

. . . .

. . . .

. . . .

. . . .

. . . .

Geistesleitung und Vertrauen

Gott verspricht uns in Seinem Wort, dass jeder, der dem Evangelium des Heils glaubt, den Heiligen Geist empfängt (s. Eph 1,14). Das ist eine göttliche Tatsache, die wir einfach glauben müssen, weil Gott sie uns sagt: „Oder wisst ihr nicht, dass euer Leib der Tempel des Heiligen Geistes ist, der in euch wohnt, den ihr von Gott habt ...?" (1. Kor 6,19). Wenn wir diese Wahrheit im Glauben ergreifen, wird sie eine gewaltige Auswirkung auf unser Leben haben!

In jedem wiedergeborenen Christen wohnt also eine göttliche Person, die einen Willen hat und uns täglich erfüllen und führen möchte. Doch leider vergessen wir das oft oder haben Mühe, wirklich auf Seine Führung zu vertrauen. Dabei sollte es für uns, die wir Kinder und Söhne Gottes sind, eigentlich kennzeichnend und normal sein, dass wir durch den Heiligen Geist geleitet werden. Deshalb schreibt Paulus in Römer 8,14: „Denn so viele durch den Geist Gottes geleitet werden, diese sind Söhne Gottes."

Der Geist wohnt nicht nur in dem Gläubigen, Er möchte ihn auch ganz erfüllen, d.h. Seinen Einfluss in allen Bereichen des Lebens geltend machen. Es ist beeindruckend, sowohl von Stephanus als auch von Barnabas zu lesen, dass sie voll Glaubens und Heiligen Geistes waren (Apg 6,5; 11,24). Offensichtlich steht das praktische Glaubensvertrauen mit dem Erfüllt-Sein mit Heiligem Geist in Verbindung. Je mehr wir der Führung des Geistes vertrauen und bereit sind, Seiner leisen Stimme zu gehorchen, umso mehr werden wir auch erleben, dass Er uns im Alltag und in den Zusammenkommen als Christen wunderbar führt und leitet!

Der Evangelist Charles Stanley hat oft erlebt, wie der Heilige Geist Ihn dazu geführt hat, die richtigen Entscheidungen zu treffen. Er schreibt dazu:

„Es ist nötig, den Herrn täglich um die Leitung des Geistes zu bitten, da wir nie wissen, wann und wo Er uns in Seiner unumschränkten Gnade gebrauchen will. Eines Tags fuhr ich quer durch das Land von Bristol, wo ich gepredigt hatte, nach Tetbury. In diesem Teil unseres Landes war ich bisher nicht gewesen.

In Wootton-under-Edge hatte ich etwas Aufenthalt. Es war nachmittags ungefähr 5 Uhr an einem heißen Erntetag. Kaum ein Mensch war in der kleinen Stadt zu sehen, alle schienen auf den Feldern zu sein. Und doch legte der Herr es mir aufs Herz, hier zu bleiben und das Evangelium zu verkündigen. Diese Überzeugung wurde immer stärker, sodass ich ausstieg, um einige Traktate zu verteilen, wo ich nur jemanden finden konnte.

> **„Es steht geschrieben: »Dem Glaubenden ist alles möglich« (Mk 9,23). Wir lesen die Worte, zweifeln nicht daran, und doch denken wir nur sehr selten über die Möglichkeit nach, dass sie sich in unserer eigenen Erfahrung bewahrheiten könnten."**
>
> (Edward Dennett)

Gerade war ich in einem kleinen Laden und sprach mit einer Frau über das Heil ihrer Seele, als ein Mann die Straße heraufgerannt kam, wobei ihm der Schweiß von der Stirn lief. Er kam in den Laden und sagte: »Bitte, mein Herr, sind Sie ein Prediger des Evangeliums?«

»Ja«, sagte ich, »durch des Herrn Gnade, aber warum fragen Sie?«

»Ich bin der Ausrufer«, erwiderte er, »und wenn Sie predigen wollen, so werde ich es bekanntgeben.«

»Ich bin dazu bereit«, sagte ich, »aber werden wir Zuhörer finden? Ich sehe niemanden, zu dem ich sprechen könnte. Weshalb kommen Sie in solcher Eile und wann wünschen Sie, dass ich hier reden soll?«

»Ich arbeitete auf dem Feld«, antworte er, »als eine Frau vorbeikam und mir erzählte, dass im Ort jemand Traktate verteile. Da war es, als ob eine Stimme zu mir sagte, du musst hinlaufen, und heute noch muss in Wootton gepredigt werden. Darum verließ ich meine Arbeit und kam sofort.«

Da er der Ausrufer war, so fasste ich unwillkürlich in die Tasche, aber er sagte: »O mein Herr, ich will das Geld nicht, ich wünsche, dass Seelen errettet werden.« Und der Ernst und die Feierlichkeit, mit der der Mann dies sagte, bestätigten seine Worte. Er gab darauf die Predigt bekannt, und wir machten uns auf, um zu predigen, obwohl es menschlich gesprochen undenkbar schien, Zuhörer zu finden.

Als wir gerade aus der Stadt heraus waren, kamen wir an einer Villa vorüber. Gottes Geist ließ mich haltmachen und leitete mich, meinen Platz vor dem Eingang zu nehmen. Inzwischen war ungefähr ein halbes Dutzend Leute zusammengekommen, die bei mir standen. Ich stimmte das Lied an:

> »So wie ich bin, so muss es sein,
> nicht meine Kraft, nur Du allein!
> Dein Blut wäscht mich von Flecken rein.
> O Gottes Lamm, ich komm, ich komm!«

Ich wurde geleitet, den außerordentlichen Reichtum der Gnade Gottes vorzustellen, die den Sünder, so wie er ist auf Grund des vollbrachten Werkes Christi rechtfertigt. Ich hob die große Freude des Vaters hervor, mit der Er den verlorenen Sohn aufnimmt und zeigte, dass demgegenüber die Person und die Freude des Sohnes völlig in den Hintergrund treten.

Als ich geendigt hatte, bat mich der Besitzer des Hauses, ein Arzt, der bei Beginn der Predigt mit seiner Frau heruntergekommen war und jedes Wort gehört hatte, hereinzukommen und seine bejahrte Mutter zu besuchen. Unter Freudentränen sagte er zu mir: »Niemals habe ich Derartiges bisher gehört. Ich dachte, ich müsste viel tun, bevor ich errettet werden könnte, und nun höre ich, dass schon alles vollbracht ist und dass es Gottes Freude ist, mich so anzunehmen, wie ich bin.«

Es stellte sich heraus, dass auch die betagte bettlägerige Mutter jedes Wort gehört hatte, da ihr Fenster genau über meinem Standort lag. Auch sie fand Frieden in dem vollbrachten Werk des Herrn.

Birgt das Wort nicht eine tiefe Wahrheit: »Ich werde mich erbarmen, wessen ich mich erbarmen werde?« Bis dahin war der Arzt durch die Wolke gesetzlichen Tuns gefangen gehalten worden; was für ein Gegensatz, als er jetzt zum ersten Mal das Evangelium hörte! Welch ein Segen, wenn der Herr die Augen der Blinden öffnet!" (Charles Stanley / *Wie der Herr mich führte* / EPV)

> *In welchen Situationen hast du die Leitung des Heiligen Geistes schon mal konkret erlebt? Welche Hinderungsgründe halten dich davon ab, dich vom Geist leiten zu lassen? Welche Situationen im Neuen Testament fallen dir ein, in denen der Heilige Geist Menschen geleitet hat, und was kannst du aus diesen Begebenheiten lernen? Wovon müsstest du dich vielleicht leeren, damit der Geist dich mehr erfüllen kann?*

Notizen:

. . . .

. . . .

. . . .

Mit Glauben und Ausdauer evangelisieren

„Wirf dein Brot hin auf die Fläche der Wasser, denn nach vielen Tagen wirst du es finden." (Pred 11,1)

Dass lebendiger Glaube konkrete Auswirkungen auf das Handeln von Gläubigen hat, macht die Geschichte Noahs deutlich: „Durch Glauben bereitete Noah, als er einen göttlichen Ausspruch über das, was noch nicht zu sehen war, empfangen hatte, von Furcht bewegt, eine Arche zur Rettung seines Hauses" (Heb 11,7). Gott teilt seinem Diener mit, dass eine große Flut über die Erde kommen wird, und fordert ihn auf, eine Arche zu bauen. Noah nimmt Gott beim Wort – und baut ca. 120 Jahre lang ein Schiff auf dem Trockenen, obwohl weit und breit kein Wasser zu sehen ist!

Wie viel Spott und Unverständnis wird dieser Mann während der vielen Jahre von seinen Mitmenschen für diese Glaubenstat geerntet haben! Anstatt dem „Prediger der Gerechtigkeit" (2. Pet 2,5) zu glauben und ihm beim Bau des Schiffes zu helfen, machen sie einfach so weiter wie bisher. Wie lange? Bis Noah in die Arche geht, Gott hinter ihm zuschließt und das Gericht hereinbricht (s. Lk 17,27). Unzählige Seelen, die dem Wort Gottes nicht geglaubt haben, werden in den folgenden Tagen durch gewaltige Wasserfluten hinweggerafft.

Diese Begebenheit spricht auch in unsere Zeit hinein. Wir wissen, dass sehr bald ein furchtbares Gericht über diese Welt kommen wird. Petrus schreibt: „Was wird das Ende derer sein, die dem Evangelium Gottes nicht gehorchen!" (1. Pet 4,17). Die Menschen werden einmal zu den Bergen und Felsen sagen: „Fallt auf uns und verbergt uns vor dem Angesicht dessen, der auf dem Thron sitzt, und vor dem Zorn des Lammes; denn gekommen ist der große Tag seines Zorns, und wer vermag zu bestehen?" (Offb 6,17.18).

283

Jetzt predigen wir Jesus als das Lamm Gottes, das die Sünde der Welt wegnimmt. Doch wer Ihn nicht als Retter annimmt, der wird Ihn als Richter kennenlernen – und unter den furchtbaren Zorn des Lammes kommen. Jetzt ist noch Zeit, die Menschen vor dem Schrecken des Herrn und vor dem Rennen ins Geschoss zu warnen (2. Kor 5,11; Hi 36,12). Bald wird es für viele für immer zu spät sein!

Der Glaube, der sich auf das Wort Gottes stützt, behält immer recht – auch wenn es manchmal etwas dauert, bis die Erfüllung der Zusagen Gottes sichtbar wird. Petrus spricht genau davon, wenn er schreibt: „Der Herr zögert die Verheißung nicht hinaus, wie es einige für ein Hinauszögern halten, sondern er ist langmütig euch gegenüber, da er nicht will, dass irgendwelche verloren gehen, sondern dass alle zur Buße kommen" (2. Pet 3,9).

Wir können die Glaubenstat Noahs ganz praktisch auf uns anwenden: Es kann auch sein, dass Gott jemandem sagt, er soll das Evangelium auf der Strasse predigen, unabhängig davon, ob er Frucht sieht oder nicht. Viele Menschen werden über so jemanden einfach nur den Kopf schütteln, doch der Herr kann dadurch Seelen erretten, die sonst für alle Ewigkeit verloren gehen. Der japanische Evangelist Matzuzaki hat über 1000 Tage lang an einem Ort auf der Strasse das Evangelium gepredigt, bis sich die erste Seele bekehrt hat. Bei Noah waren es sogar 120 Jahre – und es wurden 7 Seelen gerettet.

> **„Am morgen bete ich zwei Stunden, dass er Seelen rettet. Den Rest des Tages helfe ich ihm dabei, meine Gebete zu erhören."**
> (Dwight L. Moody)

Vielleicht möchte Gott jemanden in ein weit entferntes Land senden, in dem es unzählige Seelen gibt, die den Namen Jesus noch nie gehört haben. Oft muss man dafür eine neue Sprache lernen und andere Vorbereitungen treffen, die Energie und Zeit erfordern. Vielleicht macht Gott einem jungen Christen klar, dass er Chinesisch lernen soll, obwohl er in nächster Zeit noch gar keine Möglichkeit sieht, nach China zu gehen. Was ist dann zu tun? Gott vertrauen und im Glauben handeln! Wie Salomo treffend sagt: „Vertraue auf den HERRN mit deinem ganzen Herzen, und stütze dich nicht auf deinen Verstand" (Spr 3,5).

Auch auf dem Missionsfeld dauert es manchmal lange Zeit, bis man Frucht sieht. John Paton, William Carey, Adoniram Judson, James Fraser und andere haben zum Teil viele Jahre gearbeitet, ohne dass sich überhaupt jemand bekehrt hat. Doch Gott belohnt die Treue, mit der wir Ihm auch dann dienen, wenn vielleicht über längere Zeit keine Frucht sichtbar ist. Das macht auch die folgende Geschichte deutlich:

In Sydney lebte einmal ein alter Mann, der in einem Geschäftsviertel immer wieder Traktate weitergab. Dabei stellte er jedes Mal die gleiche Frage: „Wenn Sie in dieser Nacht sterben werden, sind Sie dann im Himmel?" Viele Menschen nahmen das Traktat im Vorübergehen, doch die meisten von ihnen steckten es nur in die Jackentasche.

Einer von ihnen, ein junger Mann, las es auf dem Rückflug von Sydney nach London. Am folgenden Sonntag besuchte er die Predigt einer Londoner Baptistengemeinde. Gegen Ende der Zusammenkunft meldete er sich beim Pastor und fragte: „Kann ich noch kurz etwas erzählen?" „Nun, es ist spät geworden", gab der Pastor zu bedenken, meinte dann aber: „Na gut, aber nicht mehr als drei Minuten." Der junge Mann berichtete: „Letzte Woche drückte mir in Sydney ein alter Mann ein Traktat in die Hand. Dabei fragte er mich, ob ich in den Himmel käme, wenn ich in der Nacht sterben würde. Diese Frage ging mir nicht mehr aus dem Kopf. Gleich am nächsten Tag nach meiner Ankunft hier in London besuchte ich einen Freund, von dem ich wusste, dass er Christ ist. Dieser erklärte mir den Weg zum Himmel. So bin ich Christ geworden."

Diese Geschichte beeindruckte den Pastor. Einige Zeit später nahm er an einer Missionskonferenz teil, die in der Karibik stattfand. Er baute in seine Predigt dort auch die Geschichte des jungen Mannes ein. Im Anschluss an den Vortrag kamen drei Missionare auf ihn zu und erklärten aufgeregt: „Den alten Mann kennen wir! Bei einem Besuch in Sydney bekamen auch wir dieses Traktat und kamen dadurch ins Nachdenken. Wir kamen zum Glauben an Jesus und wurden Missionare."

Anschließend hatte der Pastor in Indien zu tun, und in seinen Vorträgen erzählte er wiederum die Geschichte, und auch das, was die drei Missionare ihm berichtet hatten. Nach dem Vortrag erzählte ihm ein Inder: „Ich war Angestellter bei der Regierung und hatte dienstlich in Sydney zu tun. Und da reichte mir dort in der George Street ein älterer Mann ein Traktat und gab mir die Frage mit: »Wenn Sie in dieser Nacht sterben, werden Sie dann im Himmel sein?« Diese Frage ließ mich nicht mehr los. Als ich zurück in Indien war, ging ich zu den Leuten in der Missionsstation am Ende meiner Straße. Diese beteten mit mir, ich bekehrte mich und wurde später Missionar. Das ist meine Geschichte."

> **„Du aber sei nüchtern in allem, leide Trübsal, tu das Werk eines Evangelisten, vollführe deinen Dienst."**
> (2. Tim 4,5)

Im Laufe der Zeit begegnete der Pastor immer wieder Menschen, die durch den Mann aus Sydney zum Glauben an Jesus Christus gefunden hatten.

Nach Jahren hatte der Pastor selbst in Sydney zu tun. Nun wollte er den alten Mann unbedingt selbst einmal kennenlernen. Ein anderer Pastor zeigte ihm, wo dieser wohnte. Gemeinsam machten sie sich auf den Weg. Ein alter, gebrechlicher Mann öffnete ihnen die Tür. Er bat sie, auf dem alten, verschlissenen Sofa Platz zu nehmen, und sah sie erwartungsvoll an.

Der Pastor aus London begann: „Ich habe gehört, dass Sie diese Traktate verteilen. Haben Sie jemals in Ihrem Leben gehört, dass sich dadurch Menschen bekehrt haben?" Der alte Mann lächelte: „Nein, niemals. Ich habe sie weitergegeben, dabei eine Frage gestellt und dann nie wieder etwas von den Leuten gehört."

Der Pastor erwiderte: „Ich bin in der Welt herumgereist und habe viele Vorträge gehalten. Immer wieder bin ich auf Menschen gestoßen, die durch Ihren Dienst zum Glauben gekommen sind. Etliche sind sogar zu Missionaren geworden."

Der alte Mann schaute ihn mit feuchten Augen unverwandt an. Dann erzählte er, wie er dazu gekommen war, auf diese Weise zu missionieren: „Als junger Mann war ich ein ganz »harter Hund« wie man so schön sagt. Dann kam ich zum Glauben. Das veränderte mein Leben total. Ich war und bin Gott so dankbar, dass ich nicht in die Hölle muss, sondern weiß: »Ich komme in den Himmel«. Aus dieser Dankbarkeit heraus versprach ich Gott, jeden Tag zehn Menschen von ihm zu erzählen oder ein Traktat zu geben. Und das habe ich auch eingehalten, 40 Jahre lang."

> *Siehst du vielleicht schon seit längerem keine Frucht beim Evangelisieren? Gib nicht auf! Wenn der Herr von dir möchte, dass du beispielsweise Büchertischarbeit machen, Traktate und Kalender verteilen oder den Glauben auf andere Weise weitergeben sollst, dann mach weiter damit. Gott wird Treue belohnen – und Sein Wort wird nicht leer zu Ihm zurückkehren (s. Jes 55,11)!*

Notizen:

. . . .

. . . .

. . . .

. . . .

. . . .

. . . .

. . . .

. . . .

. . . .

. . . .

. . . .

. . . .

. . . .

. . . .

. . . .

. . . .

. . . .

. . . .

. . . .

. . . .

. . . .

Glaubensenergie und Glaubenserfahrung

Ein wichtiges Prinzip

„Euch geschehe nach eurem Glauben." (Mt 9,29)

Gott zeigt uns Seinen Willen durch Sein lebendiges Wort. Das gilt sowohl für grundsätzliche Entscheidungen, die wir treffen müssen, als auch für spezifische Dinge, für die wir Wegweisung brauchen. Wenn wir den aufrichtigen Wunsch haben, Ihm zu dienen, und Ihn darum bitten, uns zu zeigen, was wir für Ihn tun sollen, dann wird Er uns Seinen Willen deutlich machen!

Wenn ich dann den Willen Gottes erkannt habe, stellt sich für mich eine ganz entscheidende Frage: Mit welcher Glaubensenergie tue ich das, was Er von mir möchte? Gebe ich mich der Sache ganz hin oder tue ich sie so halbherzig nebenbei?

Das Wort Gottes macht an mehreren Stellen deutlich, dass die Glaubenserfahrungen im Dienst für den Herrn oft in Verbindung mit dem Vertrauen und der Glaubensenergie stehen, die wir an den Tag legen. In dem Maß, wie wir Gott vertrauen, Glaubensenergie aufbringen und Glaubensschritte tun, machen wir auch Erfahrungen mit Ihm!

„Euch geschehe nach eurem Glauben" (Mt 9,29) hat der Herr Jesus einmal zwei Blinden gesagt – ein Wort, das wir auch auf uns heute noch anwenden können! Dem römischen Hauptmann, der dem Sohn Gottes Großes zutraute, sagte Er: „Dir geschehe, wie du geglaubt hast" (Mt 8,13). Doch in Seiner Gnade schenkt Gott auch öfter Antwort auf Gebet, obwohl die Erwartungshaltung und der praktische Glaube bei den Betern zu wünschen übrig lässt (s. Apg 12; Joh 11,40).

Hier ein Beispiel für einen Menschen, der dem Herrn mit Hingabe und Glaubensenergie gedient hat:

William Carey, ein Schuhmacher aus einer armen Familie in England, hatte nach seiner Bekehrung eine immer größer werdende Last auf dem Herzen, die Botschaft der Bibel zu Menschen in weit entfernten Ländern zu bringen, die bisher noch nie mit Gottes Wort in Berührung gekommen waren.

Die Worte des Herrn Jesus: „So sehr hat Gott die Welt geliebt" (Joh 3,16) und „Geht hin in alle Welt" (Mk 16,15) waren ihm immer wieder vor Augen, als er die Weltkarte studierte, die er selbst angefertigt hatte. Diese Karte mit den Versen spiegelte genau das wider, was in seinem Herzen war.

> **„Erwarte große Dinge von Gott; versuche große Dinge für Gott."**
> (William Carey)

Während er als Pastor in einer Baptistengemeinde diente, predigte er vermehrt auch über das Thema Mission, das ihm auf der Seele brannte. Er sah, dass es einige interessierte Zuhörer gab – aber außer zuzuhören taten sie nichts. Schließlich konnte er nicht anders, als selbst dem Befehl des Herrn zu folgen und als Missionar loszuziehen.

Trotz großen Widerstands ging er 1793 nach Indien. Sein großes Motto im Dienst für den Herrn war: „Erwarte große Dinge von Gott; versuche große Dinge für Gott." Und genau das hat er getan. Mit großer Glaubensenergie machte er sich an das Studium der indischen Sprachen, mit dem Ergebnis, dass Gott ihn dazu befähigte, die Bibel oder Teile der Bibel in 36 indische Sprachen und Dialekte zu übersetzen. Die Druckerei, die er ins Leben rief, ermöglichte 300 Millionen Menschen einen Zugang zum Wort Gottes.

Gott bekennt sich dazu, wenn wir Großes von Ihm erwarten und – in Abhängigkeit von Ihm – auch große Dinge für Ihn versuchen!

> *Mit welcher Glaubensenergie und Hingabe erfüllst du den Auftrag, den Gott dir gegeben hat? Bei welchen Beispiele wird sichtbar, dass Glaubensenergie und Glaubenserfahrung oft miteinander verbunden sind? Woran liegt es, dass wir das, was Gott uns zeigt, oft nur halbherzig tun?*

Notizen:

. . . .

. . . .

. . . .

. . . .

. . . .

. . . .

. . . .

. . . .

. . . .

. . . .

. . . .

. . . .

. . . .

. . . .

Leere Gefäße

Elisa und die Witwe

„Und eine Frau von den Frauen der Söhne der Propheten schrie zu Elisa und sprach: Dein Knecht, mein Mann, ist gestorben, und du weißt ja, dass dein Knecht den HERRN fürchtete; und der Schuldherr ist gekommen, um sich meine beiden Knaben zu Knechten zu nehmen. Und Elisa sprach zu ihr: Was soll ich für dich tun? Sage mir, was du im Haus hast. Und sie sprach: Deine Magd hat gar nichts im Haus als nur einen Krug Öl. Und er sprach: Geh hin, erbitte dir Gefäße von draußen, von allen deinen Nachbarn, leere Gefäße, nimm nicht wenige; und geh hinein und schließe die Tür hinter dir und hinter deinen Söhnen zu und gieße in alle diese Gefäße; und was voll ist, setze beiseite." (2. Kön 4,1-4)

In was für einer aussichtslosen Situation befindet sich diese Witwe! Ihr Mann ist gestorben, sie hat Schulden, und jetzt kommen die Gläubiger, um ihre beiden Söhne als Sklaven mitzunehmen. Furchtbares Elend! Was tut sie in dieser Not?

Anstatt zu verzweifeln oder zu resignieren, geht sie zu Elisa, dem Mann Gottes. Mit jeder Not, die Gott in unserem Leben zulässt, beabsichtigt Er, uns näher zu sich zu ziehen. Schwierigkeiten und Probleme sollten uns eigentlich immer in die offenen Arme Gottes treiben, denn: „Gott ist uns Zuflucht und Stärke, eine Hilfe, reichlich gefunden in Drangsalen" (Ps 46,2).

Elisa wird auch der Prophet der Gnade genannt. Warum? Weil er Menschen aus den verschiedensten sozialen Hintergründen begegnet – Königen, Soldaten, Aussätzigen, Armen – und jedes Mal auf ihre Bedürfnisse eingeht. Zu jedem Einzelnen bringt er den Segen, den Gott in Seinem Herzen für diese Person bereithält. Darin ist er ein wunderbares Vorbild auf den Sohn Gottes, aus dessen Fülle auch wir heute noch „Gnade um Gnade" empfangen (s. Joh 1,16).

Was sagt der Mann Gottes zu dieser Frau? Zuerst einmal fragt er sie, was sie im Haus hat. Er knüpft also an das an, was bei ihr vorhanden ist. Das ist ein göttliches Prinzip, das auch heute noch gilt: Der Herr möchte das Wenige, das wir haben, benutzen, um daraus Segen entstehen zu lassen. Dafür müssen wir allerdings zuerst einmal herausfinden, was uns alles zur Verfügung steht beziehungsweise welche Fähigkeiten Gott uns gegeben hat. Vielleicht sind es unscheinbare Begabungen oder Talente, die in unseren Augen keinen besonderen Wert haben; doch gerade das Schwache und Verachtete dient Gott dazu, um sich mächtig zu erweisen (s. 1.Kor 1,26)!

Nachdem die Witwe Elisa nun mitteilt, dass sie nur noch einen Krug mit Öl besitzt, fordert der Prophet sie dazu auf, sich bei ihren Nachbarn Gefäße auszuleihen. Er sagt ihr nicht, um wie viele sie bitten soll – das bleibt ihrem Glauben überlassen – doch es sollen nicht wenige sein! Weil Elisa seinen Gott kennt, weiß er, dass man bei Ihm mit viel Gnade rechnen kann!

Wie jemand einmal treffend gesagt hat: „Elisa sagt nicht: »Gib Acht, dass du dir nicht zu viele Gefäße ausleihst«, denn auf »Gottes Bank« kann der Glaube nie zu viel Kredit verlangen. Wer auf Gott vertraut, hat noch nie ein leeres Gefäß zu Ihm gebracht, das Er nicht hätte füllen können."

Es sollen leere Gefäße sein, – denn dadurch wird offenbar, dass der Segen wirklich von Gott selbst kommt. Es sollen nicht wenige sein – das zeigt uns, dass es Gottes Wunsch ist, in reichem Maß mit Segen auf den Glauben zu antworten. Seine Hilfsquellen sind unerschöpflich! Wie David in den Psalmen schreibt: „Gottes Bach ist voll Wasser" (Ps 65,10). Wir können nicht zu viel von Ihm erwarten, wenn wir in Seinem Willen stehen. Es ehrt Ihn, wenn wir mit Glaubensüberzeugung sagen: „Alle meine Quellen sind in dir!" (Ps 87,7) – und Seine Gnade reichlich in Anspruch nehmen!

„Leere Eimer eignen sich für den Brunnen der Gnade am besten."
(Charles H. Spurgeon)

Um zu zeigen, wie großartig und passend die Hilfsquellen Gottes sind, folgt hier die Erfahrung einer armen Frau, die auch einmal in großer Not war:

„Eine Missionarin stand eines Tages völlig mittellos unter einem heidnischen Stamm, weit entfernt von jeder Nahrungsmittelversorgung. In ihrer großen Not berief sie sich auf die Verheißung Gottes, dass er für sie sorgen würde. Auch gesundheitlich fühlte sie sich sehr elend. Da kamen von einem weit entfernt wohnenden Geschäftsmann mehrere große Packungen schottischen Hafermehls.

Die Missionarin hatte noch mehrere Dosen Büchsenmilch, so war sie gezwungen, vier Wochen lang von dieser eintönigen Nahrung zu leben. Mit der Zeit ging es ihr jedoch merklich besser und nach den vier Wochen fühlte sie sich wieder völlig gesund.

Als sie später einer Gruppe von Leuten von ihrem Ergehen berichtete, erkundigte sich ein anwesender Arzt besonders interessiert nach der Art ihrer früheren Beschwerden. Dann sagt er: »Der Herr hat Ihr Gebet erhört und treuer für Sie gesorgt, als Sie sich denken können; denn für die Krankheit, unter der Sie gelitten haben, verschreiben wir Ärzte eine vierwöchige Haferdiät. Der Herr selbst hat sie Ihnen verschrieben und achtete darauf, dass Sie sonst nichts anderes bekamen. Es war genau die richtige Medizin für Sie!«" (Lettie B. Cowman / *Alle meine Quellen sind in dir* / Gerth Medien)

„Gottes Bach ist voll Wasser."

(Ps 65,9)

> **Was geht dir durch den Kopf, wenn du merkst,
> dass Gott deinen Glauben herausfordert und
> dir Mut machen möchte, viel von Ihm zu er-
> warten? Welche Fähigkeiten und Begabungen
> hat Gott dir anvertraut? Wie kannst du diese
> zum Segen für andere einsetzen?**

Notizen:

. . . .

. . . .

. . . .

. . . .

. . . .

. . . .

. . . .

. . . .

. . . .

. . . .

. . . .

. . . .

. . . .

. . . .

. . . .

. . . .

Glaubensenergie wird belohnt!

„Und sie ging von ihm weg und schloss die Tür hinter sich und hinter ihren Söhnen zu; diese reichten ihr die Gefäße, und sie goss ein. Und es geschah, als die Gefäße voll waren, da sprach sie zu ihrem Sohn: Reiche mir noch ein Gefäß. Aber er sprach zu ihr: Es ist kein Gefäß mehr da. Und das Öl stand. Und sie kam und berichtete es dem Mann Gottes; und er sprach: Geh hin, verkaufe das Öl und bezahle deine Schuld; du aber und deine Söhne, lebt vom Übrigen." (2. Kön 4,5-7)

Versuche dich einmal in die Situation dieser Witwe hineinzuversetzen: Sie hat so gut wie kein Öl mehr im Haus und trotzdem soll sie in ihrem Dorf von Tür zu Tür gehen und sich leere Gefäße erbitten. Was sollte sie antworten, wenn die Nachbarn ihr kritische Fragen stellen?

Indem sie überall nach leeren Gefäße fragt, erweckt sie doch sicherlich bei anderen den Eindruck, dass in ihrem Haus viel Öl vorhanden sei oder sehr bald vorhanden sein würde. Geht sie damit nicht das Risiko ein, ihr Gesicht zu verlieren, gesetzt den Fall, dass sie die Gefäße unbenutzt zurückgeben muss? In gewisser Hinsicht wird also von ihr verlangt, sich weit aus dem Fenster zu lehnen. Doch der Auftrag kommt von dem Mann Gottes – und das ist es, was letztendlich zählt!

„Menschenfurcht legt einen Fallstrick; wer aber auf den HERRN vertraut, wird in Sicherheit gesetzt."
(Spr 29,25)

Die Witwe braucht also Glauben, um die Nachbarschaft abzuklappern, an die Türen zu klopfen und nach leeren Gefäßen zu fragen. Sie soll dem Wort des Propheten vertrauen und mit Glaubensenergie handeln. In solchen Situationen können zweifelhafte Fragen im Herzen aufsteigen: „Sind drei Gefäße nicht genug? Kann ich mich wirklich wagen, fünf Gefäße auszuleihen? Sind zehn nicht etwas übertrieben? Was sollen denn die Menschen von mir denken? Was, wenn ich kein Öl oder nur wenig bekomme?"

Solche Gedanken können auch uns kommen, wenn der Herr uns einen Auftrag gibt und wir darüber nachdenken, mit welcher Intensität und Glaubensenergie wir diesen Auftrag erfüllen sollen. Wenn jemand dem Herrn mit Hingabe dient, dann muss er damit rechnen, von den Menschen beurteilt zu werden. Dabei dürfen wir nicht vergessen, dass die Beurteilenden in der Regel nur die äußeren Taten wahrnehmen können, aber nicht selbst erlebt haben, wie der Herr Seinen Willen in dieser Sache klargemacht hat und mit welcher Motivation man einen Dienst tut.

Gerade wenn jemand mit Glaubensenergie dient und Dinge tut, die vielleicht etwas ungewöhnlich sind, muss er damit rechnen, dass von anderen Schlagworte wie „Nüchternheit" oder „Ausgewogenheit" fallen werden, die oft gut gemeint sind, aber häufig wie ein Feuerlöscher auf brennende Herzen wirken. Als dem kranken und alten George Whitefield ein doch vernünftigerer Umgang mit seiner Gesundheit nahegelegt wurde, antwortete er nur: „Lieber verbrennen als verrosten!"

In Teilen der Christenheit ist man heute geradezu in einer falschen Form von Nüchternheit erstarrt, während man in anderen Teilen dazu tendiert, schwärmerisch zu sein. Vor beidem müssen wir uns hüten – und sehr vorsichtig sein, andere zu beurteilen, die vielleicht mehr Hingabe an den Tag legen als wir selbst!

Nüchternheit im Sinn der Bibel bedeutet u.a., dass wir uns nicht von dem, worauf es wirklich ankommt, ablenken lassen. Wir sollen unser Leben im Licht der Ewigkeit zu leben – und das dürfen wir mit Hingabe tun!

Die Witwe macht sich nun auf den Weg und geht von Haus zu Haus. Jetzt wird ihr Glaube nach außen hin sichtbar. Schließlich kommt sie mit einigen Gefäßen zurück und schließt die Tür hinter sich und ihren Söhnen zu. Sicherlich hatten die Gefäße verschiedene Größen sowie Formen und waren in einem unterschiedlichen Zustand – klein, groß, schön, abgenutzt und alt. Doch eins hatten sie gemeinsam: Sie waren alle leer.

Genau hier kommt unser Leben ins Spiel, denn das Wort Gottes bezeichnet die Gläubigen an mehreren Stellen als Gefäße. Öl dagegen ist in der Regel ein Bild des Heiligen Geistes, der in den Gläubigen wohnt. Die erste Anwendung dieser Geschichte liegt daher auf der Hand: Je mehr wir von uns selbst entleert sind, desto mehr kann der Heilige Geist uns erfüllen und zum Segenskanal für andere machen.

Paulus schreibt, dass wir uns nicht mit Wein berauschen, sondern mit dem Heiligen Geist erfüllt werden sollen (s. Eph 5,18). Außerdem hat der Sohn Gottes gesagt: „Wenn jemand dürstet, so komme er zu mir und trinke! Wer an mich glaubt, wie die Schrift gesagt hat, aus dessen Leib werden Ströme lebendigen Wassers fließen" (Joh 7,38.39). Wer reichlich an der Quelle trinkt, der kann auch viel an andere weitergeben!

Hinter verschlossenen Türen beginnt die Witwe nun damit, mit ihren Söhnen Öl in die einzelnen Gefäße zu gießen. Dabei erleben sie, wie das Öl auf wunderbare Weise vermehrt wird. Gottes Wirken geschieht oft in der Stille, bevor es nach außen hin sichtbar wird. Um mit dem Heiligen Geist erfüllt zu werden, brauchen wir verborgenen Umgang beziehungsweise reale Gemeinschaft mit Gott. Das geschieht beispielsweise dann, wenn wir in Ruhe im Gebet mit Gott über Sein Wort sprechen.

Was ist das Ergebnis dieser Glaubenstat? Die Frau erhält genau so viel Öl, wie sie sich im Glauben Gefäße von ihren Nachbarn erbeten hat. Mit anderen Worten: Der Segen, den sie empfängt, entspricht der Glaubensenergie, die sie aufgebracht hat, um den Auftrag des Propheten zu erfüllen.

Der kleine Krug, der vorher unscheinbar und belanglos erschien, wird zum Mittel, wodurch Gott wunderbare Rettung schenkt. Er liefert plötzlich Öl für jedes Gefäß. Keins bleibt leer oder nur halb gefüllt. Wie viel mehr Gefäße hätten gefüllt werden können, wenn sie im Glauben erbeten worden wären? Die Witwe hat die Tiefen der Hilfsmittel Gottes bei weitem nicht ausgeschöpft!

Die geistliche Lektion für uns ist: Je mehr Glaubensenergie wir aufbringen, um die Aufträge zu erfüllen, die Gott uns gibt, umso mehr Segen werden wir auch praktisch genießen. Gott wünscht, dass wir auf Ihn zählen, viel von Ihm erwarten und reichlich aus Seinen unendlichen Hilfsquellen schöpfen. Er wird niemals müde, unseren Bedürfnissen zu entsprechen.

> **„Erwarte große Dinge von Gott, und du wirst große Dinge bekommen. Es gibt keine Grenze für das, was Er tun kann."**
> (Georg Müller)

D.L. Moody hat aufgrund einer solchen Erfahrung einmal eine wichtige Lektion gelernt. Als er als Schuhverkäufer tätig war, hatte er eine große Begabung, Kinder zur Sonntagschule einzuladen. Doch er sah es nicht als seine Aufgabe an, den Kindern auch aus der Bibel vorzulesen und ihnen die biblischen Geschichten zu erklären. Dieser Dienst ist für andere bestimmt, dachte er.

Als er einmal aushilfsweise eine Sonntagschulklasse übernahm, in der zwölf schwierige Mädchen waren, alberten sie nur herum und machten sich über ihn lustig. Dann kam eines Tages der Sonntagschullehrer genau dieser Gruppe zu ihm in den Schuhladen. Er war sehr traurig darüber, dass sich bisher noch keins der Mädchen bekehrt hatte.

Der Mann war sehr krank und musste die Stadt bald verlassen. Doch vorher wollte er Moody bitten, ihn dabei zu begleiten, seine Sonntagschulmädchen noch einmal zuhause zu besuchen. Vielleicht würde der Herr es segnen, wenn er noch einmal die Energie aufbrächte, persönlich mit den Kindern zu sprechen.

„Moody willigte gern ein. Das war schließlich das Mindeste, was er für den armen Mann tun konnte. Und so ging Dwight Moody jeden Tag nach der Arbeit mit Mr. Hibbert zum Haus eines der Mädchen.

Er half dem Lehrer die wackeligen Treppen zu den kleinen Wohnungen hinauf und saß schweigend dabei, wenn Mr. Hibbert ganz offen mit jeder einzelnen Schülerin sprach. Moodys Verwunderung wuchs, als erst ein Mädchen, dann noch eines und schließlich sogar ein drittes Christus als seinen Erlöser annahm!

Nach zehn Abenden mit Gesprächen hatte jedes Mädchen in Mr. Hibberts Klasse ihr Leben dem Herrn Jesus übergeben. Am letzten Tag vor seiner Abreise brachte Moody die Mädchen alle noch einmal zu ihrem Lehrer, damit sie sich verabschieden konnten. Es war eine richtige Gebetsrunde, als die Mädchen Gott für ihren Lehrer dankten und für ihn beteten.

Am nächsten Tag ging Moody zum Bahnhof, um Mr. Hibbert zu verabschieden. Zu seiner Überraschung waren auch die Mädchen vollzählig erschienen und winkten unter Tränen, als der Zug dann abfuhr. Mr. Hibbert stand auf der hinteren Plattform, ein friedvolles Lächeln auf dem Gesicht. Sein Finger deutete zum Himmel. Dort würde er alle seine Schülerinnen eines Tages wiedersehen.

Dwight Moody glaubte, sein Herz müsste bersten, so voll war es. »Oh Gott!«, rief er. »Schuhe verkaufen und Geld zu verdienen scheinen total unwichtig neben all dem, was ich in den letzten zwei Wochen gesehen habe. Vergib mir, Herr, dass mir bis jetzt die falschen Dinge wichtig waren. Von heute an möchte ich Mädchen und Jungen und auch Erwachsenen die gute Nachricht von Dir sagen. Ich bin Dein Mann – den ganzen Tag!«" (D. & N. Jackson / *Glaubenshelden* / CLV)

> *Was bedeutet es für dich, reichlich an der Quelle zu trinken und verborgenen Umgang mit Gott zu haben? Warum stellt Paulus das Trinken von Wein dem Erfüllt-Sein mit Heiligem Geist gegenüber und was kannst du für dich daraus lernen? Wofür könnte der Wein in deinem Leben stehen? Welche Segensabsichten Gottes siehst du in Römer 15,13 und wie kannst du mehr in den Genuss dieses Segens kommen?*

Notizen:

. . . .

. . . .

. . . .

. . . .

. . . .

. . . .

. . . .

. . . .

. . . .

. . . .

Glaubensenergie in der Praxis

„Geh hin, erbitte dir Gefäße ... nimm nicht wenige." (2. Kön 4,3)

Wir haben bei der Witwe den Zusammenhang zwischen Glaubensenergie und Glaubenserfahrung gesehen. Paulus spricht in einem anderen Kontext von dem gleichen Prinzip, wenn er sagt: „Wer sparsam sät, wird auch sparsam ernten, und wer segensreich sät, wird auch segensreich ernten" (2. Kor 9,6). Weil von diesem Prinzip so viel für unser praktisches Glaubensleben und unseren Dienst abhängt, werden wir uns im Folgenden einige Beispiele ansehen, die uns zu verstehen helfen, wie wir das Ganze in die Praxis übertragen können:

Wenn Gott dir den Auftrag gegeben hat zu evangelisieren, dann nutze die Möglichkeiten, die Du hast, und tue es mit Glaubensenergie. Hör nicht auf, wenn du fünf oder zehn Traktate verteilt hast und Leute sich vielleicht über dich lustig machen. Manchmal muss man lange Zeit säen, ohne Frucht zu sehen, bis dann irgendwann die Ernte kommt. Das hat der Herr Jesus, der Sämann Gottes, auch erlebt. Dreieinhalb Jahre sah Er fast keine Frucht von Seiner Arbeit; aber wie gewaltig ist die Ernte, die inzwischen seit fast 2000 Jahren eingefahren wird. Gottes Wort ist lebendig und kehrt nicht leer zu Ihm zurück!

Wenn du die Aufgabe hast, Gastfreundschaft zu üben, dann beschränke es nicht auf ein- oder zweimal im Jahr. Wir sollen danach trachten, anderen in unserem Zuhause zu dienen (s. Röm 12,13). Lass Dir vom Herrn Gelegenheiten zeigen und ergreife sie. Denke an Priska und Aquila, die oft ihr Haus für andere geöffnet haben und dadurch für viele zum Segen gewesen sind.

Wenn Gott dir gezeigt hat, dass du mehr Zeit ins Bibelstudium investieren sollst, dann versuche, dir so viel Zeit wie möglich dafür freizuschaufeln. Je mehr du das Wort unter Gebet studierst, umso mehr

Segen wirst du dadurch empfangen. Gott sagt nicht, wie oft du das tun sollst, sondern vielmehr: „Lasst das Wort des Christus reichlich in euch wohnen" (Kol 3,16). Das gilt auch für das Auswendiglernen von Bibelversen oder Kapiteln. „Deine Worte waren vorhanden, und ich habe sie gegessen, und deine Worte waren mir zur Wonne und zur Freude meines Herzens" (Jer 15,16).

Wenn du weißt, dass du einen Dienst an Kindern oder Frauen hast, dann mache das nicht nur so nebenher. Nimm dir Zeit, zu überlegen, wie du ihnen am besten den Herrn groß machen und sie im Glauben voranbringen kannst. Bete für jede einzelne Person, an der du einen Dienst tust. Der Herr wird sich dazu bekennen!

Wir können das auch auf unser Gebetsleben anwenden: Unsere Bitten (die leeren Gefäße, die wir vor Gott bringen) können niemals zu viele sein. Wir dürfen so oft kommen, wie wir wollen, und so viele Gefäße bringen, wie unser Glaube es zulässt – wir werden immer erleben, dass Er am Thron der Gnade Barmherzigkeit und Gnade für uns bereithält. Deshalb gilt auch für uns: „Tu deinen Mund weit auf, und ich will ihn füllen" (Ps 81,11)!

Wenn dir die Notwendigkeit des Gebets neu bewusst wird, dann gib dich dem Gebet hin und traue dich, für Dinge zu beten, für die dir bisher vielleicht der Glaube gefehlt hat. Jakobus schreibt: „Ihr habt nicht, weil ihr nicht bittet" (Jak 4,2). Jabez hat seinen Mund weit geöffnet – und ist reichlich gesegnet worden (s. 1. Chr 4,10).

> **„Ohne die Aktivität des Glaubens kann es keine Darstellung der Kraft durch den Diener des Herrn geben, egal wie entschieden und eifrig er ist. Doch selbst sehr kleiner Glaube, der aktiv wird, bringt göttliche Kraft auf den Plan, sodass Hindernisse, die so groß wie Berge sind, wegbewegt werden."**
>
> (Edward Dennett)

Eine junge Christin sah ihre Aufgabe von Gott darin, Sonntagschule zu halten. Während sie sich für eine Zeit lang um eine Sonntagschulklasse kümmerte, bekehrte sich ein Kind nach dem anderen, bis schließlich alle errettet waren. Sie wurde darum gebeten, die Sonntagschulklassen an jemand anderen abzugeben und eine neue Klasse zu übernehmen.

Wieder geschah das Gleiche: Ein Kind nach dem anderen nahm Jesus Christus als seinen persönlichen Retter an. Nach einiger Zeit bat man sie wieder darum, die Sonntagschulklasse an jemanden abzugeben und eine dritte Klasse zu übernehmen. Es dauerte nicht lange und es zeigten sich die gleichen Ergebnisse: Alle Kinder bekehrten sich und wurden gerettet.

Nach dem Tod dieser jungen Christin fand man ihr Tagebuch, das sie regelmäßig geführt hatte. Darin standen u.a. drei besondere Einträge. Der erste lautete: „Ich habe mich dazu entschlossen, jeden Tag für jedes meiner Sonntagschulkinder mit Namen zu beten."

In einem späteren Eintrag wurden die Worte hinzugefügt: „... und ich werde im Gebet für sie kämpfen." Schließlich hatte sie folgenden Satz aufgeschrieben: „Ich habe beschlossen, jeden Tag für meine Sonntagschulkinder zu beten, für sie im Gebet zu kämpfen und von Gott einen Segen zu erwarten."

Sie hat mit Glaubensenergie gedient und dabei erlebt, wie Gott den Stempel Seines Segens darauf gedrückt hat. Das können auch wir heute noch: Anstatt den Willen Gottes lässig zu tun (s. Jer 48,10), sollen wir mit Entschiedenheit allezeit überströmend sein im Werk des Herrn und dabei wissen, dass unsere Mühe nicht vergeblich ist (s. 1. Kor 15,58).

Zurück zu der Geschichte in 2. Könige 4. Schließlich sagt der Prophet der Witwe, dass sie das Öl verkaufen, ihre Schulden begleichen und mit ihren Söhnen von dem Rest leben soll. Gesagt, getan. Das Öl, mit dem sie die Schuld begleicht, dient nicht nur zur gegenwärtigen Beseitigung des Mangels, sondern auch zur zukünftigen Erhaltung der ganzen Familie. Auf unser Leben angewendet bedeutet das: Der

Heilige Geist gibt uns nicht nur Kraft, um dem Herrn zu dienen, sondern Er macht uns überreich in der Hoffnung – die dadurch auch zu anderen übersprudelt –, wenn wir uns im Glauben an die Verheißungen Gottes klammern (s. Röm 15,13).

Die Begebenheit beginnt mit einer Witwe in Armut und endet mit einer Familie, die Überfluss hat. Gottes Barmherzigkeit ist immer größer als das, was wir benötigen. Das Gleiche sehen wir bei der Speisung der 5000: Der Herr Jesus entspricht nicht nur den Bedürfnissen der Volksmenge, sondern sorgt dafür, dass am Schluss noch 12 Handkörbe voll Brot übrigbleiben. Die Gnade Gottes triumphiert! Wie Paulus den Ephesern schreibt: „Dem aber, der über alles hinaus zu tun vermag, über die Maßen mehr, als was wir erbitten oder erdenken, nach der Kraft, die in uns wirkt, ihm sei die Herrlichkeit in der Versammlung in Christus Jesus auf alle Geschlechter des Zeitalters der Zeitalter hin! Amen" (Eph 3,20.21).

> *Was bedeutet es, allezeit überströmend im Werk des Herrn zu sein (s. 1. Kor 15,58)? Welchen Dienst hat der Herr dir gegeben und wie kannst du ihn mit mehr Glaubensenergie tun?*

Notizen:

. . . .

. . . .

. . . .

. . . .

. . . .

Segenslöcher graben

„Macht Grube an Grube"

„Und er sprach: So spricht der HERR: Macht in diesem Tal Grube an Grube. Denn so spricht der HERR: Ihr werdet keinen Wind sehen und keinen Regen sehen, und doch wird dieses Tal sich mit Wasser füllen, sodass ihr trinken werdet, ihr und eure Herden und euer Vieh. Und das ist noch gering in den Augen des HERRN; er wird auch Moab in eure Hand geben... Und es geschah am Morgen, zur Zeit, da man das Speisopfer opfert, siehe, da kam Wasser den Weg von Edom her, und das Land füllte sich mit Wasser." (2. Kön 3,16-18.20)

Als die Moabiter von den Israeliten abfallen, verbünden sich die Israeliten mit Juda und den Edomitern, um gegen Moab zu kämpfen. Doch sie haben ein großes Problem: Es gibt weder Wasser für die Soldaten noch für ihre Tiere.

In dieser prekären Situation gehen sie zu dem Propheten Elisa, um durch ihn Gott zu befragen. Der HERR antwortet. Er gibt Seinem Diener ein prophetisches Wort und sagt, dass sie im Tal Grube an Grube machen sollen und dass Er selbst – ohne es regnen zu lassen – die Löcher mit Wasser füllen wird.

Jede Grube, die sie graben, vermehrt den Segen, der für sie und ihre Tiere gewonnen wird, wenn Gott das versprochene Wasser sendet. Es wird ihnen nicht gesagt, wie viele Gruben sie graben sollen – das bleibt ihrem Glauben überlassen; aber der Ausdruck „Grube an Grube" weist darauf hin, dass es nicht wenige sein sollen.

Wie können wir heute – im übertragenen Sinn – Gruben graben, um den Segen aufzunehmen, den Gott uns geben möchte? Indem wir uns vor dem Herrn demütigen. So wie Wasser sich immer an der tiefsten Stelle sammelt, so hält Gott am meisten Segen für die bereit, die sich aufrichtig vor Ihm demütigen. Je tiefer und aufrichtiger die Demütigung, desto mehr Segen werden wir genießen.

Gott liebt es, uns reich zu beschenken. Doch wir müssen auch in der Verfassung sein, den Segen aufzunehmen, den Er uns geben möchte. Wenn wir beispielsweise stolz und selbstzufrieden sind, so wie es von Laodizea gesagt wird, dann verpassen wir das, was Gott uns zugedacht hat, denn „Gott widersteht den Hochmütigen, den Demütigen aber gibt er Gnade" (Jak 4,6).

Was bedeutet es eigentlich konkret, sich vor Gott zu demütigen? Wie macht man das? Das ist eine wichtige Frage, über die viel zu wenig nachgedacht wird! Eine Möglichkeit, sich vor Gott zu demütigen, besteht darin, dass wir bewusst unsere Abhängigkeit von Gott im Gebet ausdrücken, indem wir uns eingestehen, dass wir selbst nichts vermögen.

Petrus, der eine Zeit lang auf sich selbst vertraute und die eben erwähnte Wahrheit auf bittere Weise lernen musste, ermutigt uns mit den Worten: „So demütigt euch nun unter die mächtige Hand Gottes, damit er euch erhöhe zur rechten Zeit" (1. Pet 5,6). Und wie sollen wir das tun? „Indem ihr all eure Sorge auf ihn werft; denn er ist besorgt für euch" (1. Pet 5,7)!

Demütigung besteht daher u.a. darin, anzuerkennen, dass wir Probleme nicht durch eigene Weisheit, menschliche Strategie oder politisches Fäden-Ziehen lösen können, sondern dass wir auf die Hilfe Gottes angewiesen und wirklich von Ihm abhängig sind. Anstatt Zisternen auszuhauen, die kein Wasser halten (s. Jer 2,13), d.h. menschliche Hilfsmittel zu suchen, die uns nicht weiterbringen, sollen wir Gruben graben, die Gott mit Segen füllen kann! Anstatt auf uns selbst zu vertrauen und die Dinge in die eigene Hand zu nehmen, übergeben wir sie dem, der mächtig ist, um sich darum zu kümmern.

Viele werden dem wahrscheinlich grundsätzlich zustimmen, doch die Frage ist, inwiefern wir das tatsächlich auch in der Praxis umsetzen. Wenn beispielsweise in einer Gemeinde ein Problem auftritt, wie viel Zeit verbringt man dann damit, darüber zu diskutieren oder nach Lösungsmöglichkeiten zu suchen, und wie viel Zeit geht man ins Gebet, in dem Bewusstsein, dass der Herr die Rettung schenken muss? In der Realität ist es leider oft so, dass in solchen Situationen viel mehr geredet als gebetet wird.

> **„Gott erschafft aus dem Nichts. Deshalb gilt: Bis ein Mensch nicht nichts ist, kann Gott nichts aus ihm machen."**
> (Martin Luther)

Die Frage ist, ob wir demütig genug sind, uns einzugestehen, dass wir ohne den Herrn tatsächlich nichts tun können (s. Joh 15,5). Denn es ist eine Sache, davon zu reden, dass wir ohne den Herrn nichts tun können, und eine gänzlich andere, das auch praktisch auszuleben! Wenn wir demütig sind, dann wird sich das besonders in Krisenzeiten durch anhaltendes Gebet zeigen – und wird ganz sicher vom Herrn gesegnet werden!

> *Wie viel redest oder grübelst du über Probleme und wie oft betest du dafür? Warum fällt es uns manchmal so schwer, dem Herrn eine Not bewusst zu übergeben und uns dann nicht mehr darum zu sorgen? Wann wird in der Bibel das erste Mal erwähnt, dass Menschen gebetet haben, und was kannst du aus dem Kontext für dein Glaubensleben lernen?*

Notizen:

Demütigung,
der Weg zur Erweckung

„Und er sprach: So spricht der HERR: Macht in diesem Tal Grube an Grube. Denn so spricht der HERR: Ihr werdet keinen Wind sehen und keinen Regen sehen, und doch wird dieses Tal sich mit Wasser füllen, sodass ihr trinken werdet, ihr und eure Herden und euer Vieh." (2. Kön 3,16.17)

Sich vor Gott zu demütigen bedeutet auch, dass wir Ihm mit einem zerbrochenen Herzen unser persönliches und gemeinsames Versagen bekennen und darüber aufrichtig Buße tun, d.h. bewusst einen Richtungswechsel einschlagen. Gott möchte nicht nur ein Lippenbekenntnis, sondern dass wir echt und authentisch sind. Wie geschrieben steht: „Zerreißt euer Herz und nicht eure Kleider, und kehrt um zu dem HERRN, eurem Gott" (Joel 2,13) und „[Sie] ist nicht mit ihrem ganzen Herzen zu mir umgekehrt, sondern nur zum Schein" (Jer 3,19).

Wenn wir das tun, dann werden wir den Segen und Beistand Gottes wieder neu und bewusster erleben: „Denn so spricht der Hohe und Erhabene, der in Ewigkeit wohnt und dessen Name der Heilige ist: Ich wohne in der Höhe und im Heiligtum und bei dem, der zerschlagenen und gebeugten Geistes ist, um zu beleben den Geist der Gebeugten und zu beleben das Herz der Zerschlagenen" (Jes 57,15).

Bei der Einweihung des Tempels hat der HERR Salomo ein wunderbares Versprechen gegeben, das wir auch heute noch auf uns anwenden können: „Wenn mein Volk, das nach meinem Namen genannt wird, sich demütigt, und sie beten und suchen mein Angesicht und kehren um von ihren bösen Wegen, so werde ich vom Himmel her hören und ihre Sünden vergeben und ihr Land heilen" (2. Chr 7,13.14).

Dieses Prinzip zieht sich durch die ganze Heilige Schrift: Jedes Mal, wenn Menschen sich aufrichtig vor Gott gedemütigt haben, hat Er mit Gnade darauf geantwortet. Jedes Mal! Das war sogar bei Manasse der Fall, der alle vorherigen Könige an Bosheit übertraf. „Gott widersteht den Hochmütigen, den Demütigen aber gibt er Gnade" (Jak 4,6). Nehmen wir Gott auch in dieser Frage beim Wort und handeln dementsprechend? Er hat gesagt: „Aber auf diesen will ich blicken: auf den Elenden und den, der zerschlagenen Geistes ist und der da zittert vor meinem Wort" (Jes 66,2).

Wir können sicher sein, dass Gott auch heute noch Heilung und Erweckung schenken wird, wenn wir uns vor Ihm klein machen, Schuld beim Namen nennen, einander die Sünden bekennen und vergeben sowie von falschen Wegen umkehren. In der Kirchengeschichte lesen wir von Zeiten der Erweckung, als der Fußboden nass von Tränen war, weil Gläubige über ihr Versagen geweint und es vor dem Herrn bekannt haben. Gott hat mit großartigem Segen darauf geantwortet!

Vielleicht stellst du fest, dass sich zunehmend Oberflächlichkeit und Gleichgültigkeit in dein persönliches Glaubensleben eingeschlichen haben. Oder du empfindest das Versagen der Christenheit und der Gläubigen, mit denen du zu tun hast. Dann demütige dich vor dem Herrn. Nimm dir Zeit, Dinge zu bekennen und fang an, in dem Tal, in dem du dich gerade befindest, Gruben zu graben! Übrigens: Daniel (Dan 9), Nehemia (Neh 9) und Esra (Esr 9) haben sich in ihrer Demütigung mit den Sünden des Volkes eingemacht, die sie gar nicht selbst verübt hatten.

Gott hat die Macht, nicht nur in den Bergen, sondern auch in Tälern Quellen entstehen zu lassen (Ps 104,10). Er herrscht über die Quellen der Tiefe und über die Fenster des Himmels. Er ist ja der Vater des Regens (Hiob 38,28), von dem jeder Segen und jede gute Gabe kommt. Im Propheten Jesaja sagt Er: „Ich werde Ströme hervorbrechen lassen auf den kahlen Höhen, und Quellen inmitten der Talebenen; ich werde die Wüste zum Wasserteich machen und das dürre Land zu Wasserquellen" (Jes 41,18). Der Psalmist bestätigt das mit den Worten: „Er macht zum Wasserteich die Wüste und dürres Land zu Wasserquellen" (Ps 107,35).

Es ist daher nicht verwunderlich, dass Gott plötzlich über Nacht Wasser aus unsichtbaren Quellen hervorströmen lässt, wie es in der Geschichte Israels der Fall war. Er kann innerhalb kürzester Zeit großartigen Segen entstehen lassen – wobei Sein Wirken manchmal unscheinbar geschieht und nicht immer in der Weise, wie wir es uns vorstellen oder erwarten.

Wir brauchen Glauben, der von Gott erwartet, dass Er handeln wird, auch wenn wir weder Wind noch Regen sehen. Wenn Gräben gezogen und Gruben gegraben werden, dann strömt auch der Segen aus übernatürlichen Quellen!

Weil das Volk die Gruben gräbt, erleben sie, wie Gott ihnen den Sieg schenkt und der Feind die Flucht ergreift – denn gegen gehorsame und demütige Herzen ist der Feind ohnmächtig. In diesem Zusammenhang ist es übrigens sehr interessant, dass Josua und das Volk jedes Mal dann gesiegt haben, wenn sie von Gilgal aus in den Kampf gezogen sind. Gilgal ist der Ort des Selbstgerichts!

> **„Seit dem Pfingsttag hat es nirgends auch nur eine große geistliche Erweckung gegeben, die nicht in einer Gebetsversammlung, und sei es nur von zwei oder drei Betern, begonnen hätte. Und keine solche nach außen und oben gerichtete Bewegung hat weiter bestanden, nachdem diese Gebetsversammlungen aufhörten."**
>
> (Arthur T. Pierson)

Erweckung beginnt oft damit, dass wir uns demütig eingestehen, dass wir Erweckung nötig haben – und dann im Gebet intensiv darum flehen. Wir brauchen tiefe Wurzeln nach unten, damit es Frucht nach oben geben kann (s. Jes 37,31)! Wenn der Geist Gottes dann zu wirken beginnt, wird sicherlich weitere Demütigung folgen, die immer dann geschieht, wenn Menschen sich ins Licht Gottes stellen.

Die Kirchengeschichte gibt uns viele Berichte über Erweckungen, die Gott unter Gläubigen gewirkt hat. Dazu ein Beispiel: In den 1970er Jahren geschah ein mächtiges Wirken Gottes in Borneo, wo ein Missionsteam verstärkt für Erweckung betete.

„Doch der Wendepunkt kam, als eine Gruppe einheimischer Studenten die ganze Nacht im gemeinsamen Gebet verbrachte. Im Juni 1972 luden die Missionare die Studenten zu sich nach Hause ein, was zu einem noch größeren Wunsch nach Gebet führte. Zwei Studenten begannen jeden Abend um halb zehn zu beten; langsam wuchs die Gruppe, teilte sich dann in zwei Gruppen, bis eine große Welle studentischen Gebets sich nach Gott ausstreckte, um Borneo zu erwecken...

Die tiefe, schmerzliche Umkehr von der Sünde in einer Erweckung, die den Geist zerschmettert und sogar den Leib schwächt, weicht bald einem Jubel „mit unaussprechlicher und herrlicher Freude" (1. Pet 1,8).

In einem einfachen Brief an seine Freunde in England offenbarte ein Ältester der Gemeinde in Bario auf Borneo diesen Wandel von Tränen des Leides zu Liedern der Freude. Er schrieb am 7. November 1973, kurz nachdem in die dortige Gemeinde eine Erweckung gekommen war:

»Die Gottesdienste sind so anders als alles, was ich bisher erlebt habe. Wenn der Heilige Geist auf die Gemeinde kommt, beginnen die Menschen (manchmal zwanzig oder dreißig Leute gleichzeitig) laut zu weinen und Gott um Sündenvergebung anzurufen, und manche rufen in dem verzweifelten Wunsch nach Versöhnung die Namen von Menschen, mit denen sie sich gestritten haben.

Viele laufende Gerichtsverfahren sind aufgehoben worden, weil die beteiligten Parteien sich auf sehr dramatische Weise mit Tränen und Umarmungen voll göttlicher Liebe versöhnt haben. Nachdem die durch Sünde verursachten Probleme vom Herrn beseitigt wurden und Vergebung ausgesprochen worden ist, geht der Gottesdienst mit lautem Lobgesang weiter, während noch immer Freudentränen fließen.«" (Brian H. Edwards / *Erweckung – Ein Land von Gott erfasst* / 3L-Verlag)

> *Gibt es in deinem Leben Zeiten, in denen du dich aufrichtig vor Gott demütigst? Wann hast du Ihm das letzte Mal dein Versagen bekannt und Ihn um Belebung in deinem Leben und in dem Leben deiner Glaubensgeschwister angefleht? Welche Beispiele fallen dir in der Bibel ein, in denen Gott mit Gnade auf Demütigung reagiert hat? Sehnst du dich nach neuem geistlichen Segen? Ziehe die Gräben, Gott wird sie füllen!*

Notizen:

. . . .

. . . .

. . . .

. . . .

. . . .

. . . .

Pfeile der Rettung

Der Schlüssel zum Sieg

„Und Elisa erkrankte an seiner Krankheit, an der er starb. Und Joas, der König von Israel, kam zu ihm herab und weinte über seinem Angesicht und sprach: Mein Vater, mein Vater! Wagen Israels und seine Reiter! Da sprach Elisa zu ihm: Hole Bogen und Pfeile. Und er holte ihm Bogen und Pfeile. Und er sprach zum König von Israel: Lege deine Hand auf den Bogen. Da legte er seine Hand darauf; und Elisa tat seine Hände auf die Hände des Königs. Und er sprach: Öffne das Fenster nach Osten. Und er öffnete es. Und Elisa sprach: Schieße! Und er schoss. Und er sprach: Ein Pfeil der Rettung von dem HERRN und ein Pfeil der Rettung gegen die Syrer! Und so wirst du die Syrer in Aphek schlagen bis zur Vernichtung. Und er sprach: Nimm die Pfeile. Und er nahm sie. Und er sprach zum König von Israel: Schlage auf die Erde! Und er schlug dreimal und hielt inne. Da wurde der Mann Gottes zornig über ihn und sprach: Du hättest fünf- oder sechsmal schlagen sollen, dann würdest du die Syrer bis zur Vernichtung schlagen; nun aber wirst du die Syrer dreimal schlagen." (2. Kön 13,14-19)

Diese Geschichte zeigt uns wieder, wie wichtig es ist, mit Glaubensenergie zu handeln, wenn wir Glaubenssiege erleben wollen. Elisa fordert Joas dazu auf, Pfeile aus dem Fenster zu schießen. Direkt im Anschluss erklärt er ihm, was die Pfeile bedeuten: Rettung für das Volk! Jetzt wird es spannend! Denn nun sagt der Prophet dem König, dass er die Pfeile nehmen und damit auf den Boden schlagen soll. Doch er sagt ihm nicht, wie oft er schlagen soll – und genau darin liegt die Herausforderung für seinen Glauben.

Obwohl Joas weiß, dass die Pfeile Sieg für Israel bedeuten, schlägt er nur dreimal und hält inne. Der Prophet ist fassungslos. Er tadelt den König dafür, dass dieser nach drei Schlägen bereits aufgehört hat. Warum ist er darüber so verärgert? Weil er weiß, dass Gott ihm eigentlich viel mehr schenken wollte, wenn er sich nur nach mehr ausgestreckt hätte. Entsprechend dem Glauben des Königs gibt Gott Israel drei Siege gegen die Syrer. Hätte er den Auftrag des Propheten mit mehr Hingabe und Glaubensenergie erfüllt, wären die Feinde vollständig vernichtet worden.

Weil Joas halbherzig handelt, bleibt er hinter dem Segen zurück, den Gott ihm gerne gegeben hätte. Was lernen wir daraus? Wenn wir etwas für den Herrn tun, dann soll es mit ganzem Herzen, mit Entschiedenheit und mit Ausdauer geschehen. Er wird sich dazu bekennen und den Stempel Seines Segens darauf drücken! Hiskia ist in dieser Hinsicht ein gutes Vorbild. Von ihm heißt es: „Und in allem Werk, das er anfing im Dienst des Hauses Gottes und im Gesetz und im Gebot, um seinen Gott zu suchen, handelte er mit ganzem Herzen; und es gelang ihm" (2. Chr 31,21).

„Wo immer du bist, sei ganz da."
(Jim Elliot)

Was kannst du dafür tun, mehr Siege und Segen in deinem Glaubensleben zu erringen? Dazu ein paar Beispiele:

Wenn du für den Geist säst, wirst du ewiges Leben ernten (s. Gal 6,8). Wie sieht das Säen für den Geist praktisch aus? Es geschieht, wenn du das Wort Gottes liest, Christus vor Augen hast, betest und dich mit himmlischen Dingen beschäftigst. Je mehr du das mit Glaubensenergie tust, umso mehr wirst du erleben, was Leben in Überfluss wirklich bedeutet (s. Joh 10,10). Das ist keine fromme Theorie, sondern praktische Voraussetzung für ein erfülltes Leben.

Je mehr du bewusst in Gemeinschaft mit Gott durch den Tag gehst und sozusagen aus der Quelle trinkst, umso mehr werden Ströme lebendigen Wassers zum Segen für andere von dir ausgehen (s. Joh

7,38). Es ist übrigens interessant, dass in der Geschichte Simsons genau drei Mal die Wirksamkeit des Geistes Gottes ausdrücklich erwähnt wird. Gott wollte durch diesen Mann große Siege für Sein Volk bewirken. Doch so wie Joas nur drei Mal auf die Erde schlug, ist auch Simson weit hinter dem zurückgeblieben, was der HERR durch ihn zum Segen anderer hätte wirken können.

Wenn du den Gott des Friedens erleben willst, dann musst du dich auf die Dinge fokussieren, die Paulus in Philipper 4,8.9 vorstellt. Je intensiver du das tust, umso mehr wirst du das Bewusstsein bekommen, dass der Gott des Friedens mit dir ist – und dein Herz in einem Frieden bewahrt, der jeden Verstand übersteigt. Dazu hat J.N. Darby treffend gesagt: „Das Geheimnis des inneren Friedens und der äußeren Kraft ist es, sich mit dem Guten zu beschäftigen, sich immer und immer wieder mit dem Guten zu beschäftigen." Das „immer und immer wieder" ist eine Frage der Glaubensenergie!

Wie wichtig gerade auch in dieser Hinsicht intensives, glaubensvolles und ausharrendes Gebet ist, macht folgende Geschichte deutlich, die sich zu Beginn des 20. Jahrhunderts ereignet hat:

Die Charlotte Chapel in Edinburgh war 1905 von einer Erweckung erfasst worden, und zwei Jahre später war diese immer noch in vollem Maß in der Gemeinde am Wirken. Ihre Mitglieder hatten inbrünstig um Erweckung gebetet. Als diese dann kam, hat sie sich wie folgt ausgewirkt:

„Was habe ich über unsere Gebetsstunden zu berichten? Hat jemals jemand solche Stunden erlebt? Sie begannen gewöhnlich sonntags morgens um sieben, doch man hatte den Eindruck, dass das viel zu spät am Tag sei für die große Obliegenheit, die vor dem Thron der himmlischen Gnade zu verrichten sei!

„Wenn wir mehr arbeiten als wir beten, dann werden die Gegenwart und die Kraft Gottes in der Arbeit nicht so sichtbar, wie wir es uns wünschen."
(Andrew Murray)

Die Versammlungen beginnen nun um sechs Uhr und dauern fast alle sieben Tage der Woche, mit gelegentlichen Unterbrechungen, um sich um die Geschäfte, den Haushalt und die leibliche Versorgung zu kümmern! Manche unter euch, die Fremde sind, mögen dies belächeln – wie viele von uns zunächst auch –, doch wir haben damit aufgehört.

Es ist dieser anhaltende, hartnäckige, Gott ehrende Feldzug des Gebets, der die mächtige Hand Gottes bewegt hat, dass Er die Segnungen Seiner Gnade in so reicher Fülle auf das Volk Seines Wohlgefallens ausgegossen hat; und wenn du je nach dem Geheimnis des großen geistlichen Reichtums dieser Gemeinde gefragt wirst, so kannst du ihm von den Gebetsstunden berichten, und besonders auch von den Versammlungen von Gottes Volk – vierzig bis sechzig Personen stark –, die jeden Sonntagmorgen um sechs oder sieben Uhr in der oberen Sakristei stattfinden – sommers wie winters, bei Regen und Sonnenschein –, um zu beten. Ja, das ist das Geheimnis – das Geheimnis des Erfolgs und Reichtums unserer Gemeinde." (Brian H. Edwards / *Erweckung – Ein Land von Gott erfasst* / 3L-Verlag)

„Lasst uns den Kindern Gottes gegenüber auf das Gebet im Verborgenen dringen, denn es ist ein Haupterfordernis des geistlichen Lebens! Der Vater sieht ins Verborgene und wird öffentlich vergelten. Nutzlos und fruchtleer bleibt der größte Dienst, wenn er nicht im verborgenen Gebet seinen Ausgang und seine Quelle hat. Möchte sich jeder von uns die Frage stellen: Liebe ich die verborgene Stätte, um dort mit dem Herrn zu reden, meine Kraft zu erneuern, mit Gott zu ringen und obzusiegen?" (J.N. Darby)

> ***Worauf kannst du die Pfeile des Sieges hinsichtlich deines Glaubenslebens anwenden? Mit welcher Intensität tust du das, wovon du genau weißt, dass es Segen und geistlichen Sieg bewirkt (siehe z.B. 2. Kor 9,6; Mt 7,7; Gal 6,8)? Woran liegt es, dass du manche Dinge vielleicht eher halbherzig tust, und was kann dir dabei helfen, das zu ändern?***

Notizen:

. . . .

. . . .

. . . .

. . . .

. . . .

. . . .

. . . .

. . . .

. . . .

. . . .

. . . .

. . . .

. . . .

Gebetshingabe – der Siegespfeil!

„Ein Pfeil der Rettung von dem HERRN … Nimm die Pfeile. … Schlage auf die Erde! … Du hättest fünf- oder sechsmal schlagen sollen …" (2. Kön 13,17-19)

Gott hat uns, bildlich gesprochen, einen großartigen Siegespfeil in die Hand gegeben, den wir mit Glaubensenergie benutzen sollen: Das Gebet! Jeder Gläubige kann die Bedeutung folgender Verse verstehen:

- „Bittet, und es wird euch gegeben werden; … Denn jeder Bittende empfängt." (Mt 7,7.8)
- „Wenn ihr um etwas bitten werdet in meinem Namen, werde ich es tun." (Joh 14,14)
- „Alles, um was ihr betet und bittet – glaubt, dass ihr es empfangt, und es wird euch werden." (Mk 11,24)
- „Lasst uns nun mit Freimütigkeit hinzutreten zu dem Thron der Gnade, damit wir Barmherzigkeit empfangen und Gnade finden zu rechtzeitiger Hilfe." (Heb 4,16)
- „Das inbrünstige Gebet eines Gerechten vermag viel." (Jak 5,16)

Das Mittel zum Sieg ist klar und deutlich. Die Frage ist: Mit welcher Glaubensenergie machst du davon Gebrauch?

Gebet sollte das Leben jedes Christen kennzeichnen. Von Paulus wurde kurz nach seiner Bekehrung gesagt: „Siehe, er betet." Doch es ist eine Sache, hin und wieder zu beten, und eine gänzlich andere,

> **„Kein Mensch (Gottes) ist größer als sein Gebetsleben."**
> (Leonard Ravenhill)

es mit Glaubensenergie und Hingabe zu tun. Der Apostel tat jedoch genau das, denn er schreibt: „Indem wir Nacht und Tag über die Maßen flehen" (1. Thes 3,10). Gott möchte, dass wir, bildlich gesprochen, nicht nach ein-, zwei- oder dreimal beten damit aufhören, sondern weiter „auf die Erde schlagen."

Der Herr hat gesagt: „Klopft an, und es wird euch aufgetan werden. Denn ... dem Anklopfenden wird aufgetan werden" (Lk 11,9.10). Wenn die Tür nicht sofort aufgeht, dann sollen wir weiter klopfen. Wie lange? Bis die Tür sich öffnet! Die Gläubigen in Jerusalem sind uns darin ein Vorbild. Als Petrus im Gefängnis saß, beteten sie so lange, bis Gott die Gefängnistür öffnete und ihr Bruder schließlich wieder vor ihnen stand. Wie oft verhalten wir uns wie „Klingelmännchen", die kurz an die Tür klopfen und dann wieder weglaufen.

Der Glaube von Joas vertraut Gott nur für drei Siege. Abraham schlägt, im übertragenen Sinn, öfter auf die Erde. Als er für Sodom und Gomorra betet, fleht er sechsmal zum HERRN, bis er von 50 Gerechten bei zehn Gerechten ankommt. Hätte er nicht noch ein siebtes Mal für die Sache bitten können? Mit Sicherheit! Gott hätte gewiss auch darauf geantwortet.

Elia hat siebenmal gebetet, bis schließlich am Horizont eine Wolke in der Größe der Faust eines Mannes sichtbar wird. Weil Er nicht aufhört, Gott darum anzuflehen, die Fenster des Himmels zu öffnen, hört er irgendwann nicht nur ein leichtes Plätschern, sondern das Rauschen eines gewaltigen Regens (s. 1.Kön 18,41).

Wie hat der Sohn Gottes Seine Jünger dazu ermutigt, mit Ausdauer immer wieder eine Sache im Gebet vor Gott zu bringen? Er stellte ihnen eine hilflose Witwe vor, die einem ungerechten Richter solange keine Ruhe ließ, bis Er ihr irgendwann Recht verschaffte und das gab, wonach sie verlangte.

> **„Wir können uns Gott nie im gläubigen Gebet nahen, ohne dass wir mehr erhalten, als wir je zu hoffen gewagt hätten. Erwartung Gott gegenüber ist eine wunderbare Frucht des Gebets."**
> (Robert C. Chapman)

Wir sollen daraus lernen, wie wichtig es ist, „durch-zu-beten" – und nicht auf halber Strecke stehen zu bleiben. Epaphras hat mit Hingabe im Gebet für andere Christen gerungen und wird von Paulus als ein Vorbild hingestellt (s. Kol 4,12). Der Apostel selbst fordert die Gläubigen in Rom dazu auf, in ihren Gebeten für ihn zu kämpfen (s. Röm 15,30). Hast du auch schon mal auf den Knien gekämpft? Am Richterstuhl werden wir einmal sehen, wie viel Segen wir wegen fehlender Glaubensenergie verpasst haben.

Als Gott vor knapp 300 Jahren unter der Herrnhutter Brüdergemeine eine Erweckung bewirkte, war ein Ergebnis, dass ein sogenanntes Stundengebet ins Leben gerufen wurde. Die Christen damals beschlossen, rund um die Uhr für jeweils eine Stunde zu beten. Dadurch entstand eine Gebetskette, die nicht nur ein paar Wochen andauerte, sondern 120 Jahre lang anhielt!

In ihrem einfältigen Glauben hatten sie sich auf die folgenden Verse des Wortes Gottes gestützt: „Auf deine Mauern, Jerusalem, habe ich Wächter bestellt; den ganzen Tag und die ganze Nacht werden sie keinen Augenblick schweigen. Ihr, die ihr den Herrn erinnert, gönnt euch keine Ruhe und lasst ihm keine Ruhe, bis er Jerusalem befestigt und bis er es zum Ruhm macht auf der Erde" (Jes 62,6.7). Gott hat übrigens wunderbar auf die Gebetshingabe der Herrnhutter geantwortet. Mehrere hundert Missionare, die sich zum Teil freiwillig versklaven ließen, um Gefangene mit dem Evangelium zu erreichen, wurden damals in die Ernte ausgesandt.

„Prüft mich doch dadurch, spricht der HERR der Heerscharen, ob ich euch nicht die Fenster des Himmels öffnen und euch Segen bis zum Übermaß ausgießen werde."

(Mal 3,10)

Welche Reaktionen gäbe es heute, wenn Christen eine Gebetskette ins Leben riefen oder wieder vermehrt zu privaten Gebetstreffen ermutigten? Leider muss man dann mit Aussagen wie: „Nüchtern bleiben", „bloß keine falsche Euphorie" oder „eine Erweckung kann man doch nicht organisieren" rechnen. Selbstverständlich kann man keine Erweckung „organisieren", aber wir dürfen Gott anhaltend und intensiv darum bitten, dass Er Erweckung in Herzen wirkt. Außerdem sollte uns das nicht davon abhalten, einander zur Liebe und zu guten Werken anzuspornen – und dazu gehört auch das Gebet!

Wenn der Herr sich so oft in der Kirchengeschichte zu Gebet um Erweckung bekannt hat, warum sollte Er das heute nicht mehr tun? Wir dürfen uns durch den Glauben und die Hingabe der Christen, die uns vorangegangen sind, anspornen lassen, Gott wieder neu zu prüfen. Wenn wir allerdings mit unserem geistlichen Zustand zufrieden sind und uns nicht nach Erweckung in unserem Umfeld ausstrecken und nicht mit Sehnsucht danach verlangen, müssen wir uns nicht wundern, wenn alles so weitergeht wie bisher.

> *Setzen wir Gott unter Druck, wenn wir mit Ausharren eine Sache immer wieder im Gebet vor Ihn bringen, oder möchte Er nicht vielmehr diese Beharrlichkeit? Was bedeutet es, dass Paulus über die Maßen gefleht hat? Warum nehmen wir die Zusagen, die Gott uns in Verbindung mit Gebet gegeben hat, oft nicht in vollem Maß in Anspruch? Was muss geschehen, damit heute noch örtlich Erweckung geschehen kann?*

Notizen:

. . . .

. . . .

. . . .

. . . .

. . . .

. . . .

. . . .

. . . .

. . . .

. . . .

. . . .

. . . .

. . . .

. . . .

. . . .

. . . .

. . . .

. . . .

. . . .

. . . .

. . . .

Alles auf den Altar?

„Und die Schrift wurde erfüllt, die sagt: »Abraham aber glaubte Gott, und es wurde ihm zur Gerechtigkeit gerechnet«, und er wurde Freund Gottes genannt." (Jak 2,23)

Wie gewaltig ist der Glaube Abrahams! 25 Jahre lang wartet er auf die Geburt seines Sohnes Isaak, durch den Gott Seine Verheißungen, die Er ihm gegeben hatte, in Erfüllung gehen lassen wollte. Schließlich wird der Sohn der Verheißung geboren. Was für eine Freude für Abraham, ihn vor seinen Augen aufwachsen zu sehen. Dann hört Abraham eines Tages plötzlich die Stimme Gottes, der ihm sagt: „Nimm deinen Sohn, deinen einzigen, den du lieb hast, den Isaak, und zieh hin in das Land Morija und opfere ihn dort als Brandopfer auf einem der Berge, den ich dir sagen werde" (1. Mo 22,2). Was für eine gewaltige Glaubensprüfung!

Wie reagiert der Patriarch auf diese Aufforderung? Obwohl es für ihn als Vater sicher herzzerreißend gewesen sein muss, zögert er keinen Augenblick und macht sich frühmorgens auf, um im Glaubensgehorsam das zu tun, was Gott ihm aufgetragen hat. Wie hell strahlt sein Glaubensgehorsam in dieser Situation hervor! Er ist tatsächlich bereit, das Wertvollste, was er hat – seinen einzigartigen Sohn –, auf dem seine ganze Hoffnung ruhte, für Gott auf dem Altar zu opfern. Wunderbare Hingabe!

Doch gleichzeitig ist der „Freund Gottes" fest davon überzeugt, dass Gott hält, was Er verspricht. Der Allmächtige hatte gesagt, dass Er Abraham durch Isaak eine große Nachkommenschaft schenken würde. Was schlussfolgert der Glaube daraus? Dass, wenn Isaak geopfert werden soll, Gott ihn aus den Toten auferwecken wird!

Deshalb sagt Abraham zu seinen Knaben, als er loszieht, um seinen Sohn zu opfern: „Bleibt ihr hier mit dem Esel; ich aber und der Knabe wollen bis dorthin gehen und anbeten und dann zu euch zurückkehren" (1. Mo 22,5). Im Hebräerbrief heißt es: „Durch Glauben hat Abraham, als er geprüft wurde, Isaak geopfert, und der, der die Verheißungen empfangen hatte, brachte den Eingeborenen dar, über den gesagt worden war: »In Isaak wird dir eine Nachkommenschaft genannt werden«; wobei er urteilte, dass Gott auch aus den Toten aufzuerwecken vermag, von woher er ihn auch im Gleichnis empfing" (Heb 11,17-19).

C.H. Mackintosh hat in diesem Zusammenhang sehr treffend gesagt: „Es ist sehr interessant zu bemerken, wie Abrahams Seele durch die Prüfung seines Glaubens zu einer neuen Erkenntnis des Charakters Gottes geführt wird. Wenn wir fähig sind, die von Gott selbst uns auferlegten Prüfungen zu bestehen, so werden wir unzweifelhaft neue Erfahrungen betreffs seines Charakters machen und dadurch den Wert der Prüfung schätzen lernen. Hätte Abraham nicht seine Hand ausgestreckt, um seinen Sohn zu schlachten, so würde er nimmer die kostbaren Reichtümer jenes Namens kennen gelernt haben, den er hier Gott beilegt: »Jehova-Jireh«, was bedeutet: »Jehova wird ersehen« (1. Mo 22,14). Nur wenn wir wirklich auf die Probe gestellt werden, entdecken wir, was Gott ist. Ohne Prüfung werden wir bloße Theoretiker bleiben."

Gerade in Zeiten der Prüfung lernen wir Gott in einer ganz besonderen Weise kennen. Deshalb konnte Paulus sagen: „Wir rühmen uns aber auch der Trübsale" (Röm 5,3). Die Frage, die sich uns in der Prüfung stellt, ist, ob wir diese bereitwillig von Gott annehmen oder nicht. Denn nur wenn wir ein „Ja" zu den Wegen Gottes haben, werden wir auch geistlich wachsen.

Als Jonathan und Rosalind Goforth dem Herrn als Missionare in China dienten, wurde ihr 18 Monate alter Sohn plötzlich sterbenskrank.

Nachdem sie mehrere Tage für das Leben ihres Kindes gekämpft hatten, wurde ihnen eines Abends klar, dass der Zeitpunkt seines Todes nahe gekommen war.

Rosalind begann, in ihrer Seele gegen Gott zu rebellieren und mit Ihm zu hadern, da sie in dieser Krankheit und dem Tod des Kindes nichts als schreckliche Ungerechtigkeit sehen konnte. Ihr Ehemann bat sie inständig darum, ihren Willen und ihr Kind Gott zu übergeben. Nach einem langen und erbitterndem Kampf rang sie sich schließlich dazu durch, ihr Kind in die Hände Gottes zu legen. Dann knieten sie beide am Bett des Kindes nieder und befahlen die Seele des Kleinen der Gnade Gottes an.

> **„Nur wenn wir wirklich auf die Probe gestellt werden, entdecken wir, was Gott ist. Ohne Prüfung werden wir bloße Theoretiker bleiben."**
> (Charles H. Mackintosh)

Während Rosalind betete, bemerkte sie, wie das schnelle, schwere Atmen des Kindes aufhörte. Sie dachte, dass ihr Sohn gestorben sei, und holte schnell eine Taschenlampe. Doch während sie das Gesicht des Kindes betrachtete, stellte sie fest, dass es in einen tiefen Schlaf gefallen war, der für fast die ganze Nacht anhielt. Am nächsten Tag war der Junge fast vollständig von der gefährlichen Krankheit geheilt.

Zurückblickend wurde Rosalind klar, dass der Herr ihren Glauben bis zum letzten Moment geprüft hatte. Nachdem sie bereit gewesen war, Ihm ihren geliebten Schatz zu übergeben und Gott somit den ersten Platz zu geben, hatte Er ihr das Kind wieder zurückgegeben. (Rosalind Goforth / *How I know God answers prayer* / Harper & Brothers Publishers)

> *„Glückselig der Mann,*
> *der die Prüfung erduldet!"*
> (Jak 1,12)

> **Warum hat Gott den Glauben Abrahams so sehr auf die Probe gestellt? Was kannst du im Blick auf Glaubensprüfungen, die Gott in deinem Leben zulässt, von Abraham lernen? Was bedeutet es für dich, das Liebste, was du hast, auf den Altar Gottes zu legen?**

Notizen:

. . . .

. . . .

. . . .

. . . .

. . . .

. . . .

. . . .

. . . .

. . . .

. . . .

. . . .

. . . .

. . . .

. . . .

Gebetserhörung in letzter Sekunde

„Lasst uns nun mit Freimütigkeit hinzutreten zu dem Thron der Gnade, damit wir Barmherzigkeit empfangen und Gnade finden zu rechtzeitiger Hilfe." (Heb 4,16)

Manchmal zögert Gott mit der Antwort auf unsere Gebete, um unseren Glauben zu prüfen und die Rettung umso größer werden zu lassen. Gerade in Situationen, in denen uns die Zeit wegläuft, sollen wir darauf vertrauen, dass Er alles unter Kontrolle hat.

Wenn wir Gott vertrauen, dann werden wir nicht gestresst sein, wenn es in einer Glaubensprüfung auch mal zeitlich knapp wird. Jesaja schreibt: „Wer auf ihn vertraut, wird nicht ängstlich eilen" (Jes 28,16; [s. die Fußnote in der Elberfelder Übersetzung]).

Als Georg Müller einmal mit seiner Frau mit dem Schiff von Quebec nach Liverpool fahren wollten, hatte er vorher intensiv dafür gebetet, dass vor der Abfahrt noch rechtzeitig ein Liegestuhl für seine Frau aus New York eintreffen sollte. Frau Müller litt an einer Seekrankheit, deshalb war der Stuhl für sie äußerst wichtig.

Ihr Mann war voller Zuversicht, dass Gott sein Gebet erhört habe. Ungefähr eine halbe Stunde, bevor das Begleitboot die Fahrgäste zum Schiff bringen sollte, machten ihn die Beamten darauf aufmerksam, dass kein Stuhl angekommen sei und unmöglich noch rechtzeitig zur Abreise kommen könne. Doch er ließ sich durch nichts bewegen, einen anderen in einem nahegelegenen Geschäft zu kaufen.

„Wir haben unseren himmlischen Vater so besonders darum gebeten, ihn uns zu besorgen. Wir wollen Ihm vertrauen, dass Er es auch tun wird", war seine Antwort. Dann ging er an Bord, absolut sicher, dass sein Vertrauen nicht fehl am Platz sei und nicht zuschanden werde.

Gerade bevor das Begleitboot ablegen wollte, fuhr ein Möbelwagen vor. An der Spitze seiner Ladung – Georg Müllers Stuhl. Er wurde schnell an Bord gebracht und genau in die Hände des Mannes gegeben, der Georg Müller aufgefordert hatte, einen anderen zu kaufen!

Als er ihn Herrn Müller übergab, drückte der keinerlei Erstaunen aus, sondern nahm still seinen Hut ab und dankte seinem himmlischen Vater. Für diesen Gottesmann war eine solche Gebetserhörung nicht verwunderlich, sondern natürlich.

Gott hat diese Verzögerung zugelassen, um Seine Treue groß zu machen und auch uns dadurch zu ermutigen, Ihm zu vertrauen. Denn wir hätten ohne diese Verzögerung nie von diesem Vorfall gehört.

> **„Du verlierst keine Zeit, wenn Du auf Gott wartest."**
> (Corrie ten Boom)

Nachfolgend ein weiteres Beispiel aus Indien, das T.E. Koshy in seiner Biographie über Bakht Singh berichtet:

„Mehrere Male auf seinen Reisen vertraute Bakht Singh dem Herrn im Glauben, dass er noch einen Sitz im Flugzeug oder einen Platz im Zug bekommen würde, und der Herr ehrte seinen Glauben.

So kam er z.B. Anfang der 60er Jahre mit einem Missionarsehepaar nach Bombay. Die Frau war an der Hüfte operiert worden, steckte noch von der Hüfte abwärts in einem Gipsverband und konnte sich nur mit Krücken bewegen.

Nur zwei Stunden vor der Abfahrt des Expresszugs von Bombay nach Hyderabad kam Bakht Singh zum Autor und beauftragte ihn, drei Schlafplätze zu reservieren, wobei einer unten liegen musste. Der Autor schaute Bakht Singh betroffen an und sagte ihm, dass es unmöglich sei, so spät noch drei Schlafplätze zu bekommen, und dazu noch einen unteren, da normalerweise die Schlafplätze mehrere Wochen, wenn nicht sogar Monate, im Voraus schon ausgebucht seien.

Bakht Singh sagte jedoch, dass er gebetet hatte und der Herr ihm die Gewissheit geschenkt hatte, dass er ihm in diesem Zug drei Schlafplätze geben würde. Er schickte den Autor deshalb zum Bahnhof, wo ihm gesagt wurde, dass keine Schlafplätze verfügbar seien. Eine halbe Stunde vor Abfahrt des Zuges sagte der Beamte, dass selbst die VIP-Plätze vergeben seien.

Als Bakht Singh das hörte, sagte er: »Nein, der Herr wird uns versorgen.« Der Autor schlug vor, es am nächsten Tag zu versuchen, aber Bakht Singh war sich sicher, dass der Herr ihnen helfen würde, an diesem bestimmten Tag mit diesem bestimmten Zug zu reisen. Ein paar Minuten vor der Abfahrt kam der Beamte und informierte uns darüber, dass ein Wunder geschehen war und jemand drei Schlafplätze storniert hatte – und einer davon ein unterer war.

Bakht Singh schaute den Autor an und sagte: »Du siehst: Der Herr lässt uns niemals im Stich.« So demonstrierte Bakht Singh während seines ganzen Lebens und Dienstes, dass man im Glauben leben und die Treue Gottes erproben kann." (T.E. Koshy / *Bahkt Singh - Ein auserwähltes Werkzeug in Indien* / CLV)

*„Wir sollten nie vergessen, dass Gott unser Vater ist,
aber auch nicht, dass unser Vater Gott ist."*

(William Kelly)

> *Warum ist es für Gott so wertvoll, wenn der Glaube in der Prüfung standhält? Hat der Herr dich schon einmal in eine Situation gebracht, in der du Seine Hilfe in letzter Minute erlebt hast? Warum stärken solche Erfahrungen den Glauben? Gottes Hilfe kommt spätestens rechtzeitig!*

Notizen:

. . . .

. . . .

. . . .

. . . .

. . . .

. . . .

. . . .

. . . .

. . . .

. . . .

. . . .

. . . .

. . . .

. . . .

Gottes wunderbare Rettung

„Weil es keinen anderen Gott gibt, der auf solche Weise zu erretten vermag." (Dan 3,29)

Wenn Gott in unser Leben hineinspricht, indem Er uns ein persönliches Versprechen gibt, dann kann es sein, dass sich die Dinge zunächst einmal ganz anders entwickeln, als wir es erhoffen und erwarten. Joseph musste beispielsweise zuerst nach Ägypten verkauft und dort sogar zwei Jahre im Gefängnis sitzen, bevor Gottes Zusage an ihn in Erfüllung ging. Während dieser Zeit im Gefängnis wurde sein Festhalten an den Verheißungen Gottes auf die Probe gestellt, denn hinsichtlich dieser Zeit heißt es: „Das Wort des Herrn läuterte ihn" (Ps 105,19).

Mose hatte von dem großen „Ich bin" die Zusage bekommen, dass er eines Tages das Volk Israel aus Ägypten herausführen würde. Auf dem Weg zu der Erfüllung dieses Versprechens gab es allerdings viel Gegenwind und Widerstand. Doch weil Mose den Geber der Verheißung vor Augen hatte, ist er unter dem gewaltigen Druck nicht zusammengebrochen oder eingeknickt: „Durch Glauben verließ er Ägypten und fürchtete die Wut des Königs nicht; denn er hielt standhaft aus, als sähe er den Unsichtbaren" (Heb 11,27).

Auch David musste lange warten, bis das, was Gott über ihn vorhergesagt hatte, in Erfüllung ging. Nachdem Samuel ihn zum König gesalbt hatte, musste der Mann nach dem Herzen Gottes in den darauffolgenden Jahren vor Saul fliehen und durch schwere Prüfungen gehen. Erst nachdem er schließlich buchstäblich alles verloren hatte, sorgte Gott dafür, dass er von Juda und Israel zum König gemacht wurde.

Das folgende Beispiel aus der Kirchengeschichte zeigt, dass Gott auch dann zu Seinem Wort steht, wenn zwischenzeitlich alles verloren erscheint:

Während des Boxer-Aufstands in China zu Beginn des 20. Jahrhunderts sind viele Missionare kaltblütig ermordet worden. Doch einige hat Gott auf wunderbare Weise bewahrt – und es vorher sogar angekündigt! Die Geschichte von Jonathan und Rosalind Goforth, die diese Zeit in China überlebt haben, zeigt das in beeindruckender Weise:

> **„Gott wirkt in unserem Glauben, damit dieser nicht aufhört. Er nimmt die Schwierigkeiten nicht weg, aber Er gibt Kraft, damit wir ihn ihnen bestehen können!"**
> (Hendrik L. Heijkoop)

Als Rosalind Goforth gerade im Begriff stand, mit ihren Kindern nach China zu reisen, um dort ihren bereits vorgereisten Mann zu treffen, kam von dort ein Telegramm mit der Nachricht, dass einige Missionare auf grausame Weise getötet worden waren. Viele baten sie daraufhin, mit ihrer Ausreise noch etwas zu warten. Doch sie hatte den Eindruck, dass sie die Reise trotzdem unverzüglich antreten sollte.

Kurz bevor der Zug den Bahnhof in Toronto verließ, trat plötzlich eine Frau ans Fenster des Zuges und sagte: „Sie kennen mich nicht, aber ich habe dafür gebetet, dass der Herr mir eine Verheißung für sie gibt. Folgendes möchte ich ihnen weitergeben; bitte nehmen sie es als vom Herrn kommend an: »Keiner Waffe, die gegen dich gebildet wird, soll es gelingen« (Jes 54,17)."

Rosalind betete daraufhin und bat den Herrn darum, diese Zusage an ihr und denen, die ihr nahestanden, zu erfüllen. Während sie betete, bekam sie die feste Gewissheit, dass der Herr ihr Gebet erhört hatte.

Im Sommer des Jahres 1900 brach in China schließlich eine gewaltige Verfolgung aus. Wiederholt waren die Goforths mit ihren vier Kindern auf ihrer Missionsstation in großer Gefahr. Schließlich wurden sie gezwungen, die Stadt Chang Te an einem frühen Morgen zu verlassen. In der ersten größeren Stadt, in die sie kamen, versuchte man sofort in ihre Herberge einzubrechen. Aber während sie beteten, zerstreute sich die Menge. Als sie sich wieder auf den Weg machten, sprang Mr. Goforth vom Wagen herab, um frisches Wasser zu holen. Währenddessen sammelten sich viele Leute, die ihn bedrohten und immer wieder „Töte, töte!" riefen. Doch der Herr bewahrte ihn.

Kurze Zeit später erreichten sie auf der Flucht wieder eine Herberge, in der sie Zuflucht suchten. Es dauerte jedoch nicht lange, bis sich draußen viele Menschen ansammelten, die Steine auf das Haus warfen. Das Tor wurde verbarrikadiert. Drinnen wuchs die Angst, dass bald das Haus gestürmt und alle grausam ermordet werden würden. In dieser Not versammelten sich die Goforths und ihre Mitarbeiter in einem Raum zum Gebet.

Jonathan zog ein kleines Buch aus seiner Tasche und las laut die Bibelverse vor, die ihm sofort ins Auge sprangen:

„Deine Zuflucht ist der Gott der Urzeit, und unter dir sind ewige Arme; und er vertreibt vor dir den Feind und spricht: Vertilge!" (5. Mo 33,27)

„Eine hohe Festung ist uns der Gott Jakobs" (Ps 46,11)

„Meine Hilfe und mein Erretter bist du; mein Gott, zögere nicht!" (Ps 40,17)

„Ich stärke dich, ja, ich helfe dir, ja, ich stütze dich mit der Rechten meiner Gerechtigkeit… Denn ich, der HERR, dein Gott, ergreife deine rechte Hand, der ich zu dir spreche: Fürchte dich nicht, ich helfe dir!" (Jes 41,10.13)

„Wenn Gott für uns ist, wer gegen uns?" (Röm 8,31)

„Sodass wir kühn sagen können: Der Herr ist mein Helfer, und ich will mich nicht fürchten; was wird mir ein Mensch tun?" (Heb 13,6)

Die Wirkung, die diese Verse in diesem Augenblick hatten, war unbeschreiblich. Allen war klar, dass Gott durch Sein Wort zu ihnen redete. Die panische Angst musste dem göttlichen Frieden weichen, der die Herzen schlagartig erfüllte.

Nachdem die Gebetszeit beendet war, sprangen sie auf ihre Karren und begaben sich in die dicht bevölkerte Straße. Sie waren erstaunt, wie gut sie in den Menschenmassen vorwärts kamen. Als sie sich dem Stadttor näherten, sahen sie mehrere hundert Männer, die vollbewaffnet auf sie warteten. Kaum hatten sie das Stadttor passiert, warfen die Männer mit Steinen auf sie und verstümmelten die Tiere, einige von ihnen töteten sie sogar.

Jonathan Goforth sprang vom Karren und rief: „Nehmt alles, aber tötet nicht." Er hatte kaum ausgeredet, als ihn ein Mann, der mit beiden Händen ein Schwert hielt, einen schweren Schlag verpasste. Doch der Herr führte es so, dass er mit der stumpfen Seite des Schwertes getroffen wurde, die zwar deutliche Spuren an seinem Hals hinterließ, ihn aber nicht weiter verwundete. Hätte ihn die scharfe Seite getroffen, wäre er auf der Stelle enthauptet worden. Sein dicker Helm wurde in Stücke zertrümmert – während er selbst ungeschoren davonkam.

Dann trafen ihn mehrere Schläge, die ihn fast zur Bewusstlosigkeit brachten. Während er zu Boden fiel, schien er eine Stimme zu hören, die sagte: „Fürchte dich nicht, sie beten für dich." Als Rosalind ihren Mann blutüberströmt am Boden liegen sah, dachte sie, er sei gestorben. Doch der Herr hielt Seine mächtigen Hände über Seinen Diener. Auch Rosalind und die Kinder entgingen auf wunderbare Weise nur sehr knapp dem eigentlich sicheren Tod.

Es würde hier dem Rahmen sprengen, alle Einzelheiten dieser bewegenden Geschichte wiederzugeben. Doch die Bewahrung des Herrn, bis zu dem Moment, in dem sie schließlich alle in Sicherheit waren, ist sehr bewegend. (Rosalind Goforth / *How I know God answers prayer* / Harper & Brothers Publishers)

> **Wie gehst du damit um, wenn der Herr dir durch Sein Wort eine persönliche Verheißung gibt, sich aber kurz darauf die Umstände ganz anders entwickeln, als du es erhofft hast? Wie läutert Gott uns durch Sein Wort? Welche Verbindung besteht zwischen lebendigem Glauben und der Wahrscheinlichkeit, dass etwas passieren könnte?**

Notizen:

. . . .

. . . .

. . . .

. . . .

. . . .

. . . .

. . . .

. . . .

. . . .

. . . .

. . . .

. . . .

. . . .

Im Feuerofen

Jemand hat einmal treffend gesagt: „Echter Glaube nimmt immer zu, wenn Widerstand kommt, während eine falsche Zuversicht dadurch nur zugrunde geht." Georg Müller schreibt dazu: „Anfechtungen, Widerstände, Schwierigkeiten und manchmal sogar Niederlagen sind die eigentliche Nahrung des Glaubens!"

Glaube, der sich in der Prüfung bewährt, ist für Gott wertvoller als alles Gold der Welt! Das macht Petrus deutlich, wenn er schreibt: „Die ihr jetzt eine kurze Zeit, wenn es nötig ist, betrübt seid durch mancherlei Versuchungen; damit die Bewährung eures Glaubens, viel kostbarer als die des Goldes, das vergeht, aber durch Feuer erprobt wird, befunden werde zu Lob und Herrlichkeit und Ehre in der Offenbarung Jesu Christi" (1. Pet 1,6.7).

Sadrach, Mesach und Abednego haben auf Gott vertraut, indem sie das Wort des Königs übertraten und bereit waren, lieber zu sterben, als einem Götzen zu dienen. Mit großer Entschiedenheit sagten sie zu Nebukadnezar: „Ob unser Gott, dem wir dienen, uns aus dem brennenden Feuerofen zu erretten vermag – und er wird uns aus deiner Hand, o König, erretten – oder ob nicht, es sei dir kund, o König, dass wir deinen Göttern nicht dienen und das goldene Bild, das du aufgerichtet hast, nicht anbeten werden" (Dan 3,17). Sie wussten nicht, ob sie überleben würden. Doch sie vertrauten darauf, dass der HERR über den Umständen stand und sie aus der Hand des Königs retten würde. Dieses Vertrauen führte zu einem mächtigen Zeugnis, das zur Ehre Gottes war (s. Dan 3,28).

Solche Geschichten machen Mut, in schweren Zeiten treu zu sein. Hier gab es ein „Happy-End". Doch was wäre gewesen, wenn es kein „Happy-End" gegeben hätte? Auch dann hätte der Glaube der drei Freunde Gott verherrlicht. Es gibt viele Beispiele dafür, dass Gott

Glaubensprüfungen zulässt, in denen die menschlich erhoffte Rettung ausbleibt, weil Er ein höheres Ziel verfolgt.

In Hebräer 11,35-38 lesen wir: „Andere aber wurden gefoltert, da sie die Befreiung nicht annahmen, damit sie eine bessere Auferstehung erlangten. Andere aber wurden durch Verhöhnung und Geißelung versucht und dazu durch Fesseln und Gefängnis. Sie wurden gesteinigt, zersägt, versucht, starben durch den Tod des Schwertes, gingen umher in Schafpelzen, in Ziegenfellen, hatten Mangel, Drangsal, Ungemach; sie, deren die Welt nicht wert war, irrten umher in Wüsten und Gebirgen und Höhlen und den Klüften der Erde."

Diese Glaubenshelden haben Gott in furchtbaren Leiden vertraut und sind zum Teil den Märtyrertod gestorben. Doch gerade ihre Treue und ihr Vertrauen auf den HERRN während dieser Zeit der Qualen und Prüfungen haben in den Augen Gottes einen unschätzbaren Wert. Deshalb werden sie auch die Krone des Lebens empfangen, die Gott denen verheißen hat, die Ihn lieben (s. Jak 1,12).

Jan Hus war ein böhmischer Theologe und Reformator aus dem 15. Jahrhundert, der einige Wahrheiten des Wortes Gottes neu auf den Leuchter stellte und sich dadurch gegen das Papsttum auflehnte. Dafür wurde er von der katholischen Kirche auf dem Scheiterhaufen verbrannt.

> **„Das zu lernen, was Gott uns durch die Not lehren will, ist wichtiger, als aus ihr herauszukommen."**
> (Hudson Taylor)

Es ist sehr beeindruckend, das Glaubensvertrauen und die Entschiedenheit dieses Mannes zu sehen, der bereit war, für Christus und die Wahrheit zu sterben. Während der letzten Stunden seines Lebens hielt er seinen Blick fest auf seinen Herrn gerichtet. Als er von seinen Peinigern ausgezogen und angeprangert wurde, betete er für sie und sagte: „Herr Jesus Christus, vergib meinen Feinden um deiner Barmherzigkeit willen."

In einer aufwändigen Zeremonie wurde Hus das Priesteramt entzogen. Dieses Ritual gipfelte darin, dass sieben Bischöfe ihm den Abendmahlskelch aus den Händen nahmen, während sie deklarierten: „O verfluchter Judas ... wir nehmen dir den Kelch der Erlösung weg." Hus ließ sich dadurch nicht beeindrucken und sagte ruhig: „Ich vertraue Gott."

Dann wurde er mit Flüchen beleidigt, während man ihn aus der Kirche ausstieß. Das Ritual endete damit, dass die Bischöfe erklärten: „Wir übergeben deine Seele dem Teufel." Doch Hus ließ sich auch von diesen Worten nicht erschüttern. Er hielt weiterhin seinen Blick fest auf den Herrn gerichtet und antwortete: „Ich übergebe meine Seele Jesus Christus."

Als dieser treue Mann den Scheiterhaufen vor sich sah, sagte er mit Entschiedenheit: „Ich bin bereit, für das Evangelium Christi zu sterben." Nachdem er auf dem Holz festgebunden worden war, wurde ihm eine rostige Kette um den Hals gelegt. So stand er dort, halbnackt, dem Tod ins Auge sehend.

Zwei Wagenladungen Holz wurden abgeladen und bis zu seinem Kinn aufgeschichtet. Dann legten die Henker noch Stroh und Pech darauf – nun kam der Moment der Wahrheit. Der Reichsmarschall ermutigte Hus ein letztes Mal zu widerrufen, um sein Leben zu retten.

Augenzeugen sagten, dass Hus kaum eine Pause machte, als er laut sagte: „Gott ist mein Zeuge, dass der Fokus meiner Predigt darauf lag, Menschen von der Sünde abzuwenden. In der Wahrheit des Evangeliums bin ich bereit, heute mit Freuden zu sterben."

Nachdem nun jedem klar war, dass absolut nichts diesen Mann von seinem Glauben abbringen konnte, wurde der Scheiterhaufen in Brand gesetzt. Bis zum letzten Atemzug seines Lebens hielt Hus seinen Blick fest auf Jesus, seinen Herrn, gerichtet. Seine letzten Worte waren: „Christus, Sohn des lebendigen Gottes, erbarme dich meiner."

Was für ein Glaube und eine Standfestigkeit strahlen aus dem Leben dieses Mannes hervor! Für uns gilt: „Den Ausgang ihres Wandels anschauend, ahmt ihren Glauben nach" (Heb 13,7).

> *Warum sind Anfechtungen, Widerstände, Schwierigkeiten und manchmal sogar Niederlagen die eigentliche Nahrung des Glaubens? Warum kommt es beim Glauben nicht auf ein vermeintliches „Happy-End" hier auf der Erde an? Wie kannst du Gott in Leiden verherrlichen? „Der in Finsternis wandelt und dem kein Licht glänzt, vertraue auf den Namen des HERRN und stütze sich auf seinen Gott."*
> *(Jes 50,10)*

Notizen:

. . . .

. . . .

. . . .

. . . .

. . . .

. . . .

. . . .

. . . .

Wenn Friede mit Gott

„Du bist gut und tust Gutes." (Ps 119,68)

Gott ist gut – und zwar jederzeit! Er gibt uns das Versprechen, dass denen, die Ihn lieben, alle Dinge zum Guten mitwirken (s. Röm 8,28). Das gilt auch für die schweren Wege und Prüfungen, die Er in unserem Leben zulässt. Oft können wir Ihn am meisten verherrlichen, wenn wir Ihn in dunklen Tagen durch Vertrauen ehren und ohne Rebellion alles, was Er schickt, aus Seiner Hand annehmen.

Als Georg Müller seine Frau verlor, entschied er sich dazu, die Predigt selbst zu übernehmen. Er wählte den Text: „Du bist gut und tust Gutes" (Ps 119,68). In seiner Predigt sagte er: „Der Herr hat Gutes getan, indem er mir die Frau gegeben hat. Er hat Gutes getan, indem er sie mir so lange gelassen hat. Der Herr war gut und tat Gutes, indem er sie genommen hat."

Wenn wir auf den Herrn vertrauen, bedeutet das nicht immer, dass wir von äußeren Gefahren und Leiden verschont werden. Nachdem in Hebräer 11 viele beeindruckende Beispiele von Glaubenssiegen vorgestellt werden, kommen die bewegenden Worte: „Andere aber ..." (Heb 11,35.36). Es gab auch eine ganze Reihe an Gläubigen, die Gott vertraut haben und trotzdem durch viel Leid gegangen sind – weil sie treu waren bis zum Tod. Sie haben in diesem Sinn keine Rettung aus den äußeren Umständen erlebt, aber sie durften erfahren, wie Gott sie hindurchträgt – und das ist oft größer als die Verschonung vor Leid!

Das trifft auch auf das Leben von Adoniram Judson zu. Nachdem er auf dem Missionsfeld seine Frau und mehrere Kinder verloren hatte, sagte er sinngemäß: „Wenn ich nicht wüsste, dass mich Gottes unendliche Liebe und Barmherzigkeit trägt und Er alles genau so geplant hat, hätte ich schon lange aufgeben."

Auch der Apostel Paulus ist durch sehr viel Leid gegangen. Das ging manchmal so weit, dass er und seine Mitarbeiter am Leben verzweifelten. Doch Gott verfolgte mit allem Leid, das er zuließ, einen guten Plan.

Über viele Jahrhunderte hinweg haben Gläubige immer wieder Trost und Ermutigung durch das Lesen der Psalmen bekommen. Viele dieser Lieder sind unter großem

> **„Um zu wissen, was ein Anker ist, brauchen wir den Sturm."**
> (Corrie ten Boom)

Leid entstanden. Als David wie ein Rebhuhn auf den Bergen gejagt wurde, war der Klang seiner Harfe am schönsten. Lieder, die im Schmerz geboren sind, helfen uns dabei, Traurigkeit zu überwinden und den Blick wieder zum Himmel zu richten!

Horatio Gates Spafford war ein erfolgreicher und sehr wohlhabender Rechtsanwalt, der im 19. Jahrhundert in Chicago lebte. Er war verheiratet und hatte vier Töchter. Als das „Chicagofeuer" im Jahr 1871 ausbrach, zerstörte es Spaffords Besitz und bescherte ihm große finanzielle Verluste.

Er war ein Christ, der wirklich ein Herz für den Herrn hatte. Im Herbst 1873 wollte Spafford mit seiner Familie nach England reisen. Er beabsichtigte, dort seinen Freund, den Evangelisten Dwight L. Moody, bei dessen evangelistischer Arbeit zu unterstützen, während seine Frau und die Töchter Urlaub machen sollten.

Doch Spafford wurde aufgrund einer dringenden Geschäftsangelegenheit in Chicago aufgehalten und beschloss, dass seine Familie schon vorausfahren sollte. So bestieg die Mutter mit ihren vier Töchtern einen französischen Dampfer, um den Atlantik zu überqueren.

Am 22. November 1873 wurde das Passagierschiff mitten auf dem Atlantischen Ozean durch ein englisches Containerschiff gerammt. Spaffords vier Töchter: Anna (11), Maggie (9), Bessie (5) und Tanetta

(2) wurden über Bord gespült und das Schiff sank innerhalb kürzester Zeit. 226 Passagiere ertranken bei diesem Unglück.

Spaffords Frau war eine der wenigen, die überlebten. Das Letzte, woran sie sich noch erinnern konnte, war ihre kleine Tochter Tanetta gewesen, die durch die Kraft des Wassers aus ihren Armen gerissen wurde. Sie selbst wurde von einem Matrosen gerettet und nach Wales gebracht. Ihrem Ehemann sandte sie das herzzerreißende Telegramm: „Alleine gerettet".

Nach dieser schrecklichen Nachricht segelte Spafford sofort schweren Herzens nach England ab, um seiner leidgeprüften Frau beizustehen und sie zu trösten. Bertha Spafford-Vester, die spätere fünfte Tochter Horatio Spaffords, schrieb über seine Überfahrt in ihrem Buch *Unser Jerusalem*:

„... Vater war überzeugt, dass Gott gut ist und dass er seine Kinder im Himmel wiedersehen würde. Dieser Gedanke beruhigte sein Herz ...

Auf der Reise über den Atlantik bat der Kapitän, Herr Goodwin, meinen Vater in seine private Kabine: »Eine vorsichtige Berechnung ist vorgenommen worden«, erklärte er ihm, »und ich glaube, dass wir uns jetzt in dem Bereich befinden, in dem die ‚Ville du Havre' unterging.«

Vater schrieb an Tante Rachel: »Am Donnerstag befanden wir uns über der Stelle, wo das Schiff im mittleren Ozean unterging; das Wasser ist drei Meilen tief. Aber ich denke nicht an unsere Lieben dort. Sie sind sicher und geborgen in den Armen des guten Hirten und – nicht mehr lang – dann werden auch wir dort sein. In der Zwischenzeit danken wir Gott und haben noch Gelegenheit, IHM zu dienen und IHN zu preisen wegen seiner Liebe und Gnade zu uns.«"

Nach dieser Unterredung mit Kapitän Goodwin schrieb Spafford nachts in seiner Kabine die Worte des Liedes nieder, das jetzt schon weit mehr als 100 Jahre alt ist und Millionen von Menschen zum Segen wurde:

> *Wenn Friede mit Gott meine Seele durchdringt,*
> *Ob Stürme auch drohen von fern,*
> *Mein Herze im Glauben doch allezeit singt:*
> *Mir ist wohl, mir ist wohl in dem Herrn!*

> *Refrain, nach jeder Strophe:*
> *Mir ist wohl in dem Herrn!*
> *Mir ist wohl, mir ist wohl in dem Herrn!*

> *Wenn Satan mir nachstellt und Bange mir macht,*
> *So leuchtet dies Wort mir als Stern:*
> *Mein Jesus hat alles für mich schon vollbracht;*
> *Ich bin rein durch das Blut meines Herrn!*

> *Die Last meiner Sünde trug Jesus, das Lamm,*
> *Und warf sie weit weg in die Fern.*
> *Er starb ja für mich auch am blutigen Stamm:*
> *Meine Seele lobpreise den Herrn!*

> *Nun leb ich in Christus für Christus allein,*
> *Sein Wort ist mein leitender Stern.*
> *In Ihm hab ich Fried und Erlösung von Pein,*
> *Meine Seele ist selig im Herrn.*

Was für ein Glaubensvertrauen! Mit dem Frieden Gottes im Herzen, der allen Verstand übersteigt, war dieser Mann in der Lage, dieses wunderbare Lied zu schreiben. Er war aufgrund des zugelassenen Leids nicht bitter geworden, sondern fand in Gott seine Zuflucht und seinen Trost. (F. Müller / *Wenn Friede mit Gott* / VDHS)

> *Was bedeutet es, wenn eine Seele selig ist im Herrn? Wie sehr hängst du an deinem Leben hier in dieser Welt und inwiefern kannst du mit Paulus sagen: „Das Leben ist für mich Christus; und das Sterben Gewinn" (Phil 1,21)? Was ist der Schlüssel dazu, den Frieden Gottes konkret zu erleben?*

Notizen:

. . . .

. . . .

. . . .

. . . .

. . . .

. . . .

. . . .

. . . .

. . . .

. . . .

. . . .

. . . .

. . . .

Welch ein Freund ist unser Jesus

„Gott, mein Schöpfer, der Gesänge gibt in der Nacht." (Hiob 35,10)

Einige Lieder, die wir heute singen, haben eine sehr bewegende Geschichte. Zum Teil sind sie unter großem Leid entstanden. Doch gerade das macht sie so wertvoll, weil lebendiger Glaube, der sich in der Not an Gott klammert, darin sichtbar wird.

Gott hat Paulus und Silas dazu befähigt, im Kerker, mit den Füßen im Stock, um Mitternacht Loblieder zu singen und Ihn zu preisen. In der Kirchengeschichte hat Er auch immer denen, die Ihm vertraut haben, Lobgesänge in der Nacht geschenkt! Ein Beispiel dafür ist Joseph Medlicott Scriven.

Am Tag vor seiner Hochzeit überquerte seine Braut mit dem Pferd eine Brücke. Am anderen Ende wartete Scriven auf sie. Doch sie wurde von einer Windböe erfasst, fiel in einen Fluss und er musste mit ansehen, wie sie vor seinen Augen ertrank.

Nach diesem schrecklichen Leid bat er Gott darum, ihn weiter zu führen. Schließlich wanderte er im Alter von 25 Jahren nach Kanada aus. Er tat das mit der Hoffnung, dort das Leid zu vergessen, das ihm in Irland begegnet war. Nach einiger Zeit lernte er eine Frau namens Eliza Roche kennen und verlobte sich mit ihr.

> **„Der Glaube ist immer stärker und herrlicher, wenn die Trübsal und Anfechtung am größten sind."**
> (Martin Luther)

Doch wieder wartete großes Leid auf ihn. Ein paar Wochen vor ihrer Hochzeit bekam seine Braut eine Erkältung, woraus sich eine Lungenentzündung und hohes Fieber entwickelten. Sie starb kurze Zeit später im Alter von 23 Jahren. Scriven war am Boden zerstört. Doch im Glauben klammerte er sich an Jesus Christus, der ihn errettet und dem er sein Leben übergeben hatte.

Wie ging es nun weiter? Anstatt mutlos zu werden oder zu resignieren, beschloss Scriven, sich dem Dienst an Witwen und kranken Menschen zu widmen. Das Ergebnis war, dass viele von ihnen Hoffnung schöpften – besonders auch durch sein Leben, das die Liebe Gottes widerspiegelte.

Nach vielen Jahren besuchte ihn ein Nachbar und fand das Gedicht „What a friend we have in Jesus" neben seinem Bett auf einem Tisch liegen. Die Übersetzung lautet wie folgt:

Welch ein Freund ist unser Jesus, o, wie hoch ist Er erhöht!
Er hat uns mit Gott versöhnet und vertritt uns im Gebet.
Wer mag sagen und ermessen, wieviel Heil verloren geht,
wenn wir nicht zu Ihm uns wenden und Ihn suchen im Gebet!

Wenn des Feindes Macht uns drohet und manch Sturm rings um uns weht,
brauchen wir uns nicht zu fürchten, stehn wir gläubig im Gebet.
Da erweist sich Jesu Treue, wie Er uns zur Seite steht
als ein mächtiger Erretter, der erhört ein ernst Gebet.

Sind mit Sorgen wir beladen, sei es frühe oder spät,
hilft uns sicher unser Jesus, fliehn zu Ihm wir im Gebet.
Sind von Freunden wir verlassen und wir gehen ins Gebet,
o, so ist uns Jesus alles: König, Priester und Prophet.

Der Besucher war von dem Gedicht beeindruckt und fragte Scriven, ob er es geschrieben habe. Seine Antwort war: „Der Herr und ich haben es gemeinsam verfasst." Es war aus der Gemeinschaft mit dem Herrn entstanden. Er wollte mit diesen Worten seine kranke Mutter trösten, die sehr traurig war, weil ihr Sohn so viel leiden musste. Das Vertrauen, das aus diesem Lied hervorstrahlt, hat schon den Glauben von tausenden Christen gestärkt – und tut es auch heute noch! (F. Müller / *Tatsachenbericht von Joseph Medlicott Scriven* / VDHS)

> **„Aus dem Fresser kam Fraß, und aus dem Starken kam Süßigkeit."**
> (Ri 14,14)

> **Warum verherrlicht der Glaube Gott in schweren Zeiten oft mehr als in Zeiten, in denen es keine Probleme gibt? Wie kann man den Herrn in Trauer und Leid am besten ehren? Was kann dir dabei helfen, nicht zu resignieren, wenn Gott Leid in deinem Leben zulässt?**

Notizen:

. . . .

. . . .

. . . .

. . . .

. . . .

. . . .

. . . .

. . . .

. . . .

. . . .

. . . .

. . . .

. . . .

Jonathan

„Und Jonathan sprach zu dem Knaben, der seine Waffen trug: Komm und lass uns hinübergehen zu der Aufstellung dieser Unbeschnittenen; vielleicht wird der HERR für uns wirken, denn für den HERRN gibt es kein Hindernis, durch viele zu retten oder durch wenige." (1. Sam 14,6)

Jonathan ist ein ermutigendes Beispiel für jemanden, der mit Kühnheit im Glauben vorangegangen ist – und dafür von Gott reich belohnt wurde. Was war die Situation? Das Volk Israel wurde von den Philistern bedrängt, die ihnen zahlenmäßig bei weitem überlegen waren. Angst und Verzweiflung machten sich zunehmend breit.

Doch der Glaube, der alles in Verbindung mit Gott sieht, kann es nicht ertragen, wenn das Volk Gottes vom Feind unterdrückt und der HERR dadurch verunehrt wird. Und genau diesen Glauben sehen wir hier bei Jonathan. Obwohl die Situation hoffnungslos erscheint, vertraut er auf Gott und auf dessen unfehlbare Treue Seinem Volk gegenüber.

Das kennzeichnet den Glauben: Er erkennt nicht nur an, dass Gott groß ist, sondern er betrachtet auch die unauflösliche Verbindung zwischen Gott und Seinem Volk. Jonathan sieht die Philister als Unbeschnittene, d.h. als solche, die keine Beziehung zu Gott und daher auch keine Kraft haben. Das Volk Israel dagegen war der Augapfel Gottes und durfte im Glauben mit Seinem Beistand rechnen.

Weil der Glaube nicht von den Umständen abhängig ist, macht Jonathan sich keine Sorgen über die Zahl der Feinde. Gott ist allmächtig, daher macht es für Ihn keinen Unterschied, durch viele oder wenige Rettung zu bewirken. Er stützt sich also nicht auf natürliche

Hilfsmittel, sondern seine Erwartung kommt von dem lebendigen Gott, für den kein Ding unmöglich ist!

Der König Asa hat es in einer großen Not im Gebet einmal ähnlich ausgedrückt: „HERR! um zu helfen, ist bei dir kein Unterschied zwischen dem Mächtigen und dem Kraftlosen. Hilf uns, Jehova, unser Gott! denn wir stützen uns auf dich, und in deinem Namen sind wir wider diese Menge gezogen" (2. Chr 14,11).

Gideon befreite Israel mit nur 300 Mann, ohne Waffen, nur mit Posaunen, Krügen und Fackeln (Ri 7). Als vor ca. 2000 Jahren einige wenige Männer umherzogen und das Evangelium predigten, wurde von ihnen gesagt: „Diese, welche den Erdkreis aufgewiegelt haben ..." (Apg 17,6).

Jonathan freut sich darüber, in seinem Waffenträger einen Mitstreiter im Glauben zu haben. Doch darüber hinaus sucht er keine andere Hilfe. Sein Glaubensmut und sein Vertrauen werden auch darin deutlich, dass er weder seinen Vater Saul noch irgendeinen anderen aus dem Volk in dieses Vorhaben einweiht. Er berät sich also nicht mit Fleisch und Blut, d.h. mit anderen Menschen, sondern vertraut ausschließlich auf den HERRN und geht mutig mit Ihm voran.

Oft ist es leider so, dass die, denen es an Glauben mangelte, andere, die im Glauben mutig voran gehen wollen, durch ihre zweifelnden Überlegungen nur behindern und entmutigen. Wir dürfen sehr dankbar sein, wenn Gott uns gleichgesinnte Gläubige zur Seite stellt, wie es hier der Waffenträger für Jonathan war. Doch es erfordert viel Entschiedenheit und Glaubensenergie, in Abhängigkeit vom Herrn Glaubensschritte zu tun und uns nicht durch lähmende Einflüsse aufhalten zu lassen.

Der Glaubensschritt Jonathans bewirkte zuerst einmal einen kleinen Sieg – gemessen an der überwältigenden Macht des Feindes. Doch Gott ehrt den Glauben seines Dieners, indem Er sich selbst offenbart und Sein Schrecken die Feinde ergreift. Deshalb fallen sie vor dem Mann, der durch seinen Glauben zum Handeln getrieben wurde. Gott hat den Sieg also vervielfältigt.

> **„Der Glaube bewegt sich nicht im Reiche des »Möglichen«. Die Herrlichkeit Gottes wird nicht offenbar in dem, was menschlich möglich ist. Der Glaube beginnt vielmehr da, wo die Macht des Menschen endet. Der Glaube spricht: »Wenn ‚unmöglich' das einzige Hindernis ist, dann kann es geschehen.«"**
> (William MacDonald)

Außerdem hat die Glaubenstat Jonathans noch zwei weitere unerwartete Auswirkungen hervorgebracht: Zum einen kamen Hebräer, die zu den Philistern übergelaufen waren, wieder zurück, „um mit Israel zu sein" (1. Sam 14,21). Zum anderen setzten die, die sich bislang mutlos und ängstlich im Gebirge Ephraim versteckt hatten, den Philistern jetzt mutig nach im Kampf (s. 1. Sam 14,22).

Der Glaube und die Kühnheit eines einzelnen Mannes wurde von Gott in mächtiger Weise zum Segen vieler benutzt. Das kann auch heute noch geschehen. Für den Herrn gibt es kein Hindernis – weder im Blick auf die Kraft zum Überwinden noch im Blick auf die Wiederherstellung und Ermutigung einzelner!

Ein beeindruckendes Beispiel dafür, was es heute noch bedeuten kann mit Kühnheit im Glauben vorwärts zu gehen ist die Geschichte von Ray Lentzsch, der das Evangelium in vielen Ländern der Erde gepredigt hat.

Er war bei einer Gebetsnacht anwesend, wo einige Christen für die muslimische Welt gebetet haben. Ray hatte gehört, dass der höchst gestellte Mann in der muslimischen Welt der Prinz von Mekka ist. Dieser war verantwortlich für die Heiligtümer und den heiligsten Ort für die Muslime. Deshalb betete Ray: „Herr, sende jemanden, der das Evangelium zum Prinz von Mekka bringt. Du hast gesagt: »Geht hin in alle Welt und predigt das Evangelium der ganzen Schöpfung« (Mk

16,15). Das beinhaltet auch Ihn. Wenn du willst, dass ich gehe – ich weiß, dass es mein Leben kosten könnte –, bin ich bereit zu gehen."

Einige Zeit später war er unterwegs in Nordafrika und überlegte, ob er in die saudische Botschaft gehen sollte, um einen möglichen Weg nach Saudi-Arabien zu finden. Aber dort sagte man ihm, der einzige Weg ins Land hinein bestände darin, eine Einladung von einer höhergestellten Person aus Saudi-Arabien zu bekommen. Er fuhr dann mit einem Taxi Richtung Kairo, um es dort noch einmal zu versuchen.

Auf dem Weg hielten sie an einer Oase an, wo sie einen jungen Motorradfahrer trafen. Dieser hatte sich verfahren und fragte sie, ob er ihnen folgen dürfe, wenn sie weiterführen. So saß dieser Motorradfahrer neben Ray und die beiden unterhielten sich.

In dem Gespräch erfuhr Ray, dass dieser junge Mann aus Saudi-Arabien stammte. Ray erzählte ihm von seinen Absichten, dorthin zu reisen, und von seinem Problem, dass er ohne Einladung einer bedeutenden Person nicht ins Land kommen kann. Der junge Motorradfahrer sagte: „Okay, ich schreibe Ihnen ein Einladungsschreiben."

Es stellte sich heraus, dass der Leiter der Sicherheitseinheit des Prinzen von Mekka der Vater des Motorradfahrers war. Als Ray in Kairo ankam, ging er in die saudische Botschaft, legte das Einladungsschreiben vor und erhielt sofort sein Visum. Als nächstes kaufte er eine schöne Bibel, die er dem Prinz von Mekka schenken wollte. Er steckte sie in seinen Koffer, ohne zu wissen, wie er diese Bibel durch die Grenzkontrolle nach Saudi-Arabien bringen konnte – denn normalerweise würde die Bibel sofort konfisziert, wenn jemand sie fände.

Als er dann bei dem Boot ankam, das ihn nach Saudi-Arabien bringen sollte, begegnete er erneut dem jungen Motorradfahrer, der ihm das Einladungsschreiben ausgestellt hatte. Der Mann war etwas beschämt, dass er ihm nicht schon früher vorgeschlagen hatte, zusammen zu reisen. So setzte Ray sich hinter ihn auf das Motorrad und sie fuhren los. An der Grenze brauchte der Mann nur ein Handzeichen zu geben, wodurch sie problemlos ohne Kontrolle ins Land kamen.

Im Haus des Leiters der Sicherheitseinheit wurde Ray sehr freundlich aufgenommen. Am nächsten Morgen machte er sich mit der Bibel auf den Weg zum Palast, um dort den Prinz von Mekka zu treffen. Als er dort ankam, sagte ihm ein Mann von der Security, dass der Prinz nicht da sei, da momentan Ramadan wäre und er während dieser Zeit in einer Zeltstadt in der Wüste wohnte.

Der Mann erklärte sich aber bereit, Ray einen Pass auszustellen, der ihn dazu berechtigte, einen Besuch in der Zeltstadt zu machen. Ray ging also dorthin, zeigte seinen vom Sicherheitspersonal des Palastes ausgestellten Pass vor und wurde eingelassen.

> **„Denn mit dir werde ich gegen eine Schar anrennen, und mit meinem Gott werde ich eine Mauer überspringen."**
> (Ps 18,30)

Als er über den Hof ging, fragte ihn ein Mann, was er hier wolle. Ray antwortete, dass er gekommen sei, um den Prinz von Mekka zu treffen. Der Mann fragte, ob er denn arabisch sprechen würde, was Ray verneinte. „Der Prinz spricht jedoch nur arabisch" antwortete der Mann. „Aber ich bin ein Dolmetscher des Botschafters und ich werde für dich übersetzen".

Sie kamen dann zu dem Zelt des Prinzen, wo die königliche Familie und die Mullahs (islamische Rechts- und Religionsgelehrte) versammelt waren. Als Ray auf den Prinzen zuging, wurden alle still. Jeder im Raum fragte sich, wer der Fremde sei und was er wollte.

Obwohl Ray kein arabisch sprach, bemerkte er sofort, dass der Dolmetscher nicht das übersetzte, was er dem Prinz von Mekka mitteilen wollte. Als er ihn fragte, warum er ihn nicht richtig übersetzen würde, antwortete dieser, dass er den Prinz nicht in Verlegenheit bringen wollte.

Ray wandte sich dann zu den Versammelten und sagte: „Sicherlich ist hier jemand, der mich übersetzen kann. Auch wenn es mich das Leben kosten kann, möchte ich erklären, warum ich das alles hier tue."

Dann überreichte er dem Prinz von Mekka die Bibel und sagte, dass dies das wertvollste Geschenk sei, das er ihm jemals machen könne (inzwischen hatte sich ein neuer Übersetzer gefunden). Daraufhin fragte der Prinz ihn, warum er damit sein Leben aufs Spiel setzte.

Ray antwortete, dass Jesus Christus sein Leben verändert hätte und er jedem erzählen müsse, wie wunderbar Christus ist. Der Prinz verstand immer noch nicht, warum er bereit war, sein Leben wegzuwerfen, um so etwas zu tun.

Ray fragte: „Wenn ich das Heilmittel für Krebs hätte und Sie an Krebs erkrankt wären, ich Ihnen aber nichts von dem Heilmittel erzählen würde, was würden Sie dann denken?"

„Das wäre schrecklich!", antwortete der Prinz.

Ray entgegnete, dass der Prinz etwas hätte, was noch viel schlimmer als Krebs sei: „Der Krebs wird Ihren Körper töten, aber die Sünde wird Ihre Seele verdammen, wenn sie keinen Erlöser haben."

In den nächsten 15 Minuten konnte Ray diesen führenden Personen von Saudi-Arabien das Evangelium verkündigen. Als er fertig war, drehte er sich um, um das Zelt zu verlassen – mit der Gewissheit, dass jemand seine Verhaftung fordern würde. Aber nichts dergleichen geschah.

Er verließ das Zelt, ging zurück zum Haus seiner Gastgeber, packte seine Sachen und wurde von dem jungen Motorradfahrer zur

Hauptstraße gebracht, von wo er einen Bus nehmen würde, um Saudi-Arabien zu verlassen.

Während sie am Rand der Straße saßen und den Sonnenuntergang beobachteten, erzählte der junge Mann, dass er das letzte Jahr in einer Universität im Westen studiert hätte, wo er einen Christen als Mitbewohner hatte. Der Kontakt hatte seinen Glauben erschüttert, denn ihm wurde bewusst, dass sein Mitbewohner etwas Besseres hatte als er selbst.

Doch er wusste auch, dass sein Vater ihn umbringen würde, wenn er Christ würde. Deshalb habe er versucht, durch ein wildes Partyleben das zu vergessen, was sein Mitbewohner ihm erzählt hatte. Doch als er neben Ray bei dieser Oase saß, da habe dieser dort weitergemacht, wo sein Mitbewohner aufgehört habe. Ray wusste nicht, ob dieser junge Mann sich an diesem Tag bekehrt hat, aber scheinbar sein jüngerer Bruder. (Nicholson / Uplook Ministries)

> *Mit welchen Augen siehst du das Volk Gottes und die vielen Menschen, die auf dem Weg in die ewige Verdammnis sind? Inwiefern ist dein Glaube von den Umständen oder von der Größe Gottes abhängig? Wie kannst du heute, in Abhängigkeit von Gott, durch Glaubensschritte für andere zum Segen sein?*

Notizen:

. . . .

. . . .

. . . .

David

„Und David sprach: Was habe ich nun getan? Ist es nicht ein Auftrag? [s. die Fußnote in der Elberfelder Übersetzung] Und er wandte sich von ihm ab, einem anderen zu, und sprach nach jenem Wort; und das Volk gab ihm Antwort nach der vorherigen Antwort. Und die Worte, die David geredet hatte, wurden gehört, und man erzählte sie vor Saul; und er ließ ihn holen. Und David sprach zu Saul: Es entfalle keinem Menschen das Herz seinetwegen! Dein Knecht will gehen und mit diesem Philister kämpfen." (1. Sam 17,29-32)

Ein Hirtenjunge stellt sich einem ca. drei Meter großen, schwer bewaffneten Riesen gegenüber und sagt: „Du kommst zu mir mit Schwert und mit Speer und mit Wurfspieß; ich aber komme zu dir im Namen des HERRN der Heerscharen, des Gottes der Schlachtreihen Israels, den du verhöhnt hast. An diesem Tag wird der HERR dich in meine Hand überliefern, und ich werde dich erschlagen und dein Haupt von dir wegnehmen; und die Leichname des Heeres der Philister werde ich an diesem Tag den Vögeln des Himmels und dem Wild der Erde geben; und die ganze Erde soll erkennen, dass Israel einen Gott hat" (1. Sam 17,45.46).

Das ist Kühnheit! Wie kommt ein junger Mann dazu, so einen Mut aufzubringen und mit solch einer Gewissheit einem so mächtigen Feind gegenüberzutreten? Weil er Gott kannte. David hatte erlebt, wie der HERR ihm in großen Gefahren geholfen und ihn vor gefährlichen Tieren bewahrt hatte. Deshalb sagte er zu Saul: „Der HERR, der mich aus den Klauen des Löwen und aus den Klauen des Bären errettet hat, er wird mich aus der Hand dieses Philisters erretten" (1. Sam 17,37). Das waren keine leeren Worte, sondern dahinter stand eine feste Glaubensüberzeugung. Er konnte wirklich mit Gewissheit sagen: „Der HERR ist mein Hirte, mir wird nichts mangeln" (Ps 23,1)!

Was lernen wir daraus? Die Erfahrungen, die wir mit Gott machen, stärken unseren Glauben und geben uns die Kühnheit, mutige Glaubensschritte zu tun. Das sehen wir auch bei Paulus: Er war aus dem Rachen des Löwen gerettet worden und konnte deshalb mit Glaubensüberzeugung sagen: „Der Herr wird mich retten von jedem bösen Werk und bewahren für sein himmlisches Reich" (2. Tim 4,18). Der Glaube misst jede Schwierigkeit anhand der Macht Gottes ab, und dadurch wird der Berg zur Ebene.

> **„Denn die Augen des HERRN durchlaufen die ganze Erde, um sich mächtig zu erweisen an denen, deren Herz ungeteilt auf ihn gerichtet ist."**
>
> (2. Chr 16,9)

Was hat David dazu angetrieben, diesen gewaltigen Glaubensschritt zu tun? Der Eifer für die Ehre des HERRN! Goliath hatte das Volk Gottes verhöhnt und verspottet. Dadurch legte er sich mit Gott selbst an. Weil David den HERRN liebte, konnte er es nicht ertragen, dass dessen Name öffentlich so in den Schmutz gezogen wurde. Er sah in der Provokation des Philisters einen Auftrag, für die Herrlichkeit Gottes zu kämpfen. Außerdem war ihm klar, dass er ganz sicher mit dem Beistand Gottes rechnen konnte, wenn er es mit diesem Riesen aufnahm, der das Volk in Angst und Schrecken versetzte.

David hatte damals als junger Mann in seiner äußeren Erscheinung nicht den Eindruck erweckt, es mit diesem Riesen aufnehmen zu können. Er war nicht einmal in der Lage, in der Rüstung Sauls zu gehen. Doch Gott hatte schon vorher zu Samuel gesagt: „Der Mensch sieht auf das Äußere, aber der HERR sieht auf das Herz" (1. Sam 16,7).

Bei Gott kommt es eben nicht auf das äußere Erscheinungsbild und auch nicht auf das Alter an. Genau deshalb sollte Jeremia als Gott ihn zum Dienst berief, nicht sagen, er sei zu jung – und deshalb sagte auch Paulus zu Timotheus: „Niemand verachte deine Jugend" (1. Tim 4,12).

Spurgeon hat treffend dazu gesagt: „Darum wollen wir mutig gegen die Feinde streiten, wie David gegen den Philister anrannte. Der Herr ist mit uns gewesen. Und Er ist jetzt mit uns. Er hat gesprochen: »Ich will dich nicht versäumen und dich nicht verlassen.«

Warum zittern wir? War das Vergangene ein Traum? Denkt an den toten Bären und Löwen! Wer ist dieser Philister? Richtig, er ist weder Bär noch Löwe; aber Gott ist derselbe, und es geht in dem einen Fall wie in dem anderen um Seine Ehre. Er errettete uns nicht von den wilden Tieren, um uns von einem Riesen töten zu lassen. Lasst uns guten Mutes sein!"

Als John Paton auf die Neuen Hebriden [Anm. d. A.: Inselkette im Südpazifik] gehen wollte, um den Menschen dort, die zum Teil Kannibalen waren, das Evangelium zu bringen, versuchten viele, ihn davon zurückzuhalten.

„Ein gewisser Mr. Dickson explodierte förmlich: »Die Kannibalen! Die Kannibalen werden Sie fressen!«

Die Erinnerung an Williams und Harris [Anm. d. A.: Männer, die getötet worden waren] war erst 19 Jahre alt. Aber Paton sagte darauf:

> **„Alle großen Gottesmänner sind schwache Menschen gewesen, die deshalb große Dinge für Gott taten, weil sie sich fest darauf verließen, dass Er mit ihnen sein würde."**
> (Hudson Taylor)

»Mr. Dickson, Sie sind schon in den Jahren fortgeschritten, und Sie haben die Aussicht, bald im Grab zu liegen und von den Würmern gefressen zu werden. Ich bekenne Ihnen, dass wenn ich nur leben und dem Herrn Jesus dienen und ihn ehren kann, es mir einerlei ist, ob ich von Kannibalen aufgegessen oder von Würmern verzehrt werde; und an dem großen Tag meiner Auferstehung wird mein Leib so heil wie Ihr Körper in Gleichheit mit unserem Erlöser auferstehen.«" (John Piper / *Gewürdigt zur Schmach* / CLV)

> *Welche Erfahrungen, die du in der Vergangenheit mit Gott gemacht hast, machen dir Mut, Gott auch in Zukunft viel zuzutrauen und in Abhängigkeit von Ihm Glaubensschritte zu tun? Wodurch wird die Ehre Gottes heute in den Schmutz gezogen und wie kannst du dich mit Kühnheit im Glauben dafür einsetzen? Welche Riesen gibt es in deinem Leben, die du mit Gottes Hilfe besiegen möchtest? Was bedeutet es, dem Teufel standhaft im Glauben zu widerstehen (s. 1. Pet 5,9)?*

Notizen:

. . . .

. . . .

. . . .

. . . .

. . . .

. . . .

. . . .

. . . .

. . . .

. . . .

. . . .

Elia

„Und Elia, der Tisbiter, von den Beisassen Gileads, sprach zu Ahab: So wahr der HERR lebt, der Gott Israels, vor dessen Angesicht ich stehe, wenn es in diesen Jahren Tau und Regen geben wird, es sei denn auf mein Wort!" (1. Kön 17,1)

Wie aus dem Nichts erscheint Elia vor dem mächtigen König Ahab und kündigt diesem an, dass es in den nächsten Jahren nicht mehr regnen wird, es sei denn, dass er selbst es sagt. Das ist Kühnheit „par excellence". Wie kann ein Mensch solch eine Gewissheit haben? Und wie bekommt man den Mut, diese Überzeugung dann auch noch jemandem anzukündigen, der darüber wenig erfreut sein dürfte und dazu auch noch die Macht besitzt, Menschen augenblicklich töten zu lassen?

Die Antwort lautet: Durch intensives Gebet und das bewusste Leben vor dem Angesicht Gottes. Das, was Elia tat, kam aus intensivem Flehen und der gelebten Gemeinschaft mit dem lebendigen Gott hervor. Beides ist nur durch Glauben möglich.

Jakobus schreibt: „Das inbrünstige Gebet eines Gerechten vermag viel. Elia war ein Mensch von gleichen Empfindungen wie wir; und er betete ernstlich, dass es nicht regnen möge, und es regnete nicht auf der Erde drei Jahre und sechs Monate" (Jak 5,16.17). Elia hat nicht nur intensiv gebetet; er hatte auch die feste Gewissheit, dass Gott sein Gebet erhört hatte.

Warum war er sich da so sicher? Weil es ihm allein um die Ehre Gottes ging und weil er wusste, dass sein Gebet in Übereinstimmung mit dem Willen Gottes war. Gott selbst hatte gesagt, dass Er den Regen zurückhalten würde, wenn Sein Volk sich von Ihm abwendet (s. 5. Mo 11,17). Für solche Fälle hatte auch Salomo später bei der Einweihung des Tempels gebetet (s. 1. Kön 8,35.36). Und jetzt war genau das geschehen, da das Volk Israel unter der Herrschaft Ahabs begonnen hatte, den Regengott Baal anzubeten.

Weil Elia ein Prophet war, hatte er die Aufgabe, das Volk zur Buße zu bewegen und zu Gott zurückzuführen. Doch wie konnte das geschehen? Der Himmel musste verschlossen werden, damit dem Volk bewusst werden würde, dass es nur einen wahrhaftigen Gott im Himmel gibt – den Vater des Regens (s. Hi 38,28).

> **„Elia konnte vor dem gottlosen König stehen, weil er seine Knie vor dem lebendigen Gott gebeugt hatte."**
> (Hamilton Smith)

Mit anderen Worten: Elia hat dafür gebetet, dass Gott Sein Volk züchtigt und sie dadurch zur Umkehr bewegt werden. Und damit von vornherein klar ist, dass diese Sache von dem lebendigen Gott aus geschieht, kündigt der Prophet es dem König Israels direkt zu Beginn an.

Was für einen Mut brauchte Elia, um diese Glaubenstat zu vollbringen! Die spätere Geschichte macht sehr deutlich, dass Elia tatsächlich kein Überflieger war, sondern ein Mann von gleichen Empfindungen wie wir. Er kannte Höhen und Tiefen in seinem Glaubensleben. Doch gerade diese Tatsache soll uns Mut machen, kühne Glaubensschritte zu tun, wenn Gott uns einen Auftrag gibt.

Die Kühnheit Elias geht sogar noch weiter: Am Berg Karmel nimmt er es mit 850 falschen Propheten auf. Er macht sich über Baal lustig, weil seine Anhänger es nicht schaffen, dass Feuer vom Himmel fällt. Als es dann an Ihm ist, den HERRN anzurufen, damit Er Feuer vom Himmel fallen lassen soll, lässt Elia zunächst alles mit Wasser überschütten, damit der Sieg Gottes umso deutlicher hervorstrahlt. Wie viele von uns hätten dem Mann Gottes damals wohl zugerufen: „Warum musst du immer so extrem sein? Du musst nüchtern bleiben. Gott hat uns doch auch einen Verstand gegeben."?

Selbstverständlich hat Gott uns auch einen Verstand gegeben, der oft sehr nützlich ist. Doch wenn dieser Verstand, der oft durch rein rationales Denken geprägt ist, sich gegen das stellt, was Gott möchte, dann gilt: „Vertraue auf den HERRN mit deinem ganzen Herzen, und stütze dich nicht auf deinen Verstand" (Spr 3,5).

Was tut Elia? Er kennt seinen Gott und eifert für die Ehre des HERRN – und genau dazu bekennt Gott sich. Feuer fällt vom Himmel, 850 Propheten werden geschlachtet und das Volk ruft mit lauter Stimme: „Der HERR, er ist Gott! Der HERR, er ist Gott!" (1. Kön 18,39).

Dann kommt die Krönung: Obwohl es seit 3,5 Jahren nicht geregnet hat und weit und breit keine Wolke am Horizont zu sehen ist, sagt Elia zu Ahab: „Geh hinauf, iss und trink, denn es ist ein Rauschen eines gewaltigen Regens" (1. Kön 18,41). Warum war er sich so sicher, dass plötzlich ein gewaltiger Regen kommen würde? Weil er seinen Gott kannte und Ihn beim Wort nahm! Er hatte versprochen, dass Er vom Himmel her hören und das Land heilen würde, wenn sie zu Ihm umkehren (s. 2. Chr 7,13.14).

Siebenmal steckt der Prophet seinen Kopf zwischen seine Knie und betet dafür, dass Gott seine Zusage erfüllt. Was war das Ergebnis? „Und wieder betete er, und der Himmel gab Regen, und die Erde brachte ihre Frucht hervor" (Jak 5,18).

Die Geschichte Elias ist sicherlich einzigartig. Trotzdem zeigt uns die Kirchengeschichte, dass Gott immer wieder in besonderer Weise auf mutigen Glauben geantwortet hat, wenn es um Seine Ehre ging. Dazu ein Beispiel aus dem Leben von Bakht Singh:

> **„Mit Gott werden wir Mächtiges tun."**
> (Ps 108,14)

„Nachdem Gott aufgrund von Gebet in Martinpur eine Erweckung bewirkt hatte, machte sich eine Gruppe von 70 jungen Menschen von dort nach Sialkot auf, das ungefähr 240 Kilometer entfernt liegt.

Sie gingen singend und den Herrn preisend und vertrauten ihm für ihren Unterhalt. Sie blieben unterwegs in jedem Ort eine Zeit lang, sangen, gaben Zeugnis und verkündigten das Evangelium. Sie aßen, was die Menschen ihnen gaben, und übernachteten, wo sie eine Unterkunft fanden.

Als sie nach Malwall, einem Ort der Sikhs kamen, hatten sie eine große Freiversammlung. Bakht Singh sagte den Menschen, dass sie Christen seien und mit Gott reden könnten. Sie würden nicht so beten, wie es die Nichtchristen tun. Da stand ein alter Mann auf und sagte: »Ihr Christen sagt also, ihr könntet mit Gott reden. So betet bitte für Regen.« Es hatte nämlich schon lange nicht mehr geregnet.

Bakht Singh nahm die Herausforderung an, kniete nieder und betete: »Herr, dieser alte Mann sagt, sie brauchen Regen. Sende bitte Regen!« Als er von seinen Knien aufgestanden war, sagte sein Freund, der Zollbeamte aus Karachi: »Bruder, du hast einen Fehler gemacht. Wenn der Regen kommt, dann haben wir keine Regenschirme. Wir müssen in den nächsten Ort zur nächsten Versammlung gehen, und wenn es regnet, dann werden wir alle nass.«

Bakht Singh meinte, er könne sein Gebet nicht mehr ändern. Nach einer Weile kam wirklich der Regen, und es goss in Strömen. Nun mussten sie im Regen zum nächsten Ort gehen." (T.E. Koshy / *Bahkt Singh - Ein auserwähltes Werkzeug in Indien* / CLV)

„Wie gut wäre es, wenn die Heiligen sich mehr an der Frage messen würden »Wie viel glaube ich«, anstatt zu fragen: »Wie viel weiß ich?«"

(Robert C. Chapman)

> *Was bedeutet es, dass Elia ein Mann mit gleichen Empfindungen war wie wir? Welche Verheißungen in der Bibel ermutigen dazu, große Dinge von Gott zu erwarten und Ihn in positiver Hinsicht zu prüfen? Was ist der Unterschied zwischen Kühnheit im Glauben und Schwärmerei oder Leichtsinnigkeit?*

Notizen:

. . . .

. . . .

. . . .

. . . .

. . . .

. . . .

. . . .

. . . .

. . . .

. . . .

. . . .

. . . .

. . . .

. . . .

Mose

„Und es stand in Israel kein Prophet mehr auf wie Mose, den der HERR gekannt hätte von Angesicht zu Angesicht, nach allen Zeichen und Wundern, die der HERR ihn gesandt hatte zu tun im Land Ägypten, an dem Pharao und an allen seinen Knechten und an seinem ganzen Land, und nach all der starken Hand und nach all dem Großen und Furchtbaren, das Mose vor den Augen von ganz Israel getan hat." (5. Mo 34,10-12)

Die Geschichte von Mose ist sehr beeindruckend. Gott macht aus einem zerbrochenen, ängstlichen Hirten einen Mann, der mit großem Mut vor dem mächtigsten Mann Ägyptens auftritt, ein Volk von mindestens 2 Millionen Menschen aus der Gefangenschaft führt und mit dem ewigen „Ich bin" von Angesicht zu Angesicht redet.

Sein Geheimnis? Mose war ein Beter! Es gibt kaum jemanden in der Bibel, von dem so oft gesagt wird, dass er betete, zu dem HERRN rief oder sogar schrie. Doch nicht nur das. Weil er so einen vertrauten Umgang mit Gott hatte, lernte er auch, in Übereinstimmung mit Gottes Willen zu beten – und gewann schon während des Betens oder sogar davor die Überzeugung, dass sein Gebet beantwortet werden würde.

Wer von uns hätte gewagt, dem Pharao zu sagen: „Bestimme über mich, auf wann ich für dich und für deine Knechte und für dein Volk flehen soll, dass die Frösche von dir und aus deinen Häusern ausgerottet werden; nur im Strom sollen sie übrig bleiben" (2. Mo 8,5)? Wenn jemand so redet, muss er sich der Erhörung seiner Gebete gewiss sein.

Worin lag das Geheimnis dieses Glaubens? Mose eiferte für die Ehre Gottes. Als der Pharao ihm sagte, dass er am nächsten Tag beten solle, antwortete Mose: „Es sei nach deinem Wort, damit du weißt, dass niemand ist wie der HERR, unser Gott. Und die Frösche werden von dir weichen und von deinen Häusern und von deinen Knechten und von deinem Volk; nur im Strom sollen sie übrig bleiben" (2. Mo 8,6.7). Kurz darauf heißt es: „Und Mose schrie zu dem HERRN wegen der Frösche, die er über den Pharao gebracht hatte. Und der HERR tat nach dem Wort Moses" (2. Mo 8,8.9).

Josua hat offenbar von Mose gelernt. Er betete in der Öffentlichkeit, vor den Augen Israels: „Sonne, steh still in Gibeon, und du, Mond, im Tal Ajjalon! Und die Sonne stand still, und der Mond blieb stehen, bis die Nation sich an ihren Feinden gerächt hatte" (Jos 10,12.13). So gewagt kann nur jemand beten, der weiß, wie das Herz Gottes schlägt.

> **„Wir ehren Gott durch die Größe unserer Bitten."**
> (William MacDonald)

Mit welcher Kühnheit hat Jabez gebetet, hat Aksa nach Wasserquellen verlangt, haben die Töchter Zelophchads um ein Erbteil gerungen und haben die vier Freunde des Gelähmten das Dach eines Hauses abgedeckt! Gott hat jedes Mal wunderbar darauf geantwortet. Sollte Er das heute nicht mehr tun, wenn wir unerschrocken und der richtigen Motivation beten und uns nach geistlichem Wachstum ausstrecken?

> *Wie kann ein zerbrochener, ängstlicher Hirte, wie Mose es war, zu einem so mutigen Beter werden? Welche anderen Begebenheiten fallen dir ein, in denen Menschen im Wort Gottes Kühnheit im Glauben gezeigt haben? Welche Stellen fallen dir ein, die dazu ermutigen, Glaubenserfahrungen mit anderen zu teilen?*

Notizen:

. . . .

. . . .

. . . .

. . . .

. . . .

. . . .

. . . .

. . . .

. . . .

. . . .

. . . .

. . . .

. . . .

. . . .

. . . .

. . . .

. . . .

. . . .

. . . .

. . . .

. . . .

. . . .

Auf Gott oder auf Menschen vertrauen?

„Es ist besser, bei dem HERRN Zuflucht zu suchen, als sich auf den Menschen zu verlassen. Es ist besser, bei dem HERRN Zuflucht zu suchen, als sich auf Fürsten zu verlassen." (Ps 118,8.9)

Selbstvertrauen und Gottvertrauen sind einander komplett entgegengesetzt. Sie können nicht nebeneinander bestehen. Entweder wir stützen uns auf Gott oder wir stützen uns auf unsere eigenen Fähigkeiten.

Das Gleiche gilt auch für die Frage, ob wir auf Menschen oder auf Gott vertrauen. Setze ich auf menschliche Hilfe oder bin ich wirklich von der Hilfe Gottes abhängig? Der Prophet Jeremia findet sehr klare Worte, wenn er sagt: „Verflucht ist der Mann, der auf den Menschen vertraut und Fleisch zu seinem Arm macht und dessen Herz von dem HERRN weicht! ... Gesegnet ist der Mann, der auf den HERRN vertraut und dessen Vertrauen der HERR ist!" (Jer 17,5.7). Selbstverständlich kann der Herr auch Menschen gebrauchen, um uns zu helfen; doch wir sollen Gott, der alles bewirkt, hinter allem sehen und in dieser Hinsicht unser Vertrauen allein auf Ihn setzen. Menschen enttäuschen – Gott enttäuscht uns nie!

Von Hiskia wird gesagt: „Er vertraute auf den HERRN" (2. Kön 18,5). Der König Judas suchte im Kampf gegen den Assyrer keine Hilfe bei den Ägyptern, wie sein Vater es getan hatte. Stattdessen setzte er sein Vertrauen einzig und allein auf den lebendigen Gott. Weil er das tat, konnte er dem Volk Mut machen und sagen: „Seid stark und mutig! Fürchtet euch nicht und erschreckt nicht vor dem König von Assyrien und vor all der Menge, die mit ihm ist; denn mit uns sind mehr als mit ihm. Mit ihm ist ein Arm des Fleisches; aber mit uns ist der HERR, unser Gott, um uns zu helfen und unsere Kämpfe zu führen!" (2. Chr 32,7.8).

Dass dies keine leeren Worte waren, macht sein Handeln deutlich: Direkt im Anschluss stellt er sein Glaubensvertrauen konkret unter Beweis, indem er zusammen mit dem Propheten Jesaja zum Himmel schreit – woraufhin der HERR eine wunderbare Rettung schenkt!

Bei Asa sehen wir das genaue Gegenteil. Er vertraute auf Menschen anstatt auf den HERRN und musste deshalb das Urteil Gottes hören: „Weil du dich auf den König von Syrien gestützt hast und dich nicht auf den HERRN, deinen Gott, gestützt hast, darum ist das Heer des Königs von Syrien deiner Hand entkommen. ... Denn die Augen des HERRN durchlaufen die ganze Erde, um sich mächtig zu erweisen an denen, deren Herz ungeteilt auf ihn gerichtet ist. Hierin hast du töricht gehandelt; denn von nun an wirst du Kriege haben" (2. Chr 16,7.9).

> **„Hilfe von Gott zu erwarten ist Gottesdienst; Hilfe von Geschöpfen zu erwarten ist Götzendienst. Auf Gott zu vertrauen ist echter Glaube; auf irdische Sicherheiten zu bauen ist Unglaube."**
>
> (Charles H. Spurgeon)

Besonders in Glaubensprüfungen ist es auch für uns eine große Versuchung, unsere Hilfe mehr bei Menschen als bei Gott zu suchen. Oft tun wir das nicht offensichtlich, sondern eher durch die Blume. Manchmal geschieht es, indem man bei anderen auf die Tränendrüse drückt, um sie zum Handeln zu bewegen und anschließend dann aber das Wirken Gott zuschreibt. In solchen Fällen wird es sehr schwierig, zu unterscheiden, was wirklich vom Herrn gewirkt ist und was aus einem gewissen emotionalen Druck heraus entstanden ist.

Als Hudson Taylor kurz davor stand, von einem Aufenthalt in der Heimat nach China zurückzukehren, wurde er gebeten, einen Bericht über die Arbeit in Fernost zu geben. Er willigte ein, allerdings unter einer Bedingung: Es sollten keine Kollekten für die Arbeit durchgeführt werden. Der Gläubige, bei dem Taylor zu Gast war, der Vorsitzende der Gruppe, hatte so eine Bedingung noch nie gehört. Doch schließlich stimmte er zu.

Taylor stellte die Arbeit mithilfe einer großen Karte vor. Die enormen geistlichen Bedürfnisse machten auf die Zuhörer einen tiefen Eindruck. Gegen Ende der Zusammenkunft versuchte der Vorsitzende noch einmal Taylor zu überreden, doch noch zu einer Spende für die Missionsarbeit aufzurufen. Doch der Missionar bestand darauf, die Sammlung nicht stattfinden zu lassen.

Taylor wollte vermeiden, dass die Zuhörer unter einem emotionalen Eindruck die Hände öffneten. Stattdessen sollten die Gläubigen nach Hause gehen und Gott dort fragen, was Er von ihnen wollte. Wenn sie nach einer Zeit des Gebets und Nachdenkens zu der Überzeugung kämen, dass sie etwas geben sollten, dann könnten sie es an eine Missionsgesellschaft geben, die in China arbeitet. Vielleicht wollte der Herr in vielen Fällen gar nicht, dass Geld gegeben würde, sondern dass Menschen sich selbst bereit erklärten, ins Ausland zu gehen, um die Arbeit vor Ort zu unterstützen, oder dass sie ihre Söhne und Töchter ziehen ließen.

Taylor sagte dem Gastgeber, es sei viel wichtiger, dass Männer und Frauen, die mit dem Heiligen Geist erfüllt sind, sich selbst der Arbeit hingeben würden. Für solche Personen wird es durch den Herrn immer genug Unterstützung geben. Der gastgebende Bruder sagte Taylor, er halte es trotzdem für einen Fehler, auf die Kollekte und Spendenaufrufe zu verzichten.

Am nächsten Morgen kam der Gastgeber etwas später zum Frühstück. Er hatte keine gute Nacht gehabt. Nach dem Essen bat er Taylor, noch einmal in sein Büro zu kommen. Dort sagte er: „Gestern Abend dachte ich, dass es eine falsche Entscheidung von ihnen war, keine Kollekte durchzuführen. Doch jetzt bin ich zu der Überzeugung gekommen, dass sie richtig lagen. Nachdem ich während der Nacht über diese unzähligen Seelen nachgedacht habe, die auf dem Weg in Dunkelheit sind, konnte ich nur ausrufen: »Herr, was soll ich tun?« Ich denke, dass ich von Ihm die wegweisende Antwort auf diese Frage bekommen habe – und hier ist sie."

Dann übergab er Taylor einen Scheck über 500 Pfund und teilte ihm mit, dass es bei einer Kollekte nur ein paar Pfund gegeben hätte, doch dass dieser Scheck das Ergebnis einer langen nächtlichen Gebetszeit war. (Hudson Taylor / A *Retrospect* / Moody Press)

> **Was können Indizien dafür sein, dass jemand sein Vertrauen allein auf den Herrn und nicht auf Menschen setzt? Was kann dich davor bewahren, Menschen zu deinem Arm zu machen? Bitte den Herrn, dir zu helfen, neu loszulassen und alles allein von Ihm zu erwarten!**

Notizen:

. . . .

. . . .

. . . .

. . . .

. . . .

. . . .

. . . .

Gottes Verheißungen in Anspruch nehmen

„Tue, wie du geredet hast! ... Und so soll dein Name erhoben werden ewiglich." (1. Chr 17,23.24)

In diesem Wort kommt ein wichtiger Bestandteil echten Gebets zum Ausdruck. David bittet Gott darum, das zu tun, was Er ihm versprochen hat. Er fordert sozusagen im Glauben die Erfüllung der Verheißung ein. Das hat Salomo übrigens auch mindestens zweimal getan (s. 2. Chr 1,9; 6,17).

Manchmal bitten wir um Dinge, die nicht eindeutig in Gottes Wort verheißen sind. Deshalb sind wir uns nicht sicher, ob diese Bitten mit Gottes Absichten übereinstimmen oder nicht – es sei denn, dass Er uns vielleicht nach längerem Gebet Frieden beziehungsweise tiefe Gewissheit darüber gibt.

Es gibt aber auch Situationen — wie wir hier im Leben Davids sehen —, in denen wir fest davon überzeugt sind, dass unsere Bitten mit Gottes Willen übereinstimmen. Wir fühlen uns gedrängt, eine Verheißung der Schrift für uns in Anspruch zu nehmen, wobei wir unter dem besonderen Eindruck stehen, dass sie eine Botschaft für uns persönlich enthält. In solchen Zeiten sagen wir in zuversichtlichem Glauben: „Tue, wie du geredet hast!"

Wir sind als Christen nie so stark, sicher und unerschütterlich, wie wenn wir den Finger auf eine Verheißung der Bibel legen und sie mit Glauben in Anspruch nehmen.

> **„Ich werde über mein Wort wachen, es auszuführen."**
> (Jer 1,11)

Spurgeon hat dazu treffend gesagt: „Wir sollen die Verheißung, die Gott uns in Seinem Wort gegeben hat, vor Ihn bringen in der Erwartung, dass sie so gewiss eingelöst wird, wie wir für einen Scheck auf der Bank Geld bekommen.

Wir würden doch nie daran denken, dorthin zu gehen, uns über den Schaltertisch zu lehnen und mit dem Bankbeamten über alles Mögliche zu reden, nur nicht über das, wozu wir gekommen sind, und dann wieder wegzulaufen ohne das Geld, das wir brauchen.

Vielmehr würden wir dem Beamten die Anweisung vorlegen, nach der dem Überbringer eine gewisse Summe auszuzahlen ist, und würden ihm dann sagen, wie wir die Summe ausbezahlt haben wollen.

Wenn wir die Summe erhalten hätten, gingen wir unseres Weges, um eine andere Arbeit zu erledigen. Das ist eine genaue Illustration der Methode, nach welcher wir Hilfe von der Himmelsbank erlangen.

Unsere Gebete würden viel interessanter werden, wenn wir gezielter beten würden. Es ist besser, gezielt um wenige Dinge zu bitten, als allgemein um viele." (*Kleinode göttlicher Verheißungen* / SCM)

Paulus hat von dem Herrn öfter Zusagen bekommen, auf die er sich während seines Dienstes stützen konnte. Diese Versprechen haben dem Apostel Mut gegeben, weiterzumachen. Als er in Korinth war, sagte der Herr zu Ihm: „Fürchte dich nicht, sondern rede, und schweige nicht! Denn ich bin mit dir, und niemand soll dich angreifen, um dir etwas Böses zu tun; denn ich habe ein großes Volk in dieser Stadt" (Apg 18,9.10). Paulus hat Gott beim Wort genommen und daraufhin gehandelt, denn direkt im Anschluss heißt es: „Er hielt sich aber ein Jahr und sechs Monate dort auf und lehrte unter ihnen das Wort Gottes" (Apg 18,11).

Später, als der Apostel in Gefangenschaft war, machte der Herr Ihm Mut und sagte: „Sei guten Mutes! Denn wie du von mir in Jerusalem gezeugt hast, so musst du auch in Rom zeugen" (Apg 23,11). Diese Worte haben Ihm sicherlich auf der langen Reise, die noch vor ihm lag und mit vielen Prüfungen verbunden war, Zuversicht gegeben. Der Herr hat sein Versprechen wahr gemacht, denn als Paulus schließlich in Rom im Gefängnis saß schrieb er: „Es grüßen euch alle Heiligen, besonders aber die aus dem Haus des Kaisers" (Phil 4,22).

Er scheute sich selbst nicht, in der Öffentlichkeit das zu bekennen, was der Herr im Verborgenen zu ihm geredet hatte. Auf der unvergesslichen Schifffahrt in Apostelgeschichte 27, bei der er und die anderen Gefangenen dem Tod mehrfach ins Auge sahen, sagte er laut vor allen, nachdem Gott ihm eine Verheißung gegeben hatte: „Deshalb seid guten Mutes, ihr Männer! Denn ich vertraue Gott, dass es so sein wird, wie zu mir geredet worden ist" (Apg 27,15).

Wir sollen uns also darauf verlassen, dass Gott hält, was Er verspricht. Warum? Weil wir Ihn damit ernst nehmen und für vertrauenswürdig halten! Wenn Er uns einen Auftrag gibt, dann wird Er auch für die Kosten aufkommen, die damit in Verbindung stehen. Gib Seinem Reich den ersten Platz, und du wirst erleben, wie Er dir alles gibt, was du zum Leben brauchst.

Nachdem Watchman Nee sein Leben Christus übergeben hatte, bekam er den starken Drang, das Evangelium zu verkündigen. Dabei hat er auf eindrucksvolle Weise erlebt, wie Gott für ihn sorgte:

„»Bist du sicher, dass es Gottes Wille für dich ist, von der Schule abzugehen und das Evangelium zu verkündigen?«, fragte die englische Missionarin den jungen Chinesen, der bei ihr zu Besuch war.

> **„Gottes Verheißungen sind besser als ein Scheck und Banknoten. Wenn man sie fünfzigmal gebraucht hat, kann man sie zum einundfünfzigsten Mal wieder neu vorzeigen und einlösen."**
> (Hudson Taylor)

Watchman Nee nickte. Seit er sein Leben in die Hände Jesu Christi gelegt hatte, sah er selbst sein Leben anders. All die Dinge, die er auf der Universität lernte, hatten keine Bedeutung mehr für ihn. Er wollte nur noch eines: das Evangelium verkündigen. »Aber wenn ich nicht weiter zur Universität gehe, werde ich mein Stipendium verlieren«, gab er zu. »Ich weiß nicht, wie ich mich dann durchbringen soll.«

Miss Barber lächelte. »Ich habe mir um die finanzielle Seite auch Sorgen gemacht, als ich damals Missionarin wurde. Aber eine liebe christliche Freundin sagte mir: »Wenn Gott dich schickt, dann trägt Er die Verantwortung. Und Gott hat jedes Bedürfnis erfüllt.«

Watchman Nee behielt diese Worte im Herzen. »Wenn es Gottes Verantwortung ist, für mich zu sorgen«, sagte er sich, »dann muss ich anderen Menschen gar nichts von meinen Bedürfnissen erzählen: Gott kennt sie alle.«

Während Watchman Nee in seiner Heimatstadt Fu Chau predigte, erreichte ihn ein Brief von einem ehemaligen Klassenkameraden, der auch Christ war. »Bitte, komm nach Chien-O und predige auf einigen Evangelisationsveranstaltungen«, hieß es in dem Schreiben.

Watchman wurde sehr unruhig. Er wollte liebend gern dorthin reisen, aber Chien-O war hundertfünfzig Meilen flussaufwärts und der Fahrpreis für die Fähre dorthin betrug achtzig Dollar! Watchman zählte sein Geld: dreißig Dollar. »Aber, wenn Gott mich dorthin schickt, dann ist Er verantwortlich«, erinnerte er sich selbst.

Am Tag vor seiner Abreise hörte Watchman von einem Freund, der dringend etwas Geld benötigte. Gott schien ihm zu sagen, dass er diesem Freund helfen solle. Watchman schluckte trocken. Konnte er Gott zutrauen, für ihn zu sorgen, wenn er nun sein Geld mit einem anderen teilte? Er fühlte seinen Glauben plötzlich wanken, aber er schickte dem Freund zwanzig Dollar.

Als er sich am nächsten Morgen aufmachte und zum Dock an den Fluss ging, hatte er gerade noch zehn Dollar in der Tasche. »Ach, Herr«, betete er, »ich bitte Dich nicht um Geld. Nur um eine Möglichkeit nach Chien-O zu kommen.«

Auf dem Dock rief ihm der Besitzer eines kleinen Bootes zu: »Wohin willst du, nach Chien-O oder nach Yen-ping?«

»Chien-O«, rief Watchman zurück.

»Kannst mit mir fahren - nur sieben Dollar«, sagte der Mann, griff nach Watchmans Taschen und stellte sie in sein Boot. Voller Staunen hörte Watchman, dass jemand anders das Boot gemietet hatte, um einige Fracht nach Chien-O zu bringen, aber der Bootsmann hatte noch Platz für genau einen Passagier.

Watchman Nee predigte zwei Wochen lang in Chien-O mit nur einem Dollar und zwanzig Cents in der Tasche. Als er sich zur Abreise fertigmachte, fragte ihn einer der englischen Missionare: »Können wir Ihnen bei Ihren Auslagen behilflich sein? Sie haben so viel für uns getan.«

Mit seinen Münzen in der Tasche hatte Watchman keine Ahnung, wie er nach Hause kommen sollte. Aber er antwortete: »Nein, es besteht keine Notwendigkeit. Alles ist vollständig geregelt.«

Als er zum Dock unterwegs war, beschlich ihn aber doch Sorge und Angst. »Ach Herr«, betete er, »Du hast mich hierher gebracht. Du wirst mich auch wieder zurückbringen müssen.«

Gerade in diesem Augenblick erreichte ihn ein Bote, der ihm eine Nachricht und etwas Geld brachte. Der dankbare Missionar hatte ihn geschickt. »Selbst wenn Sie jemanden haben, der für die Unkosten aufkommt«, stand in der Nachricht, »nehmen Sie doch bitte dieses Geschenk an und lassen Sie mich eine kleine Rolle spielen.«

Jetzt wusste Watchman, dass dies der Weg war, wie Gott seine Not linderte. Und dort war wieder dasselbe Boot, das ihn wieder nach Fu Chau zurückbringen wollte, für nur sieben Dollar!" (D. & N. Jackson / *Glaubenshelden* / CLV)

> **Wie gehst du damit um, wenn Gott dir in deiner Stillen Zeit in Seinem Wort eine Verheißung zeigt, durch die Er zu dir redet? Mit welcher Erwartungshaltung stützt du dich auf das, was Gott gesagt hat, und wie wird diese Erwartungshaltung sichtbar?**

Notizen:

. . . .

. . . .

. . . .

. . . .

. . . .

. . . .

. . . .

. . . .

. . . .

. . . .

. . . .

. . . .

. . . .

. . . .

Gott belohnt Vertrauen

„Weil du den HERRN, meine Zuflucht, den Höchsten, gesetzt hast zu deiner Wohnung, so wird dir kein Unglück widerfahren und keine Plage deinem Zelt nahen." (Ps 91,9.10)

Das Wort Gottes zeigt an vielen Stellen, dass Gott Vertrauen belohnt. Die folgenden drei Beispiele machen das sehr deutlich:

„Juda wurde stark, weil sie sich auf den HERRN, den Gott ihrer Väter, gestützt hatten." (2. Chr 13,18)

„Und Daniel wurde aus der Grube herausgeholt; und keine Verletzung wurde an ihm gefunden, weil er auf seinen Gott vertraut hatte." (Dan 6,24)

„Und es wurde ihnen gegen sie geholfen; und die Hageriter wurden in ihre Hand gegeben samt allen, die bei ihnen waren; denn sie schrien zu Gott im Kampf, und er ließ sich von ihnen erbitten, weil sie auf ihn vertraut hatten." (1. Chr 5,20)

David, der Mann nach dem Herzen Gottes, ist ein großes Vorbild, was Gottvertrauen angeht. Von ihm stammt der wertvolle Psalm 62, in dem das alleinige Vertrauen auf Gott immer wieder hervorgehoben wird. Wenn wir unsere Hoffnung ausschließlich auf Gott setzen, dann bedeutet das gleichzeitig, dass wir keinen Plan B und auch keinen Fallschirm im Gepäck haben. Es bedeutet, loszulassen und sich in Gottes mächtige Arme zu werfen.

> **„Wenn wir auf ein vergangenes Leben zurückblicken, wird uns klar, dass wir für die Prüfungen am meisten zu danken haben."**
> (John N. Darby)

„Amy Carmichael kam einmal in die Lage, dass sie 100 Rupien ausgeben musste, um ein Hindukind davor zu bewahren, an eine Tempelfrau verkauft zu werden. Sie stellte sich die Frage, ob sie berechtigt war, so viel Geld für ein Kind auszugeben, wo sie doch mit so einer Summe vielen Mädchen hätte helfen können.

Sie ging daraufhin ins Gebet und bat Gott darum, dass Er ihr genau die runde Summe von 100 Rupien senden solle, wenn es Sein Wille war, dass sie das Geld jetzt für das eine Hindukind auszugeben. Das Geld kam – der genaue Betrag! Die Absenderin bemerkte, dass sie sich hingesetzt habe, um einen Scheck über eine ungerade Summe auszustellen, dass sie aber gezwungen worden sei, daraus genau 100 Rupien zu machen.

Das geschah vor fünfzehn Jahren, und seit jener Zeit hat dieselbe Missionarin Gott immer wieder auf die Probe gestellt. Er hat sie nie im Stich gelassen.

Rückblickend konnte sie bezeugen: »Nie in fünfzehn Jahren blieb eine Rechnung unbezahlt, nie haben wir es jemand erzählt, wenn wir Hilfe nötig hatten, aber nie hat es an irgendeinem Guten gefehlt. Einmal, gleichsam um uns zu zeigen, was möglich sei, wenn es sein musste, kamen fünfundzwanzig Pfund per Telegramm. Manchmal konnte es geschehen, dass ein unbekannter Mann aus einer schreienden Menge einer Bahnstation auftauchte und uns eine benötigte Geldgabe in die Hand gleiten ließ und wieder in der Menge verschwand, bevor der Geber erkannt werden konnte.«

Oftmals kam Amy in Versuchung, andere von ihrer finanziellen Not wissen zu lassen. Aber immer bekam sie die innere Gewissheit, gleich der Stimme Gottes: »Ich weiß es, und das genügt.« Und wie konnte es anders sein? Gott wurde verherrlicht. Während der kritischen Kriegszeiten pflegten sogar die Heiden zu sagen: »Ihr Gott nährt sie." »Ist es nicht im ganzen Land bekannt«, fragte ein Heide, »dass ihr Gott Gebete erhört?«" (F. Houghton / *Amy Carmichael von Dohnavur* / Brockhaus Verlag)

> **Welche anderen Beispiele gibt es in der Bibel, die uns zeigen, dass Gott Vertrauen belohnt? Wie kann man in diesem Zusammenhang verstehen, dass es im Laufe der Kirchengeschichte viele Gläubige gab, die trotz ihres Vertrauens den Märtyrertod gestorben sind? Auf welche Weise belohnt Gott Vertrauen?**

Notizen:

. . . .

. . . .

. . . .

. . . .

. . . .

. . . .

. . . .

. . . .

. . . .

. . . .

. . . .

. . . .

. . . .

Wie wir Gott vertrauen sollen

Das Wort Gottes fordert uns an vielen Stellen dazu auf, Gott zu vertrauen. Das können wir auf verschiedene Weisen tun, wie folgende Verse deutlich machen:

„Vertraue auf den HERRN mit deinem ganzen Herzen ..." (Spr 3,5) – wir sollen Ihm nicht halbherzig, sondern voll und ganz vertrauen: „Denn die Augen des HERRN durchlaufen die ganze Erde, um sich mächtig zu erweisen an denen, deren Herz ungeteilt auf ihn gerichtet ist" (2. Chr 16,9).

„Nur auf Gott vertraut still meine Seele, von ihm kommt meine Rettung" (Ps 62,2) – es ist immer vorzüglicher, wenn wir unser Vertrauen ausschließlich auf Gott und nicht auf Menschen setzen: „Es ist besser, bei dem HERRN Zuflucht zu suchen, als sich auf den Menschen zu verlassen" (Ps 118,8).

„Vertraut auf ihn allezeit" (Ps 62,9) – unser Vertrauen sollte nicht sporadisch, sondern ununterbrochen sein: „Ich habe den HERRN stets vor mich gestellt; weil er zu meiner Rechten ist, werde ich nicht wanken" (Ps 16,8).

„Vertraut auf den HERRN ewiglich" (Jes 26,4) – es geht nicht nur um einen bestimmten Lebensabschnitt, die Jugendzeit oder das hohe Alter, sondern unser ganzes Leben als Gläubige sollte durch Vertrauen auf Gott gekennzeichnet sein. Denn Er hat gesagt: „Bis in euer Greisenalter bin ich derselbe, und bis zu eurem grauen Haar werde ich euch tragen; ich habe es getan, und ich werde heben, und ich werde tragen und erretten" (Jes 46,4).

„Gesegnet ist der Mann, der auf den HERRN vertraut und dessen Vertrauen der HERR ist!" (Jer 17,7) – wir sollen Gott zum Zentrum und Inbegriff unseres Vertrauens machen. Wir erwarten alles von Ihm und nehmen alles als aus Seiner Hand kommend an: „Nur auf

Gott vertraue still meine Seele, denn von ihm kommt meine Erwartung" (Ps 62,6).

Gott zu vertrauen bedeutet auch, Ihn um Hilfe und Wegweisung zu bitten, und dann damit zu rechnen, dass Er handeln wird. Wie David in Psalm 37,5 sagt: „Befiehl dem HERRN deinen Weg und vertraue auf ihn, und er wird handeln!" Die Kirchengeschichte ist ein mächtiges Zeugnis der Treue Gottes – auch im Blick auf diesen wunderbaren Vers.

Paul Gerhard war ein Mann, der Gott in einer Zeit vertraute, die von Leid geprägt war. Doch trotz der großen Not erhob sich sein Glaube über die Umstände und befähigte ihn dazu, ein Lied zu schreiben, das für tausende von Christen zu einer Trostquelle geworden ist. Es basiert auf Psalm 37,5 und ist bekannt unter dem Titel: „Befiehl du deine Wege."

> **„So wie wir lernen müssen, uns bewusst zu entscheiden, Gott zu gehorchen, so müssen wir lernen, uns für das Vertrauen in Gott zu entscheiden. Gott zu vertrauen ist nicht eine Sache meiner Gefühle, sondern betrifft meinen Willen."**
> (Jerry Bridges)

„Es gibt genug Geschichten, die mit diesem Lied in Verbindung stehen und als wahr verbürgt sind. So wohnte in einem polnischen Dorf unweit der Stadt Warschau ein Kleinbauer namens Dobry. Er war deutscher Herkunft und ein redlicher, auch wahrhaft frommer, gottesfürchtiger Mann. Aber es kamen schwere Zeiten ins Land, und der Bauer wusste oft nicht, wo er für sich, seine Frau und die große Kinderschar Nahrung und Kleidung hernehmen sollte.

Im Winter 1708 geriet er in noch größere Bedrängnis, denn die Schulden hatten sich durch mancherlei Heimsuchungen gemehrt, und die Gläubiger schickten sich an, ihn mit seiner ganzen Familie von Haus und Hof zu vertreiben. Da gab es viel Weinen und Klagen bei Frau und Kindern; er aber redete ihnen tröstend zu als gottesfürchtiger Vater und Gatte und forderte die Seinigen auf, mit ihm das genannte herrliche Glaubens- und Trostlied zu singen. So stimmten sie denn an:

Befiel du deine Wege,
Und was dein Herze kränkt,
Der allertreusten Pflege
Des, der den Himmel lenkt,
Der Wolken, Luft und Winden
Gibt Wege, Lauf und Bahn,
Der wird auch Wege finden,
Da dein Fuß gehen kann

Und während diese Worte aus bewegten Herzen gesungen wurden, kam schon die Hilfe. Ein Rabe, dem die Familie seit Jahren jeden Winter Aufnahme gewährt hatte, klopfte ans Fenster und forderte Einlass. Nach Schluss des Liedes durfte der schwarze Gast herein; und was brachte er mit? Einen blitzenden, wertvollen Ring, der, wie der ehrliche Dobry ermittelte, keinem Geringeren als dem König Stanislaus gehörte.

Der Fürst belohnte den redlichen Mann reichlich und machte es ihm so möglich, seine Schulden zu bezahlen und sein verfallenes Häuschen neu herzurichten. Über der neuen Tür aber ließ der dankbare Vater einen Raben einmeißeln und dazu aus jenem Lied, das sie jenen Abend betend vor Gott gesungen hatten, die Zeilen:

Weg hat Er aller Wegen,
An Mitteln fehlt's Ihm nicht,
Sein Tun ist lauter Segen,
Sein Gang ist lauter Licht."

(E. Dönges / *Das Leben von Paul Gerhard* / Verlagsgesellschaft Dillenburg)

> **Warum stellt Gott uns in Seinem Wort so viele verschiedene Aspekte von Vertrauen vor?**
> **In Psalm 62 steht einerseits: „Nur auf Gott vertraut still meine Seele, von ihm kommt meine Rettung" und andererseits: „Nur auf Gott vertraue still meine Seele, denn von ihm kommt meine Erwartung" (Ps 62,6)**
> **– worin besteht der Unterschied im praktischen Glaubensleben?**

Notizen:

. . . .

. . . .

. . . .

. . . .

. . . .

. . . .

. . . .

. . . .

. . . .

. . . .

. . . .

. . . .

. . . .

Mutig vorwärts gehen

„Jeden Ort, auf den eure Fußsohle treten wird – euch habe ich ihn gegeben ... Habe ich dir nicht geboten: Sei stark und mutig? Erschrick nicht und fürchte dich nicht! Denn der HERR, dein Gott, ist mit dir überall, wohin du gehst." (Jos 1,3.9)

Vielleicht stellst du dir am Ende dieses Buches die Frage, wie du Gott und die Erfüllung Seiner Verheißungen mehr erleben kannst. Die Antwort lautet: Nimm Ihn beim Wort und gehe mutig im Glauben vorwärts – auch wenn das für dich „Loslassen" bedeutet und du die Konsequenzen nicht überblicken kannst. Traue dich, Glaubensschritte zu machen!

Als das Volk Israel kurz vor dem Eintritt in das verheißene Land Kanaan war, standen sie vor dem Jordan, der ihnen scheinbar den Weg versperrte. Doch Gott sagte ihnen: „Und es wird geschehen, wenn die Fußsohlen der Priester, die die Lade des HERRN, des Herrn der ganzen Erde, tragen, im Wasser des Jordan ruhen, so werden die Wasser des Jordan, die von oben herabfließenden Wasser, abgeschnitten werden, und sie werden stehen bleiben wie ein Damm" (Jos 3,13).

Die Leviten waren wirklich tapfer. Warum? Weil sie die Bundeslade geradewegs in den Fluss hineintrugen. Das Wasser teilte sich erst, als sie die Füße hineintauchten, nicht vorher (s. Jos 3,15). Gott hatte es genauso versprochen – und er belohnt auch heute noch den lebendigen Glauben, der nur auf die Verheißung schaut und mutig vorwärtsgeht!

> **„Gott wartet darauf, Seine verheißenen Segnungen über uns auszuschütten. Wir müssen in kühnem Glauben vorwärtsziehen und uns nehmen, was uns gehört."**
>
> (Lettie B. Cowman)

Wir können uns vorstellen, wie die zuschauenden Israeliten vielleicht sagten: „Ich würde dieses Risiko nicht eingehen! Das ist doch Wahnsinn! Die Lade wird ja weggespült werden!" Aber genau das ist nicht geschehen: „Die Priester standen still im Trockenen" (Jos 3,17).

L.B. Cowman hat treffend dazu gesagt: „Die Lade bewegte sich nicht von selbst; sie wurde getragen. Durch den Glauben können wir Löwen den Rachen verstopfen und die Flammen des Feuers auslöschen. Der Glaube ehrt Gott und Gott ehrt den Glauben. O dass wir Glauben hätten, vorwärtszugehen und es Gott zu überlassen, seine Verheißung zu erfüllen, wann er es für gut befindet! Wir sind die „Leviten" von heute; lasst uns unsere Last auf uns nehmen, aber nicht mit einem Gesicht, als trügen wir den Sarg Gottes! Es ist die Lade des lebendigen Gottes! Singend wollen wir in die Fluten steigen!" (Lettie B. Cowman / *Alle meine Quellen sind in dir* / Gerth Medien)

Vielleicht hast du Wünsche, was du gerne für Gott tun würdest. Sei nicht enttäuscht, wenn Er dich anders führt, als du gedacht hast. Tue das, was Er dir vor die Füße legt, mit Glaubensenergie und mit der Zuversicht, dass Er auch unscheinbare Dienste benutzen kann, um Großes daraus hervorgehen zu lassen. Ein Beispiel dafür ist die Geschichte von Edith Hayward:

„Edith Haywards Lebenstraum war es gewesen, als Missionarin nach Indien zu gehen. Aber der Herr hatte andere Pläne mit ihr. Sie heiratete John, bekam Kinder und diente treu den Leuten ihrer Gemeinde in Winnipeg, Kanada. Der Herr gab ihr nie die Möglichkeit, in das Land zu reisen, das sie so gerne für Christus erreichen wollte.

Doch indem sie ihr Haus für einen unbekannten, einsamen, ausländischen Studenten öffnete und gemeinsam mit ihrem Ehemann in das geistliche Wachstum dieses Studenten investierte, half sie bei der Vorbereitung eines Menschen, der mehr geistliche Früchte hervorbringen durfte als jeder andere in der Geschichte Indiens. Natürlich erkannte sie damals nicht, was da passierte.

Auch konnte sie sich nicht vorstellen, wie sich diese Investition ihrer Familie auszahlen würde, sobald Gott Bakht Singh salbte und ihn so vollmächtig gebrauchte. Doch was für ein wunderbares Zeugnis, und was für ein wunderbares Vorbild für uns!

Indem John und Edith Hayward in Treue etwas Kleines taten und es gut machten, erreichten sie etwas Großes. Indem sie in einen einzigen Menschen investierten, segneten sie viele – und halfen dabei, das geistliche Geschick von Millionen zu verändern." (Koshi&Rosenberg / *Das investierte Leben* / CMD)

> **Vielleicht weißt du, dass du eigentlich einen Glaubensschritt tun solltest, aber du hast Angst, weil du dich der Situation nicht gewappnet fühlst. In dem Augenblick, in dem du in Abhängigkeit und im Vertrauen auf den Herrn mit Glauben vorwärts gehst, wirst du erleben, dass Er dir im Kampf zur Seite steht! Er ist es, der dich zu einem Überwinder und zu einem Segenskanal für andere macht.**

„Denn in ihm wird unser Herz sich freuen,
weil wir seinem heiligen Namen vertraut haben."

(Ps 33,21)

Notizen:

. . . .

. . . .

. . . .

Verzeichnis der einzelnen Andachten

Vom gleichen Autor:

Abhängigkeit im Leben Jesu

Ansporn und Herausforderung für wahre Jüngerschaft (123 Andachten)

Softcover, 13,8 x 21 cm; 384 Seiten; 13,90€; Art. Nr: 50633

Wie kann ein von neuem geborener Christ ein erfülltes Leben führen, das Gott ehrt und Frucht für die Ewigkeit bringt? Was bedeuten die Worte des Herrn Jesus: „Bleibt in mir, und ich in euch … denn getrennt von mir könnt ihr nichts tun" (Joh 15,4.5) in diesem Zusammenhang? Welche Hilfsmittel stehen uns zur Verfügung, um in Abhängigkeit von Gott zu leben – und wie können wir sie bestmöglich nutzen? Das sind wichtige Fragen, die sich jeder Jünger Jesu stellen sollte, der den Wunsch hat, in Hingabe an Gott zu leben! Die Andachten in diesem Buch sollen dabei helfen, Antworten darauf zu finden, und möchten Mut machen, mit Glaubensvertrauen in den Fußspuren unseres Herrn und Meisters zu gehen. Der „Anfänger und Vollender des Glaubens" hat uns durch Sein Vorbild gezeigt, was es praktisch bedeutet, jeden Tag in Abhängigkeit von Gott zu leben. Von Ihm sollen wir lernen. Sein wunderbares Leben spornt uns an und motiviert zu wahrer Jüngerschaft. Gleichzeitig werden wir herausgefordert, das eigene Leben neu zu überdenken – und, wenn nötig, auch zu korrigieren!

Notizen:

. . . .

. . . .

. . . .

. . . .

. . . .

. . . .

. . . .

. . . .

. . . .

. . . .

. . . .

. . . .

. . . .

. . . .

. . . .

. . . .

. . . .

. . . .

. . . .

. . . .

. . . .

. . . .

. . . .

Notizen:

Notizen:

. . . .
. . . .
. . . .
. . . .
. . . .
. . . .
. . . .
. . . .
. . . .
. . . .
. . . .
. . . .
. . . .
. . . .
. . . .
. . . .
. . . .
. . . .
. . . .
. . . .
. . . .
. . . .

Notizen:

. . . .
. . . .
. . . .
. . . .
. . . .
. . . .
. . . .
. . . .
. . . .
. . . .
. . . .
. . . .
. . . .
. . . .
. . . .
. . . .
. . . .
. . . .
. . . .
. . . .
. . . .
. . . .

Notizen:

. . . .
. . . .
. . . .
. . . .
. . . .
. . . .
. . . .
. . . .
. . . .
. . . .
. . . .
. . . .
. . . .
. . . .
. . . .
. . . .
. . . .
. . . .
. . . .
. . . .
. . . .
. . . .
. . . .

Notizen:

Notizen: